弦歌 不輟

烽火中的廣東兒童教養院

張慧真　著

U0061412

中華書局

抗戰時期，從廣東戰區搶救到廣東兒童教養院的兒童。

謹以此書獻給
戰時搶救及教育兒童的婦女和老師

目錄

序

　　我對於抗日戰爭難童最早的記憶，是被營救難童首先到達的沙園，廣東兒童教養院總院的發祥地。1938 年 10 月 21 日廣州淪陷後不久，父親李漢魂被任命為廣東省政府主席，母親則被委以從日佔區搶救難童的重任。

　　母親在她的自傳《枕上夢回》中寫道：

　　　　1939 年 1 月下旬，中央任命我為廣東省新生活運動促進會婦女工作委員會主任。我首次接受公職，卻是在國難當頭、百姓深受戰火蹂躪之時。廣東是伯豪的故鄉，是革命的發源地，我的長女——李湞、長子——李韶亦以湞江、韶關而命名……當我躑躅行於韶關的大街小巷，看見那些面有菜色的婦女，尤其是那些因戰火痛失家園的無依無靠的兒童臥在街邊，睜着一雙瘦弱的身軀而突現的流露企盼的大眼望着我時，我不禁悵然淚下，心中一陣陣湧起難以抑制的傷感。同是天涯淪落人，都是自幼失母愛。我一歲痛失母親，更深切體會到母愛對孩子的重要。如今我已身為人母，我的母愛要給子女，我的母愛更應給千百萬飽受戰爭摧殘的無辜難童們。幼吾幼，以及人之幼。在剛接到任命時我忐忑不安的心情，此時也平靜下來，決心報效祖國，竭盡己力。伯豪號召要持久抗戰，兒童是國家的未來，是民族的後繼，拯救難童，培養兒童是當務之急，是百年大計。婦女是民族的搖籃，也必須妥為安頓，發揮婦女的巨大作用。

　　當時我六歲多，在黃崗小學上二年級。父母親常常是一週七天沒日沒夜地工作，大半時候都不在家。到了週末和學校放暑假的時候，母親常常帶上我一起去沙園和那裏的老師、醫生和護士開會，看望新到的和生病的難童。她跟我說：「你跟我來，好好學。」我就跟她一起上車，一起去的常常會有秘書或訪客，在路上討論

活動安排以及當天的緊急事宜，如難童所需的食物、住所、衣服和藥品，員工的培訓，她接下來到重慶中央政府申請撥款的行程，以及到香港募集衣物和藥品的活動安排等。在我聽來，她們的談話近乎天方夜譚，但我知道當時中國正在打仗，抵抗日本的侵略，到處都是難童，物資極度缺乏。

在那個潮濕悶熱的下午，我和母親一起到了沙園。在那裏，成群衣衫襤褸的男孩女孩正站在樹蔭底下，老師們在檢查他們頭上的蝨子和身上的膿瘡。母親和好幾個孩子談話，然後去河邊診所的木板病房裏看望生病的孩子。她不讓我和她一起進病房，就讓我在外面玩耍。而我卻不想玩，因為我想知道診所裏面的情形。於是我從窗戶裏偷看，見到好幾個孩子坐在病床邊吊着腿，其餘的靜靜地躺着。母親和醫生們談話，然後沿着病房中的走道，挨個和坐着的孩子交談。臨走以前，她又和醫生護士們談了很長時間。

父親李漢魂與母親吳菊芳的婚照（1932 年）

1942 年，我們一家人攝於韶關黃崗。

序

回家的路上，母親一直在沉思。她輕輕問我是不是餓了，我說不餓，然後問她為什麼那些孩子住院了。她說他們病了，吃下去的東西全都吐出來或者拉出來，她說：「這些孩子親眼看到父母被炸彈炸死或日本刺刀殺死，家園被毀，受到了極大的精神創傷；有些孩子是被父母送到搶救隊臨時成立的難童收容站，再被接到這裏來。我們正在搶救這些孩子，給他們提供食物、住所和學校⋯⋯」。母親的話還沒有講完，我看見父親的車從對面開過來，按着喇叭。我們的司機踩了煞車。父親不在車上，父親的副官從車上下來，過來打開母親的車門，敬禮後說：「韶兒走了」。我看着母親，她僵在那裏，面無表情，一動不動。我們的司機踩下油門，直奔黃崗山腳下而去。

母親從 1937 年到 1982 年一直保留寫日記的習慣，當天的日記中，她這樣寫道：

> 8 月 7 日，早見韶兒精神，下午二時到兒童團，蓋擬明日離韶飛昆明。下午六時歸來，行至中途，遇趙副官車，云韶兒已死，急聞之下有如冷水淋背，全身麻痹心痛至欲哭無淚⋯⋯行至山頂見豪已淚流滿面。

8 月 14 日，在各種艱難困頓中，廣東兒童教養院終於成立了。母親在《枕上夢回》中寫道：

> 廣東兒童教養院正式成立了！至今 60 年過去，往事已在歲月的沖刷中漸漸模糊，但兒教院的這段經歷，仍清晰地存在記憶裏，它不是因為我嘔心瀝血的付出，它不是我失去愛兒的悲痛。是那在中華民族到了最危險的時候，廣大民眾、愛國華僑對兒教院慷慨的支持，是那些滿懷民族正義的教授、學者和愛國知識分子毅然參加兒童的救亡工作所作出的卓越貢獻，是那些萬千的兒教院的兒童所表現的剛毅的精神，是在戰火中凝聚的兒教情。
>
> 為神州！衛中華！在殘酷的抗日年代裏，兒教院的師生冒着敵人的炮火，轉

輾行進在南粵崇山峻嶺那長長的、蜿蜒的、雄壯的隊伍，猶如築成的新的長城！在那山林、河旁用松皮、竹籬搭成的校舍，在夜幕籠罩下發出的閃爍的燈光，正是中華民族抗日的怒火，振興中華的明亮的信號。這蜿蜒的隊伍，這明亮的燈火，時時湧現在我眼前，那兒童們高唱的歌聲至今仍在我耳際迴蕩！

廣東兒童教養院成立了！我要把一個母親的愛融化於院長的職責中，要把院長的責任感融會充實為母親的愛去愛護我面對的成千上萬的學童們！

萬事開頭難，戰亂中為婦女、兒童辦事更難。在教養院運營過程中，母親刻苦奮鬥，不畏艱難，良善博愛，以身作則。母親在 1939 年的日記中寫道：

11 月 5 日。上月廿二日夜到渝，已達半月，唯對各事均無一具體辦法解決，真令人焦悶，茲將擬辦各件，錄下一備忘：

1. 請增加一千五百名兒童名額，以備收容新童
2. 省設院團請撥四千八百人員之公糧
3. 院辦公廠請撥五千元經費
4. 院團產品請免稅
5. 院團請貸款
6. 力行經費
7. 農工學校經費
8. 院團產品向渝推銷機構
9. 保育院建築校舍
10. 保育院請發足每月二千人經費
11. 保育院請保留二千名額

12 月 14 日。此次離韶前後恰兩個月，除旅途外，在渝共四十七日，所得收穫大致如下：

1. 父親、六叔、九叔及芹、潤、祺堂弟妹等均曾團聚，尤以與堂弟妹等團聚為最快事。

2. 院團之糧食已獲准食公糧

3. 教院，庸公[1]准借一百萬元

4. 免稅團院已請准

5. 美國救濟團體幫助十萬元與教院

在 1940 年的日記中，母親寫道：

　　三月份大事摘要，（1）由二月一日至現在，共收容婦孺四千三百人，其中因該縣平靜，領回數百。（2）生產工作團增加九百名婦女，改與省振會合辦。[2]（3）教院第四院本月成立。（4）省振濟會通過撥五萬元為本院開辦費，搶救費由振濟會負責，該款亦撥作開辦費，共 20 萬元，三千人用。（5）中振會在 100 萬賬款中撥廿萬給一、二、三教院，以 3 萬作一院遷建費，以 17 萬作開辦費。

　　在母親為兒童教養院奔走辛勞的過程中，父親給予了她無條件的支援，這成為我母親在艱難困阻中的堅強後盾。父母親結婚並有了我們三個孩子以後，父親還支持母親去中山大學念書，完成了她上大學的夙願。廣州的糧食供應向來依賴從南洋經香港運進來，香港淪陷後，糧食運不進來，再加上三年旱災，廣州的糧食短缺十分嚴重。父親對糧食分配的優先原則首要是滿足軍需，其次就是支持兒教院的難童。即使如此，糧食也是從來不夠吃。母親和同事們不得不想各種辦法來應對。其中一個辦法是「借骨頭」。當時的牲畜屠宰場有剩下的骨頭，會被用來做牙刷的刷柄或肥料。為了改善孩子們的營養，兒教院想到了那些骨髓。於是他們將這些骨頭借出來，熬湯煮菜給難童們吃，然後再將骨頭還回去。熬煮乾淨後的骨頭做牙刷也更容易，皆大歡喜。抗戰八年，後來連骨頭也沒有了，只好用黃豆給難童們增加蛋白質的攝入。一人一天只得一小勺

1　孔祥熙的別號，時任行政院副院長兼財政部長。

2　作者按：書中述及民國時之「中央振濟委員會」等專屬組織，沿用當時「振濟」二字；其他地方，則採現在通用之「賑濟」二字。

黃豆，數一數是 32 顆。

抗日戰爭期間，廣東兒童教養院先後救濟教養了二萬餘難童。他們很多成長為國家民族的棟樑之材。雖客居美國幾十年，母親一直沒有忘記曾共度艱難歲月的兒教院孩子們。中國大陸改革開放以後，母親曾經三度回國看望廣東兒童教養院校友，當年的難童們。

第一次與教養院孩子們重逢是 1982 年。父母親應全國人大副委員長廖承志的邀請，返回祖國參觀訪問，鄧小平、葉劍英、鄧穎超等在北京先後會見了他們。6月初，母親在廣東省統戰部的幫助下，在廣東迎賓館見到了當年的兒童教養院老師和校友們。久別重逢，大家興奮熱切，意猶未盡。

1940 年，中日戰爭期間，母親吳菊芳身處廣東韶關。

時任中共中央副主席、政協全國委員會主席鄧小平，在北京接見父親李漢魂與母親吳菊芳。

1985 年 9 月，母親帶着她編纂的《廣東省兒童教養院院史稿》和錄影帶再度回到廣州，見到了 100 多位昔日的難童。母親在這次會面中講到：

> 我有眾多兒女，包括你們在內，都成為祖國有用之材，我很開心，也很欣慰。兒教院的學生，都是我的兒女，他們分佈於海內外。我不能像親媽媽般常擁抱你們，但今天，我要擁抱在坐的每一個兒女。

1991 年，母親第三次回國，專程探望當年兒教院的孩子們。參加此次會面的兒教院校友們來自全國各省市自治區、港澳台以及美國、加拿大、澳大利亞等國家。這是兒教院幾十年以來空前規模的家庭大聚會。對於自己在兒教院的工作，母親認為「對兒教院大家庭來說，我只是其中的一名園丁而已，當年和一群志同道合者聯手耕耘，光榮是國家的，功勞是集體的」。

昔日的兒教院難童，今日的國家棟樑之材，貢獻與國家民族事業。父母親對此極為欣慰。1983 年廣東兒童教養院系統歷屆院校師生聚會於廣州越秀區南方大廈，父母親就寄詩一首以示祝賀。在詩中，他們回憶了當時兒教院師生們同甘共苦，共同成長的經歷以及刻苦奮鬥，報效國家的成就：

濟濟多士	民族之英	承先啟後	實副其名
棟樑家園	斬棘披荊	枝分葉佈	交錯縱橫
憶昔抗日	暴亂憑陵	哀鴻遍野	舉國鏖兵
流離失所	悲憤難平	拯危敵後	兒教斯興
材皆可養	槐杏春榮	為師為友	如弟如兄
逶迤五嶺	粵北鐘靈	既施文教	亦勵工耕
學兼六藝	家校場營	烽煙匝地	海倒天傾
弦歌不輟	作育干城	及鋒而試	究極研精
冰寒於水	藍遜於青	當年稚子	笑語盈盈

切磋砥礪　　鼓瑟吹笙　　桃芳李秀　　好鳥嚶鳴
感時念舊　　蟄起雷驚　　宏籌共策　　同奮鵬程
眾擎大廈　　舉重若輕　　爾神餘契　　我懷子情
白雲海外　　遙寄心聲

　　我自己也是兒教院的校友之一。1944 年我在力行中學上初一，直到日本人攻佔韶關，大家集體逃難。力行中學由父母親自籌經費，並於 1940 年開辦。當時兒童教養院的一些難童完成小學課程後須升中學，於是母親便在兒教院裏辦了一所實驗中學。一年多後，教育部命令中學教育必須依照部頒法令組織辦理，父親遂組織董事會，將實驗中學改為私立力行中學。「力行」的校名出自《禮記·中庸》，意思為「好學近乎知，力行近乎仁，知恥近乎勇」。過去幾十年中，我多次回國參加兒教院的同學聚會。每次相見，我都深切感受到我們不只是同學，我們是兄弟姐妹。正如我母親所言，我們都是她的孩子。

　　最後，十分感謝香港浸會大學的張慧真教授，將這段歷史重新呈現，讓大家得以了解當年難童們的人生經歷。透過每一位戰爭難童的故事，相信大家也會更多了解那個浴血艱難的時代以及在那個時代中為國家、為民族、為孩子無私奉獻的人們。

李湞

2017 年 4 月 27 日

　　（作者按：撰序的李湞教授，為開辦廣東兒童教養院的吳菊芳院長與李漢魂將軍的長女。1933 年韶關出生，因湞江從廣東北部流下，故名之。李湞博士退休前，為美國加州大學公共衛生學院健康教育和行為科學教授、汕頭大學客座教授、昆明醫學院及廣東醫學院榮譽教授。）

前言

1939 年 5 月 27 日香港《華字日報》刊載了一則〈難童赴韶受訓〉的新聞，提及「戰時兒童保育會香港分會，自成立以來，為兒童造福不少，茲查該會一部分自願往韶關受訓之難童，已於昨日下午，一共 19 名，同行並有婦女會工作團云」。[1]

報道中的 19 名香港難童自願前往的，就是位於廣東省政府戰時省會曲江的廣東兒童教養院。該院為廣東省政府與中央振濟委員會共同創辦的戰時難童收容及教育機構，1939 年由廣東省政府主席兼廣東省軍管區司令李漢魂將軍夫人吳菊芳女士創辦，[2][3] 重慶國民政府資助開辦費用及一千名學額，以後兒教院獨立營運。從 1939 至 1949 年的十年間，兒教院搶救及保護了三萬多名兒童，這些在戰時被稱為「難童」的兒童，大部分來自廣東，其中三百多名更來自香港。

廣東兒童教養院雖為戰時學校，但規模宏大、機構完整，且為家庭與學校的結合體，規模堪稱為戰時兒教機構之冠。在管理上，廣東兒童教養院以「家、校、場、營」實現抗戰教育的「管、教、養、衛」四大需要；並因應戰時情況，改革課程，把六年的小學教育縮短為四年；又自編課本、自訂教材，將學校教育結合社會實況。同時，也注重培養學生的志趣和技藝，由最簡易的教唱，到抗日勵志話劇、

---

1 1938 年 3 月宋美齡、李德全等鑒於抗戰時期兒童所受損害甚重，發起組織戰時兒童保育會，並於漢口成立第一所收留難童的臨時保育院，自 1938 至 1945 年間，先後成立了包括香港在內的 53 所戰時兒童保育院。

2 李漢魂（1895－1987），字伯豪，廣東省吳川市中山鎮人，國民革命軍陸軍上將。抗日戰爭時為「鋼軍」第六十四軍軍長，並曾任戰時廣東省政府主席六年。1949 年赴美，定居紐約。1982 年，受邀訪問北京和廣東，並獲鄧小平、葉劍英等接見。1987 年，病逝紐約。

3 吳菊芳（1911－1999），安徽涇縣人，生於湖北宜昌，1929 年認識李漢魂，原計劃 1932 年在香港結婚，後改在韶關。翌年，長女李湞出生，並入讀中山大學農學院。1939 年，長子李韶在韶關病逝，後再育有四子女——李淇、李沛、李浩、李渼。抗戰時期任廣東兒童教養院院長、廣東婦女生產工作團團長。1949 年隨李漢魂赴美定居，1999 年病逝。

粵劇、清唱、合唱、雜耍等，學生可自由參加課外活動。兒教院更聘請專業導師指導，如著名作曲家黃友棣先生和粵劇演員關德興先生，擔任活動的義務導師。

　　從歷史角度，兒教院創辦於抗戰艱危之際，成長於憂患之中，卻又不是一般的慈善機構。兒教院當時發動的是婦女實幹救國，並以搶救和保衛兒童生命安全為前提，倡導新的教育及生活理念，為戰時難童創造求學和成長的空間和機會。由此看來，兒教院可能是發掘戰時香港和廣東兒童教育和難童問題的最佳案例——究竟一所收容弱勢兒童的學校，如何在戰時的廣東各地搶救學生，遠赴後方曲江？一所既是學校，又非單為辦學的組織，如何在戰火中有序有效地經營，並且持續八年不衰？香港難童在兒教院中，又如何學習和生活呢？兒教院的經歷，對這些難童的戰後人生，又有什麼影響？這些疑問，經抗戰七十多年，仍被塵封於歷史之中，乏人問津，更遑論了解。

　　筆者因緣際會，十年前第一次接觸到廣東兒童教養院。當時筆者在廣州進行香港淪陷時期的口述史訪談，認識了兒教院校友關爾強先生，經他介紹，見到了李漢魂將軍和吳菊芳院長長女、剛從美國回來的李湞教授，後來更接觸到兒教院廣東校友會和香港校友會的校友。2009 年 6 月 29 日，筆者受邀參加了廣東迎賓館的「廣東兒童教養院建院七十週年紀念大會」。從此，廣東兒童教養院進入了筆者的視野，並一發不可收拾。2012 年，筆者申請了衛奕信勳爵文物信託的研究資助，開展了正式的研究工作。時經多年，研究告終，書籍亦告付梓。當年訪談的校友，或已不在，或年事已高、行動不便。筆者常感力量微薄，有負所託。然而，筆者相信兒教院的口述歷史，定能填補空白，讓後人無忘抗戰時弱小的兒童、婦女和教育工作者，如何努力和奮鬥，給了無數兒童希望和新生。

　　本書分三部分。第一部分，整理及扼述重要概念，如難童、戰時難童的救濟及教養政策等。第二部分，梳理和分析了廣東兒童教養院，包括它的成立、組織、辦學方針、日常生活、課外活動、升學安排、抗戰後期的大疏散和戰後的廣州復校

1939 年吳菊芳親赴廣東韶關，慰問被搶救的第一批難童。	進院不久，孩子們的思想感情、體型面貌都煥然一新。相中的他們正在討論交流。

等。第三部分，共有 16 個兒教院師生的口述歷史，其中 5 個為當年的香港難童，9 個為廣東難童，2 位為兒教院的老師。其他已進行的口述史訪談，因種種緣故，暫未能刊載。此外，為補白兒教院的歷史，特徵得李滇教授的同意，節錄了吳院長自傳中有關兒教院的內容（1939—1945）。這份一手史料，對了解兒教院，甚或抗戰歷史，彌足珍貴。附錄二，乃編年體的兒教院大事記。附錄三，為戰時與難童相關的賑濟辦法，亦為了解兒教院的重要史料。

　　尋蹤多載，發現廣東兒童教養院實為烽火中的一闋奇歌——其生於抗戰時的沙園，成長於曲江，歷經考驗，拯救萬數難童於戰火，且保弦歌不輟、桃李花開。今天，就讓我們細聽這闋戰時弦歌。

張慧真

2017 年 11 月 30 日

搶救隊將各地的難童送往廣東韶
關，等待分配安置到各院。

廣東兒童教養院孩子們唱着抗戰歌聲

前言

第一章

戰爭和難童

難　童

　　八年抗戰，數以十萬計的兒童在持續戰火中，或痛失親人和家園，顛沛流離；或因父母難以維生，慘被遺棄；或隨父母流亡至大後方，暫得安喘。據《大公報》推算，當時在逃往四川等地的一千五百多萬的難民中，難童約有四百多萬，急需救援的約百萬。1938 年 1 月 24 日，戰時兒童保育會籌備會在漢口基督教女青年會成立，並由宋美齡出任保育會會長，提出「欲救中國，先救兒童」的呼籲。在後來日軍進攻武漢、長沙時，保育會老師以生命護送了三萬多難童到四川、貴州等地，並設立六十多所保育會，救濟和教養難童。戰時兒童保育會不但譜寫了國共兩黨婦女界在抗戰中合作的一頁，也代表了婦女和兒童走上了戰爭的前台。

1938 年 3 月，戰時兒童保育會理事會於漢口合照。前排右二錢用和；中排右五宋美齡；後排右一鄧穎超，右二史良。

戰時的兒童，就是難童本質。簡單來說，難童是難民中的一部分，是難民中年齡較小的一個群體。難民被認為是因戰爭或自然災害被迫離開家園，流落他鄉的一個群體。[1] 根據《難童救濟實施辦法大綱》，國民政府對難童的救濟，規定接受難童以 16 歲為限。[2] 另據民國 31 年（1942 年）11 月 27 日第五屆中央執行委員會第十次全體會議通過的議案《遵照抗戰建國綱領增強戰地難童救濟工作以為國本案》，難童年齡被界定到 16 歲。[3] 但據錢用和對臨時保育所的分類，難童的年齡是在 18 歲以下。[4] 振濟委員會把難童定義為因處戰時的惡劣環境，失教失養的兒童。[5] 屈映光曾在討論難童教養問題時提到，難童「既沒有父母，也沒有家庭，或來自街頭巷尾，過慣了流浪的生活，或來自南北戰場，受盡了蹂躪的痛苦」。[6] 難童被認為是「中國未來的小主人，民族歷史的繼承者」，[7] 因此所負使命與普通兒童不同，又因過去所受的刺激，因此應注意對難童的訓育。[8]

在戰爭時期，難童面對三大問題和兩大威脅。首先是疾病醫療問題：難童顛沛流離，艱苦的生活環境導致多種疾病，進保育或教養院後又因院所多潮濕，病情加重，未病兒童也多被傳染。[9] 其次是逃亡問題：難童在淪陷區內，輾轉移徙，來到後方，人事經驗，長進不少，流浪兒童，更是日與惡劣社會接觸，搗亂、偷竊、欺騙、引誘的方法，超出教師管理的經驗。因為兒童情緒的不安定，對現實環境不能滿意，又為好奇心所驅使，就發生逃亡的事情。[10] 羌紹楨曾指出在抗戰時期，難童逃亡的問題：「他們有的是一個人潛逃，也有是結伴私逃，推其原因，並不是為了

---

1 孫艷魁：《苦難的人流——抗戰時期的難民》，桂林：廣西師範大學出版社，1994 年版，頁 2–3。
2 秦孝儀：《革命文獻》第九十六輯，台北：中央文物供應社，民國 72 年 9 月，頁 475。
3 秦孝儀：同上，頁 242–243。
4 錢用和：《難童教育叢談》，台北：暢流半月刊承印發行，1956 年版，頁 8。
5 秦孝儀：《革命文獻》第一〇〇輯，台北：中央文物供應社，民國 73 年 9 月，頁 78。
6 屈映光：〈輔導員的責任〉，《難童教養》，1939 年第一卷第一期，頁 3。
7 黃伯度：〈難童教養工作的重要〉，《難童教養》，1939 年第一卷第一期，頁 5。
8 錢用和：《難童教育叢談》，頁 9–10。
9 錢用和：同上，頁 34–35。
10 錢用和：同上，頁 3。

物質供給的太差，或是受了教師的嚴厲責罰，而是：甲、生活不習慣；乙、精神苦悶或失常；丙、去尋找父母親，或是親戚；丁、去當兵殺敵；戊、老想回到老家去。」[11] 此外，亦有指：「難童主要接觸的是教師和同一院內的兒童，最重要的人際關係就是師生關係及兒童之間的同學關係。老師嚴厲的打罵、責罰及兒童之間以大欺小，都有可能使受罰者或弱者產生畏懼而逃跑。」[12] 第三為感情思想問題，包括錢用和在接觸難童經驗中，指出他們容易衝動，如抗戰中失掉母愛，會變得暴躁、激烈，並將打罵的風氣散播各院；其次為思想複雜，如流徙後方途中，耳聞目睹社會的形形色色，卻又一知半解，莫名其妙。[13]

初抵曲江的難童

11　羌紹楨：〈保育院兒童訓導上的管見〉，《難童教養》，1939 年第一期，頁 13－14。
12　闞玉香：〈抗戰時期教養保育院難童私逃原因探析〉，《東疆學刊》，2012 年 1 月第 29 卷第 1 期，頁 91。
13　錢用和：《難童教育叢談》，頁 37－38。

另一方面，難童也面臨兩大威脅。首先，乃來自日本方面的威脅。孫艷魁指出：「日寇還擄掠中國兒童成批運往日本作苦力，替侵略軍進行各種軍事生產；更有甚者，不少兒童被日本或者敵佔區強迫進行奴化教育。」[14] 1939 年，參與難童工作的黃伯度先生說：「乃甚至還有許多被敵人運輸回國的兒童，被送至醫院，抽取他們的血，輸入日本傷兵體中，犧牲我們兒童性命，以維護他們傷兵的性命。」[15]至於國內方面，難童大多忍飢挨餓，流落他鄉，缺乏學習機會，更多成為無父無母的孤兒，只能自生自滅，面對缺衣缺醫，隨時面臨死亡的威脅。

　　第一批在淪陷區搶救出來的難童

14　孫艷魁：《苦難的人流——抗戰時期的難民》，頁 210。
15　黃伯度：〈難童教養工作的重要〉，《難童教養》，1939 年第一卷第一期，頁 5。

難童與救濟

「七七事變」開始，民國政府制定了難童政策，當時負責接收難童的機構，包括以下各種：

1. 臨時兒童教養所；[16]
2. 兒童感化院；[17]
3. 慈幼院；[18]
4. 難童保育院：分嬰兒、幼童二部；嬰兒部收初生至一歲半嬰兒，幼童部收一歲半至四歲的兒童，注重保健教育；[19]
5. 難童幼稚園：收四歲至七歲的難童，施以幼稚教育；[20]
6. 難童教養院：收七歲至十六歲以下的難童，分前期四年，注重普通教育，後期三年或二年，注重勞作教育，或生產教育。[21]

扼要而言，以上的機構主要發揮救濟和教養大功能。難童救濟教養的宗旨主要為：「難童的救濟教養，是以減少民族的犧牲與敵人奴化的對象，並培植民族幼苗，養成建國幹部為宗旨。」在這個前提下，依照兒童的年齡、程度，分別編為嬰兒、幼兒、學齡兒童各階段，施以不同的教育與養護。重點包括三方面：

1. 訓練方面，應注重清潔衛生習慣的養成，勞動精深的培養及團體生活的指導；

16　錢用和：《難童教育叢談》，頁 15。
17　同上。
18　同上。
19　錢用和：《難童教育叢談》，頁 54 - 55。
20　同上。
21　同上。

2. 衣食住等日常生活，應以簡單質樸為原則；

3. 對於年齡稍長的兒童，應特別注重生活技能的授予。

至於難童救濟教養的經費，主要由政府撥給，此外亦由政府輔助與社會捐募。而難童的救濟，按錢用和的憶述，可分為兩個時期。

一、搶救區的分配

1. 在第一期抗戰期間，各戰區附近，有個難童救濟團體分別派員搶救難童，並由振濟委員會各救濟區特派員到各地難民分站，協助接受運送及給養等事宜，當時救濟區的分配如下：

救濟區次序	一	二	三	四	五	六	七	八
救濟區域	京滬沿線及浙江	皖北、冀南、蘇北	皖南、蘇浙邊境	魯西、豫東南、冀南	豫北、晉東	綏察、晉北、陝北	豫西、陝東、晉南	贛、湘、鄂、漢口
救濟團體	戰時兒童保育會	中華慈幼協會、淪陷區中國戰時兒童救濟協會	中國戰時兒童救濟協會、戰時兒童保育會	中國戰時兒童救濟協會、戰時兒童保育會	中華慈幼協會、中國戰時兒童救濟協會、戰時童保育會	戰時兒童保育會	中華慈幼協會	中國戰時兒童救濟協會

2. 第二期抗戰時期難童搶救地點會重行劃分，其分配如下：

搶救地點	晉、豫、陝、鄂	鄂中、浙粵、桂、閩	湘、贛	沿長江一帶	重慶市
救濟團體	中華慈幼協會	戰時兒童保育會	中國戰時兒童救濟協會	漢口市難民兒童教育委員會	重慶市政府 *

＊備註：救濟災難兒童及孤苦兒童

二、搶救工作的聯絡

難童救濟團體，派員至規定地點搶救難童時，先與該區政治部政工人員、地方政府、公路局、輪船公司、難民站、醫院、診療所等密切聯絡，政工人員會代為勸導戰區民眾，速將無力教養的兒童請救濟團體教養；地方政府及難民站照料沿途食宿及安全；公路局、輪船公司等配備運輸工具；如難童疾病發生，請醫院診療所為他們診治。

三、難童的接領

難童搶救後，由專員負責接領至戰區後方，此項專員的標準為（1）具有相當學歷經驗（2）忠實能幹（3）操守純潔（4）體格健全（5）刻苦負責（6）慈祥和藹（7）勇敢果斷。在接領途中，難童的指導監督與衛生醫療，由指定人員負責。所經沿途各站埠，如有調換車輛船隻，臨時食宿等項，則由振濟委員會各難民總分站及各地方政府機關負責照料。

四、難童的收容

難童自前線搶救出來以後，皆領至臨時收容地點，無相當工具運配後方各省

的，即在振濟委員會所及的各救濟區安全地帶，設立難童臨時教養所。此種教養所，以收容一百至五百兒童為限，由該區特派員遴選所主任，總理全所事宜，並延聘醫生護士，教職員等擔任教導醫療保育工作。

五、難童的運配

戰時難童的臨時教養所地點，因戰爭關係，若不能繼續設立，或來自前線搶救過來而無適當收容的難童地點，須運配後方，以便收容教養，並依照振濟委員會擬定的運送配置難童辦法辦理。

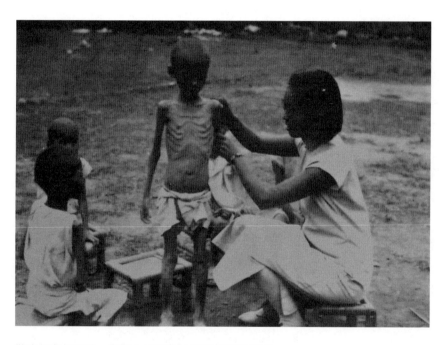

難童抵兒教院後，醫護人員為孩子們進行體格檢查。

難童與教養

抗戰時期，難童教養院和保育院主要負責接收以下幾種難童：

1. 抗戰將士的兒童；
2. 抗戰陣亡將士、避難公務員和工役的遺族；
3. 避難人民遺棄兒童；
4. 戰區剩留兒童。

當時難童教育的宗旨計為[22]：

1. 解除目前避難生活中，身心上所受的一切痛苦：如驚恐、悲哀、飢寒、疾病等。
2. 培植將來抗戰上的知識技能：如民族觀念、愛國思想、生產技術等。

總體來說，前者重於保育，後者重於訓教，保育和訓教，須同時並進，以養成抗戰建國的健全公民。

22　錢用和：《難童教育叢談》，頁 6 - 8。

難童教養院和保育院的行政組織系統如下：

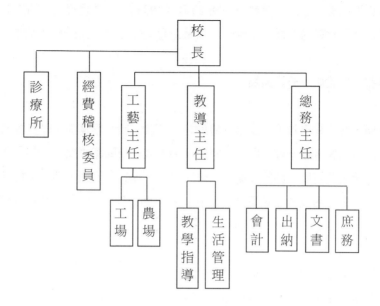

各教養院或保育院所的經費支配標準，視地方生活程度及各難童救濟團體經濟狀況為比例，下為振濟委員會規定每童每月所佔各項：

地方生活程度 （費用標準、費用名稱）	最低	較低	最高
伙食	三元	四元	五元
生活用品	四角	五角	一元
醫藥衛生費	三角	五角	一元
辦公雜費	二角	三角	五角
教職員薪金	一元	一元五角	二元
課業用品	一角	二角	五角
共計	五元	七元	十元
備註	教職員薪金標準，如不敷分配，或由他項節省補充，或教職員待遇酌量減低，或向教師服務團借調老師。		

但戰時各地物價飛漲，生活程度提高，上表所列，已有不敷分配的困難，兒童人數較少的院更形拮据，振濟委員會自民國 28 年（1939 年）12 月每童增加生活費二元，保育會保育院除教職員薪金伙食外，每童每月的生活費，亦已酌為增加。

　　有關難童教育的設施，分為幾類。

　　一、收容所，即「先事救濟，由軍隊協助紅十字會、戰地服務團、難童救濟各團體，從速在臨近戰區各縣市鄉，廣設收容所，使各收容所聯絡成網，隨時向後方安全地帶移送。後方收容所，即施以衛生工作，洗澡、換衣、剃頭、種痘、檢查身體、登記經歷，由醫生看護負主要責任，服務人員協助辦理」。武漢為後方收容所移送的中心區，最少須設三種性質的臨時保育所：

1. 嬰兒保育所：收 6 歲以下難童，注重保育；
2. 幼童保育所：收 12 歲以下難童，注重活動；
3. 長童保育所：收 18 歲以下難童，注重勞動。

　　二、教養院，即進事教練；它又分為難童教養和師資訓練兩項。

1. 難童教養：各省各地方，因地制宜，分別注重保育教育、勞作教育、公益教育和農藝教育等，把武漢臨時保育所和其他收容所的難童，就性質相近，逐漸移到各省各地方的教養院。
2. 師資訓練：難童情形複雜，與普通教育不同。

　　三、各難童教養或保育所，聘用各教職員均須有適當的資格經歷。

1. 院長、主任、級任導師：依照教育部規定的小學教師資格；
2. 保育員：具初中以上的程度，並富有保育經驗者；

3. 醫師：曾在國內外醫科專校以上畢業，並持有醫師營業執照者；

4. 護士：曾在高級護士學校畢業而有二年以上的經驗者。

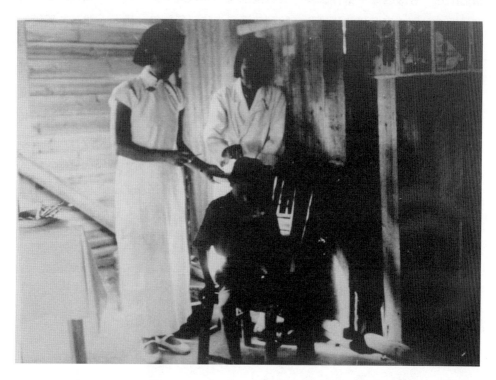

醫護人員為院童洗擦傷口

教養所的小學課程，除參照教育部頒佈小學課程標準外，初級加重勞作訓練，每週多 190 分鐘；高級加重職業訓練，每週多 270 分鐘。中級勞作訓練時間比低級勞作訓練時間，每週多 120 分鐘；高級職業訓練時間比中級勞作訓練時間，每週多 120 分鐘。勞作訓練或職業訓練，得分農事工藝商業家事等，共訓練時間，視需要情形酌定。各級因家中勞作訓練，或職業訓練，所以減少的普通各科課程時間，得在暑期中分別補充。職業班課程，除列普通科：如公民訓練、國語、體育、算術，其餘時間，均為職業訓練。職業班、農事、工藝、商業家事等組，訓練時間，得視需要情形酌定。頑劣兒童特殊班，得酌量增加公民訓練，遊戲、音樂等時間則減少。各級每週上課時間，以低級 1110 分鐘，中級及頑劣兒童特殊班 1250 分鐘，高級 1380 分鐘，職業班 1440 分鐘為標準，如有增加或減少，不得超過低級 30、40 分鐘，中級及頑劣兒童特殊班 60 分鐘，高級及職業班 90 分鐘。健康教育方面，難童輾轉由前方運送至內地各院，或因飢寒交迫，或因環境惡劣，致體弱多病，故入院最要工作，為洗澡換衣理髮滅蟲等衛生運動。復就兒童患病的，施以診療。生產教育方面，各教養或保育院所對年齡較長難童實施生產教育，分農事、工藝、商業、家事等各項訓練，各項訓練之具體實施方法，均請專家，分別訂定。

兒教院以體育運動，培訓兒童的體質和意志。

難童教養或保育所，着重訓育。訓導方法，着重人格感化，環境薰陶，社會制裁，以激發好勝心理，藉參觀引起向善觀念，並培養自新上進的勇氣。[23] 難童教育的訓育，分普通兒童及頑劣兒童兩種。

1. 普通兒童訓育目標及方法，除依據教育部小學公民訓練標準外，並遵照行政院核准施行的《抗戰建國時期難童救濟教養實施方案》；
2. 頑劣兒童的訓練，振濟委員會訂有《災難兒童感化教育訓練實施綱要》。矯正兒童過去養成的各種缺點，使其性行得漸達到普通兒童相近的程度。

實施感化訓練前，先將全體兒童舉行德育智力教育情緒等測驗，測驗結果，將需要特殊訓練的頑劣兒童，另行編製班級，實施訓導，訓導時，以誘導、暗示、勸告、代替等為原則。

兒教院注重集體生活和訓練

23　錢用和：《難童教育叢談》，頁 15－30。

　　　　　　　　　　　　　　第一章　戰爭和難童

第二章

廣東兒童教養院

成　立

　　1938 年 6 月，中央振濟委員會公佈《難童救濟實施辦法大綱》。1938 年 10 月，行政院通過了《抗戰建國時期難童救濟教養實施方案》。按照有關法令，由中央振濟委員會，以及各省、市、縣振濟委員會或各難童救濟團體在各地設立中央直轄兒童教養院及省、市兒童教養院。兒童教養院主要是收容十二足歲以下孤苦無依的小童，收容期至其有能力自謀生活或免費升學為止，主要的目標是培育健全體格、培成善良德性、培養國家民族意識、授予基本知識和訓練生活技能。在法令通過後，1938 年重慶成立了第一所中央振濟委員會直轄難童教養院。

來自廣東各地的難童，在搶救隊帶領下到達廣東韶關。

1938 年 10 月日軍開始侵襲廣東地區，出現了大量難童。1939 年 2 月，吳菊芳於重慶謁見了宋美齡及孔祥熙，獲蔣夫人批出資助，改組廣東戰時兒童保育院，並獲孔祥熙批出十萬元作開辦費用。

1939 年 4 月初至 6 月，吳菊芳成立搶救隊，深入戰區搶救難童。同時，為了收容從戰區搶救出來的難童，吳菊芳先從連縣[1]接收了一批共四十多個屬社會軍事訓練總隊模範團少年連的兒童，這個少年連原來與陳明淑女士率領的社會軍事訓練總隊模範團婦女連在一起的。吳菊芳把這個少年連，連同即將接收的難童，改組成

兒教院的難童，前排坐地為年紀較幼的兒童，站立者為較長的兒童，後排為導師。

1　連縣，現稱為連州。

廣東戰時兒童訓練團。由於原來少年連的兒童年齡較大，吳菊芳安排他們擔任接待，協助安頓搶救回來的難童。

1939 年 6 月底至 7 月，搶救隊經過自 4 月起兩個多月的努力，搶救了九批戰區難童及軍人遺孤 900 多人，近的來自清遠，遠的來自惠陽。當時的名額，已接近中央振濟委員會及財政部部長批出用作廣東兒童教養的資助上限。隨後吳菊芳向中央振濟委員會、蔣夫人及孔祥熙部長匯報情況，再獲中央振濟委員會增撥一千名兒童的資助。同時獲中央振濟委員會批准，在收容滿增加的一千名兒童後，再獲增撥資助——開辦費及經常費將按比例撥付。1938 年至 1939 年間，以廣東戰時兒童訓練團的基礎，廣東兒童教養院在曲江建立起來。

1939 年 7 月，中央振濟委員會發電報予廣東戰時兒童訓練團，命令廣東戰時兒童訓練團改隸屬於振濟委員會，改名為「振濟委員會廣東兒童教養院」，確定由吳菊芳擔任院長。[2] 1939 年 8 月 14 日，廣東兒童教養院於曲江韶關中山公園舉行廣東兒童教養院成立大會。

2　廣東兒童教養院組織圖，見廣東兒童教養院院史編輯組：《烽火歲月的豐碑：廣東兒童教養院院史回憶錄》，廣東：廣東兒童教養院校友會，1995 年，頁 137。

曲江中山公園（1939）

香港淪陷後，被搶救上廣東韶關的難童。

吳菊芳院長（後排左三）與香港抵韶關的難童合照

組　織

組織系統

廣東兒童教養院組織圖（1939 年 11 月）[3]

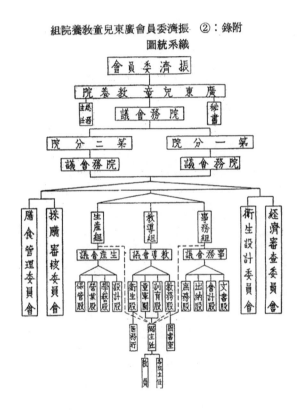

3　廣東兒童教養院組織圖，見秦孝儀：《革命文獻》第一〇〇輯，頁 101。

廣東兒童教養院組織圖（約 1941 年底）[4]

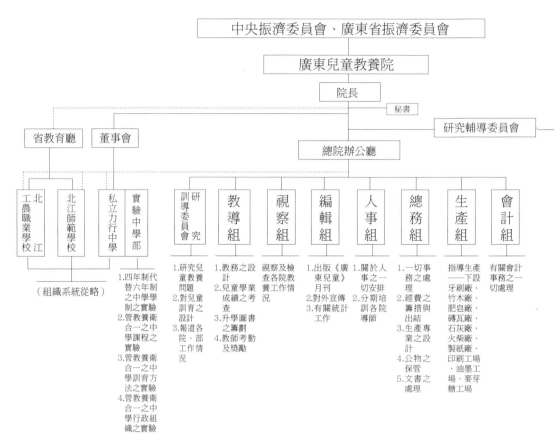

廣東兒童教養院的行政組織系統圖

4　廣東兒童教養院組織圖，見廣東兒童教養院院史編輯組：《烽火歲月的豐碑：廣東兒童教養院院史回憶錄》，廣東：廣東兒童教養院校友會，1995 年，頁 80。

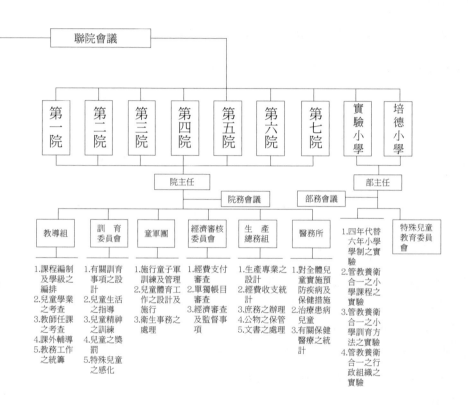

聯院會議

第一院　第二院　第三院　第四院　第五院　第六院　第七院　實驗小學　培德小學

院主任　　　　　　　部主任

院務會議　　部務會議

教導組	訓育委員會	童軍團	經濟審核委員會	生產總務組	醫務所		特殊兒童教育委員會
1.課程編制及學級之編排 2.兒童學業之考查 3.教師任課之考查 4.課外輔導 5.教務工作之統籌	1.有關訓育事項之設計 2.兒童生活之指導 3.兒童精神之訓練 4.兒童之獎罰 5.特殊兒童之感化	1.施行童子軍訓練及管理 2.兒童體育工作之設計及施行 3.衛生事務之處理	1.經費支付審查 2.單獨帳目審查 3.經濟審查及監督事項	1.生產專業之設計 2.經費收支統計 3.庶務之辦理 4.公物之保管 5.文書之處理	1.對全體兒童實施預防疾病及保健措施 2.治療患病兒童 3.有關保健醫療之統計	1.四年代替六年小學學制之實驗 2.管教養衛合一之小學課程之實驗 3.管教養衛合一之小學訓育方法之實驗 4.管教養衛合一之行政組織之實驗

組織指引

1930 年振濟委員會公佈通用於各直轄兒童教養院的《振濟委員會直轄兒童教養院組織通則》，主要包括以下 15 條。[5]

第一條：振濟委員會（以下簡稱本會）為救濟災難兒童暨陣亡將士遺孤施以教養，設立兒童教養院。

第二條：本會直轄各兒童教養院之組織，悉依本通則之規定辦理。

第三條：兒童教養院設院長一人，由振濟委員會委任綜理院務。

第四條：但如有特殊情形經院長呈准者，得設副院長一人，由本會遴任協助院長處理院務。兒童教養院設有下列三組：

1. 事務組；
2. 教務組；
3. 生產組。

第五條：事務組之職掌如下：

1. 關於文書撰擬繕校收發及會議記錄等事項；
2. 關於典守印信事項；
3. 關於文件卷宗之整理保管事項；
4. 關於人事登記事項；
5. 關於兒童生活用品及一切財產之購置修繕保管分配事項；
6. 關於公款出納事項；
7. 關於庶務及其他不屬各組事項。

5　秦孝儀：《革命文獻》第九十六輯，頁 452－454。

第六條：教導組之職掌如下：

1. 關於兒童入院出院及編級事項；
2. 關於註冊登記學級編製課程分配及課外作業圖表統計等事項；
3. 關於訂定課業用品及審核編造兒童各種表冊事項；
4. 關於訓導管理事項；
5. 關於兒童體育衛生醫療事項；
6. 關於一切有關教養事項。

第七條：生產組職掌如下：

1. 關於生產事業之籌劃及推進事項；
2. 關於兒童生產技能之指導事項；
3. 關於作業品之經營銷售事項；
4. 關於生產用具原料及成品等之保管支配事項。

第八條：兒童教養院每組設主任一人，教員、醫師、護士、事務人員各若干人，其人數視收容兒童之多寡，由院長依附表規定遴任，並呈報本會備案。

第九條：生產組舉辦生產事業需用人員及伕役時，其經費應編入生產事業預算，呈報本會核定。

第十條：兒童教養院設會計一人，辦理歲計會計事項，由本會派充之，並得酌用佐理人員。前項佐理人員，須呈報本會核准後始得任用。

第十一條：兒童教養院教導組主任教員，應以具有教育部規定左列之教師資格之一者充任：

1. 師範大學或大學教育學院教育科畢業者；
2. 高等師範或專科師範畢業者；
3. 師範學校或高中師範科或特別師範科畢業者；

4. 舊制師範本科畢業;

5. 合於小學教員檢定規程曾經檢定合格而服務成績優良者。

第十二條:醫師、護士應以衛生署登記合格領有證書並有服務經驗者遴充之。

第十三條:院長遴任教職員、醫師、護士之薪水,應依照本會頒定待遇標準辦理,並先期呈報本會核准。

第十四條:兒童教養院辦事通則另訂之。

第十五條:本通則自呈准公佈之日施行。

兒童教養院教職員聘任

振濟委員會直轄的兒童教養院,對教職員組織及通則,有清楚指引,詳見下表。[6]

兒童數額 教職員人數 項別	三百名額	五百名額	一千名額	備考
院長	1	1	1	一千兒童以上各院,如因事實需要,經呈奉核准者得設副院長一人,襄助院務。
事務主任	1	1	1	
教導主任	1	1	1	
教員	12	20	40	教員兼保育員每 25 兒童設一員
會計	1	2	3	設有會計二員以上者,其一為會計員,其餘為會計佐理員。
事務員	2	3	4	
醫師	1	1	2	
護士	2	3	5	
附註:		各院生產部分職員及技術人員數額,視各院生產事業之範圍,隨時呈請本會核定,不受本表限制。		

6　秦孝儀:《革命文獻》第九十六輯,頁 455。

辦學方針

　　廣東兒童教養院最早只設總院，後來再由一院擴至七院。[7] 在位置上，總院（總辦事處）位於黃崗、轉水、蓮塘、連縣北郊泥潭村、小黃崗、桂頭、連平、龍川縣、平遠縣城、平遠縣大柘、廣州財廳前（即今北京路）。

　　1940 年 4 月至 1946 年，增設第一院，位於沙園、連縣星子。1939 年 8 月至 1945 年 9 月，設第二院，位於連縣城西八公里處的龍咀。1939 年 11 月至 1945 年 9 月，設前第三院，位於沙園。1940 年 1 月初至 1941 年 7 月，設後第三院，位於樂昌縣羅家渡。1941 年 7 月至 1945 年 9 月，設第四院，位於仁化縣江頭村、連縣保安墟附近的福山。1940 年 5 月至 1946 年 1 月，設第五院，位於仁化縣江頭村。1940 年 5 月至 1942 年，設第六院，位於南雄縣修仁、和平彭寨。1940 年 6 月至 1946 年 1 月，設原第七院，位於樂昌縣羅家渡。1941 年 7 月，設第七院，位於韶關沙園、坪石樂昌、河縣上莞。

　　廣東兒童教養院發展規模愈趨完備，吳菊芳開始制訂教學方針。1940 年 8 月至 9 月間，因迴避日軍侵略，兒童教養院暫遷往雲南的中山大學。遷回粵北坪石後，吳菊芳利用師生情誼，邀請其中山大學研究院院長崔載陽教授，[8] 出任兒童教養院顧問，設計及制訂兒教院的教育方針、制度及發展規劃。

7　各院資料詳見廣東兒童教養院院史編輯組：《烽火歲月的豐碑：廣東兒童教養院院史回憶錄》，頁 15, 18, 20, 21, 135–155。王杰、梁川：《枕上夢回——李漢魂吳菊芳伉儷自傳》，廣州：廣東人民出版社，2012 年，頁 264–265。吳菊芳：《廣東兒童教養院院史稿》，香港：中報月刊，1984 年，頁 26。

8　崔載陽，廣東增城人，民國時曾任中山大學教授兼師範學院院長、大學研究院院長及教育研究所主任。

教養並重

　　「教養並重」的方針，反映了當時的政治和經濟的情況和需要，甚具意義。吳菊芳興辦廣東兒童教養院主要基於兩個考慮：一是對戰火中難童的愛心，二是培養抗戰和建國的後備人材。兒教院打從開始便以「教養並重」為教育方針，戚煥堯先生在《廣東兒童教養院建院 50 周年紀念專刊》上曾題詞說：

> 　　廣東兒童教養院在國家對日抗戰的艱苦環境中，給幾千個難童以民族中心教育，使其在獲得政治、文化、經濟、軍事的基礎知識上，培養為健全的民族成員，效力國家。從現在這院友的情況看來，一般都有深厚的民族感情，愛國愛人民的思想，可見教育大致是有成效的。

導師制

　　兒教院與普通學校有別，它把學校、家庭和社會教育結合為一。同時，兒童來自各方，生活習慣與家庭環境很不相同。因此，兒教院對兒童施以嚴格的軍事管理，以大隊、中隊編製，並以大隊為管訓單位。大隊長、中隊長由教師兼任，小隊長選拔學生擔任，培養其自治能力。經過一段時間，把大隊、中隊改為教導區制。每一教導區約有兒童 200 名，分四班，每班分兩組，每組設一位組導師。「區」是管訓單位，「班」是教學單位，「組」是最基本的管訓單位。導師與兒童共同生活，用自己的知識與才能，品質與智慧去影響學生。同時明瞭兒童的心態，個別施教。戰時的難童，捱過苦走過難，明白「不花錢，有書讀，還有飯食有衣穿」的生活，是來之不易的。因而兒教院學生較為自覺學習，加上嚴於管教，學風表現為「活潑嚴肅，勤奮向上」，院風則表現為「艱苦卓絕，奮鬥圖存」。

兒教院老師授課

院童製作牆報

兒教一院初名廣東第一保育院

兒教一院院址（連縣星子）

1939 年末 1940 年初—院遷星子路線圖

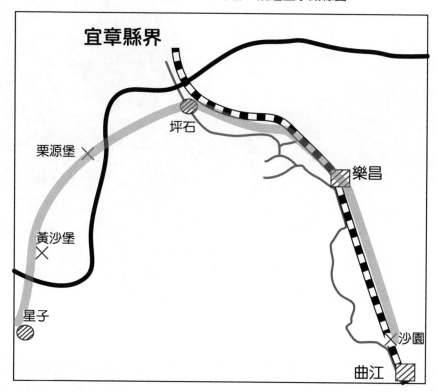

圖例：

━━━━━ 路線：曲江沙園—樂昌—坪石—湖南省宜章縣栗源堡—宜章縣黃沙堡—連縣星子

━━━━━ 省界

▨ 縣　◍ 要鎮　╳ 待定

── 河流　▥▥▥ 火車

資料來源[1][2]：

　　廣東省地圖，台灣總督府文教局學務課，昭和 13 年（1938），香港科技大學圖書館藏。（本圖按原圖比例尺 1：900000 放大 29%）

───────────

1　曾鏡成：〈我生活在廣東兒童教養院〉，《廣東兒童》，第二卷第六期，1941 年，頁 20 – 23。
2　趙家舜：〈入院以來〉，《廣東兒童》第一卷第五期，1940 年，頁 15 – 21。

兒教二院院址（連縣龍咀）

兒教四院院址（連縣保安）

兒教六院院址（南雄縣修仁）

兒教七院院址（韶關沙園）

民族中心教育

　　兒教院重視民族中心教育，即發揚民族根本精神的教育，促使世界共同進步。民族中心教育的本質是協進——協同邁進，協力長進，協助上進。這為中山大學研究院院長崔載陽教授，向兒教院提出的一套民族中心教育的理論和實踐計劃。崔載陽為法國里昂大學博士，倡導以中華民族的歷史傳統和文化教育、民族的生活方式與習慣、信念和思想及當時中國的處境和需要等，制訂教育目標及教育體系，發展一套與其相適應的教材和教法。在崔載陽教授的「中國民族中心教育理論」基礎上，兒教院結合當時國民政府提出的「管、教、養、衛」體制，訂定出「家、校、場、營」的辦院總規劃和體制。從性質、目的、任務、內容、方法上，「家、校、場、營」把兒童教養院發展成一個既家且校的教育和生活組織。

家、校、場、營

家

　　廣東兒童教養院在中日戰爭中建立起來，為難童提供了一個家，也是他們的學校。家，即廣東兒童教養院是一個大家庭。為加強「家」的氣氛，規定導師、職員生活與學生一致──同生活、同學習、同娛樂、同勞動。具體來說，每位導師負責25名學生，和學生同住在一個營舍裏。他們上課時是老師，下課時是家長，帶領勞動時是導師，課外活動時又是兄姊。這樣家庭成員和睦親熱，並把這些氣氛灌注在校、場、營之中。

　　在廣東兒童教養院這個大家庭中，領導機關是總辦事處（總院），下設7個分院和實驗小學部、培德小學部。初期各分院把兒童分成若干大隊和若干獨立中隊，大隊以下設中隊。中期管理體制是乃分院下設教導區，每個教導區有兩個大營舍，各有學生100人，分成4個中隊，兩個中隊合成一個教學班。分院設一位院主任，教導組主任、總務組主任和生產組主任各一名；教導區設區導師，每個中隊配備一位導師，每個教學班有兩位導師。以上人員直接管理學生的飲食起居和學習文化科學知識，負責管理發給學生的衣服、棉被和蚊帳等公物。大家庭中定編的師生人數：一、二、四、六、七等分院學生各1,000人，教職工各66人；三、五、實小、培小等院（部）學生各500人。三、五分院教職工各44人。各分院設伙食管理委員會，負責籌措師生的柴、米、油、鹽，於每天早上按教導區人數，按規定的分量，把物品發到各區去。

　　在兒教院大家庭中，師生和同學之間，關係融洽。1941年，學生湯啟輝在河邊洗澡時被雷管炸傷，不得不截斷手臂。同學對傷者關懷備至，邵綺嫻、任文秀等

把傷者送到萬國紅十字會醫院救治，班裏每天派人去探望，同學把兩個月的生活費捐出買牛奶、水果、糕點送給湯啟輝。湯啟輝傷癒出院後，同學為他輔導補課。1942年，六分院舉行了一次特別的活動——雷礪瓊院主任讓全體教職工和院部領導，分認全院兒童。教職工把「分」給自己的兒童找到身邊，一起度過節日，並給兒童送一份禮物。院部還提議，讓每個兒童相認一位導師作乾爹或乾娘，讓他們以後可以一起過節和聚會。

老師向清潔值日班講授衛生知識

孩子們在校園打掃清潔衛生

注重個人衛生清潔，衣服被褥常清洗。

兒童輪值當炊事員

兒教院裏飯堂一角，院童自己動手煮食。

校

　　校，即廣東兒童教養院既是大家庭，也是個大學校，讓二萬餘兒童在這裏鍛鍊成長。兒童教養院負責教學生學習文化科學知識，培養他們成才。那時考慮到學童年齡偏大，且多具有社會體驗，他們以院為家，沒寒暑假；同時戰時難以購買大量教材，因此，崔載陽教授擔任了編纂委員會主席，由戚煥堯、陳孝禪等人協助，於1941 年 2 月編訂了《新中國兒童課本》的新教材，[9] 供兒童教養院學生使用，並開辦實驗小學部試用。[10] 這課本分四個學科，即政治科、文化科、經濟科和軍事科，共 16 分冊，均有插圖。政治科包括政治常識、三民主義、公民訓練、歷史、地理及有關的鄉土教材；文化科包括國語、音樂、美術及有關的鄉土教材；經濟科包括算術、珠算及有關的鄉土教材；軍事科包括軍事體育、童子軍、勞作、衛生及有關的鄉土教材。四個學科緊密聯繫，照應了家、校、場、營的教育理論體系。[11] 同時，還把一學年分成四個學季，每學季使用教科書 1 冊，一學年使用 4 冊，四學年共使用 16 冊。各學科教材均先編寫中心內容，各年級政治科教材中心內容列表如下：

9　《新中國兒童課本》由 1940 年 5、6 月開始籌備，7 月 15 日成立編纂委員會，1941 年 2 月基本完成編寫工作並開始試用。1942 年秋成立編修委員會，依據調查收集的意見進行修改，修改後重印。

10　新學制和新課本編訂出來以後，當時先在實驗小學試驗，並加強緊培訓師資，才在廣東兒童教養院系統任面推行。

11　參考廣東兒童教養院院史編輯組：《烽火歲月的豐碑：廣東兒童教養院院史回憶錄》，頁 26－27，36。

一年級政治科教材中心內容表

學年	學季	學週
我們的鄉土	1. 我們的鄉土的自然界	1. 我們快樂的家庭 2. 我們怎樣逃出敵人的炮火 3. 我們的教養院 4. 本院在什麼地方 5. 本地的氣候 6. 本地的蔬菜 7. 本地的花木 8. 本地的蟲魚 9. 本地的鳥獸 10. 本地的風景
	2. 我們的鄉土經濟	1. 本地的冬天 2. 本地的衣服 3. 本地的食物 4. 本地的水火 5. 本地的房屋 6. 本地的農作 7. 本地的工場 8. 本地的商店 9. 本地的水陸交通 10. 本地的郵政通
	3. 我們的鄉土政治	1. 本地的春天 2. 植樹節 3. 本地的地土 4. 本地的人口 5. 兒童節 6. 本地的自治團體 7. 本地的領袖人物 8. 本地的商店 9. 保辦事處的工作 10. 國民月會
	4. 我們鄉土的軍事文化	1. 本地的國民兵團 2. 本地的國軍 3. 衛生運動 4. 國民教育運動 5. 本地的學校 6. 本地的文化場所 7. 本地的風俗習慣 8. 本地的娛樂 9. 軍民合作站 10. 如何建設鄉土

二年級政治科教材中心內容表		
學年	學季	學週
我國的現狀	1. 錦繡山河	1. 我們在學又一年了 2. 我國的版圖 3. 可愛的廣東 4. 我國的山河 5. 我國的氣候 6. 我國的名勝 7. 我國的古蹟 8. 偉大的民族工程 9. 我國的人民 10. 怎樣保衛我們的國土
	2. 我國的經濟生活	1. 我國的冬季 2. 我國的資源 3. 廣東的經濟狀況 4. 我國的鄉村與農業 5. 我國的城市商埠 6. 我國的工業 7. 我國的商業 8. 我國的交通 9. 我國的財政金融 10. 怎樣改造國民經濟
	3. 我國的政治生活	1. 我們又長大一年了 2. 我們的省會與本省政治 3. 我們的首都與中央政治 4. 地方自治 5. 怎樣行使四權 6. 我國的人治與法治 7. 我國的家庭和社會 8. 我國的風俗與宗教 9. 次殖民地的中國 10. 怎樣改進國家政治
	4. 我國的軍事文化生活	1. 我國的夏季 2. 我國的陸軍 3. 我國的海軍 4. 我國的空軍 5. 我國的邊防 6. 我國的醫藥衛生 7. 我國的文學藝術 8. 我國的科學 9. 我國的教育 10. 怎樣改進我國文化

三年級政治科教材中心內容表

學年	學季	學週
我國的過去與未來	1. 我國民族的初興	1. 天氣與氣候 2. 生物的起源與進化 3. 人類的起源與進化 4. 我國民族的建國 5. 夏禹治水 6. 湯武革命 7. 封建制度 8. 春秋戰國 9. 孔子與我國文明 10. 諸子百家
	2. 我國民族的發達	1. 秦始皇築萬里長城 2. 秦漢的社會狀態 3. 漢高祖與平民革命 4. 漢代的文事武功 5. 鞠躬盡瘁的諸葛武侯 6. 五胡亂華與淝水之戰 7. 南北朝的風尚 8. 唐太宗的文事武功 9. 宋代文物 10. 岳武穆打退金兵
	3. 我國民族的憂患	1. 蒙古族入主中國 2. 朱元璋起革命 3. 史可法抗清兵 4. 清代的國策 5. 鴉片戰爭的因果 6. 帝國主義的侵入 7. 太平天國的革命 8. 中日戰爭 9. 戊戌政變 10. 義和團與八國聯軍
	4. 我國民族的復興	1. 中山先生救國主義 2. 中山先生救國史績 3. 中華民國的誕生 4. 軍閥專橫與五四運動 5. 國民革命軍北伐與國民政府成立 6. 政治的推進 7. 文化的發展 8. 經濟的建設 9. 軍事的統一 10. 中國的復興與我們的責任

四年級政治科教材中心內容表

學年	學季	學週
我國與世界	1. 我們的敵人──日本	1. 日本是什麼東西 2. 日本的政治外交 3. 日本的軍事經濟 4. 日本過去怎樣侵略我國 5. 日本現在怎樣侵略我國 6. 日本軍閥 7. 我敵國力的比較 8. 我敵戰略戰術的比較 9. 有力出力有錢出錢 10. 抗戰必勝建國必成
	2. 我國與現代國家	1. 古代的西洋 2. 工業革命 3. 世界大戰 4. 黃金國的美利堅 5. 海上霸王英吉利 6. 自由的法蘭西 7. 國社主義的德意志 8. 法西斯主義的意大利 9. 社會主義的蘇聯 10. 掙扎中的弱小民族
	3. 我國與世界政治經濟	1. 世界的自然環境 2. 世界的資源分布 3. 世界的農業 4. 世界的工業 5. 世界的商業 6. 世界的交通 7. 民主主義與法西斯主義 8. 資本主義與社會主義 9. 世界的政治經濟趨勢 10. 怎樣開創三民主義的世界
	4. 我國與世界軍事文化	1. 世界的陸軍 2. 世界的海軍 3. 世界的空軍 4. 各國的戰略戰術 5. 醫藥與衛生 6. 最近的科學發明 7. 文學與藝術 8. 世界的文化教育 9. 世界的青年訓練 10. 人類的前程

1940 年 5、6 月，兒教院開始籌備編寫《新中國兒童課本》，7 月 15 日成立編纂委員會。1941 年 2 月完成編寫工作，並開始試用。1942 年秋，成立編修委員會，依據收集的意見，進行修改及重印。

新學制和新課本編訂出來以後，先在實驗小學部試驗使用，並培訓師資，然後在兒教院系統推行。兒教院學制縮短為了四個學年，每年四個學期。[12] 根據調查收集到的意見分析，這套課本的缺點是簡單地分成四科，過於粗糙，每科內容龐雜，有的知識出現得過早，有的過遲；有的教材要求過高，有的偏低；教材編排缺乏系統性和科學性，如生字詞語出現無計劃，或缺或重。有教師反映：政治科和文化科內容過多，文章內容抽象；經濟科算術知識太淺；軍事科的勞作無實習材料。1942 年秋，開始對課本作修改。修改後，克服了很多缺點，課本完善多了。採用修改後的課本教學，取得較好的效果。從力行中學招收的新生成績看，兒教院畢業生的文化和科學知識較佳。

《新中國兒童課本》是根據教材中心內容編寫出來的。各年級課本均寫了課文，現摘錄一年級第一學季第二學週每科一篇課文如下。

一、政治科第一節

敵人來了

1. 我們不是都離開了家嗎？（有插圖）

2. 為什麼我們要離家？

3. 是不是敵人來了？

4. 誰是我們的敵人呀？

---

12 兒教院的學制，劃分學週、學季和學年。每學年 52 個學週，分 4 個學季，每學季 13 學週，實際上課每學季 12 學週。各科教材中心內容列出每學季只有 10 個學週的內容，其餘 2 個學週作為機動，以便教師掌握補課復習，鞏固所學的知識。學習時間 8 月至 10 月為第一學季，11 月至次年 1 月為第二學季，2 月 4 月為第三學季，5 月至 7 月為第四學季。

二、文化科第一節

發警報

1. 敵人來了，要不要發警報？

2. 警報器的響聲是怎樣的？

3. 我們就來讀一讀發警報好嗎？

<blockquote>

嗚——嗚嗚！

什麼東西叫了？

警報叫。

小弟弟，

快快進山洞，

敵機快到了。

</blockquote>

4. 你見過飛機嗎？

5. 敵人的飛機和我國的飛機有什麼不同？

三、經濟科第五節

淪陷區的錢和貨

1. 本省哪些地方淪陷了？

2. 敵人怎樣搶我們的錢？

3. 為什麼不要買敵人的貨物？也不要賣貨物給敵人？

4. 為什麼不要用敵人的鈔票？也不要替敵人做工？

四、軍事科第六節

避子彈

1. 分兩路相對站,

2. 每人手執紙球一個,

3. 聞令各隊將球向對方打去,

4. 看哪隊被打中的較少。

在兒教院的發展中,需要大量教師,那師資從何而來?教師又怎樣教學呢?抗戰時期,廣州和省內許多地方被日寇侵佔,大批知識分子紛紛離家到後方去。當時,粵北地區有許多來自淪陷區或半淪陷區的知識青年,兒教院招聘他們來當教師。省立女子師範學校遷到曲江縣黃塱壩,兒教院招聘該校畢業生當教師;兒教院還招聘了大學畢業生和大學教授。兒教院的師資水平頗高,崔載陽教授被聘為兒教院教育顧問,並幫助編寫了《新中國兒童課本》;音樂家黃友棣為兒教院作曲,[13] 何巴栖作詞,譜寫了反映兒童生活的歌曲《新生兒童大合唱》。此外,還有戚煥堯、徐蕙儀、黎傑、黎英、梁昌熾、雷礪瓊等文化水平較高,工作能力較強、熱心兒童教育的教師。力中、江師和北職三校的教師,[14] 大部分是大學畢業生,他們為兒教院培養學生,並且取得成績。其中江師張寧老師,中山大學國文系畢業,擔任班主任,教國文課。張寧老師上作文課,為消除學生怕難心理,先作具體指導,使學生逐步學會寫作。一有次作文課,他先帶學生在學校周圍走一走,邊走邊指導寫作,讓學生看景物,指導取材方法。返回課室,又指導學生如何佈局謀篇,如何突出中心,深化主題。二分院湯恒貞老師,教畢業班算術科。她感到算術科課本的內容分

---

13 黃友棣,著名音樂家,廣東兒童教養院《新生兒童大合唱》作曲人。何巴栖,廣東兒童教養院總辦事處編輯室主任及兒童粵劇團團長。見廣東兒童教養院院史編輯組:《烽火歲月的豐碑:廣東兒童教養院院史回憶錄》,頁 161。

14 按廣東兒童教養院院史記載:「為了讓兒教院的畢業生能升上中等學校讀書,從 1940 年起,陸續開辦了實驗中學部(後改為私立力行中學,簡稱力中),北江簡易師範學校(後改名廣東省立江村師範學校,簡稱江師)和北江農工職業學校(簡稱北職)。見廣東兒童教養院院史編輯組:《烽火歲月的豐碑:廣東兒童教養院院史回憶錄》,頁 21。

散、過淺，於是她自編教材，把小學生應掌握的算術知識和運算技能，安排在一年內教完。在四年級算術教學中，她系統地教完了整數、小數四則運算和混合運算以及有關的應用題；教完各類型的應用題，如雞兔問題、和差問題、流水問題、行程問題、方陣問題等；教完了分數、繁分數四則運算和混合運算；教完了比例和有關的應用題。因為教學認真，受到各屆同學敬愛。

此外，力行中學重視歷史教學。1944 年秋季開學後，力行除了把國文、數學、英語、物理、化學等科列為主要科外，還把歷史科列為重要科，並公告全校師生。歷史教師向學生講明學習歷史知識的必要性，黎英調任力行中學校長後，常在紀念週會上向學生講時事，講中國歷史和世界歷史知識，使學生提高認識，學好歷史科。

至於教師的進修，兒教院期望教師能趕上知識的更新。為此兒教院的教師進修，有兩種方式：一是集訓式進修，二是集體研究式進修。集訓式進修，就是舉辦教師進修班。兒教院共舉辦過四期教師進修班，地址在曲江黃崗或轉水。前三期由總院主辦，各分院派出教學人員受訓。三期進修班的開辦時間分別為 1940 年7 月、9 月和 11 月，每期各分院派出學員 7 至 12 人參加。1943 年 4 月，舉辦第四

沒有課室，孩子們利用宿舍的床頭當桌子上課。

兒童們自攜竹凳到郊外樹林上課

孩子們在集體活動中，既活潑又守紀律。

孩子們在簡陋的房裏上課

期教師進修班，由總院委託廣東省地方行政幹部訓練團設班訓練，吳菊芳院長任班主任，李耀綜任代班主任。除了各分院派教師受訓外，總院招聘的新教師也一起受訓。教師進修班學習內容有兩大類：一是專業訓練，就是研究管教養衛的理論和實踐方法；二是一般訓練，其內容有四種，就是精神訓練、生活訓練、知識訓練和體格訓練。集體研究式進修，就是組織教師進修會，讓教師們集體學習和研究。從兒教院創辦時起，便成立教師進修會。進修會設會長和副會長，下設學術股、康樂股和總務股。學術股分研究組和出版組，康樂股分游藝組和體育組，總務股分事務組和會計組。研究方式是分組討論，研究的課題有時事和軍事、經濟和政治、教學和教材，專題有日本問題、教育問題、兒童問題等。每次小組討論，由會員推舉有研究心得的教師主持，發表研究心得，然後進行討論。

場

在抗日烽火的日子裏，要解決 7,000 多人的衣、食、住、學等問題，着實不易。所以，當時兒教院除了中央和省振濟委員會的撥款外，還採取自養措施，建立生產場地。兒教院強調學生在接受文化科學知識的同時，必須接受生產勞動教育。兒教院學生一面讀書，一面參加生產勞動，並且以生產勞動的成果彌補生活不足，以期經過一定時間的努力後，做到生產可以養院和提供一切經費開支。

崔載陽教授認為應把兒童教養院初期開展的農業生產具體化，把「場」列為兒教院的組成部分。因此，各分院須墾荒種地，把生產和勞動列入課程中。除了開墾農作物場地外，還設工藝場 / 廠，購置辦農業、工業所需的工具。最先見效的是各分院自辦菜園、自養禽畜，用以改善伙食。工業方面，自 1940 年 9 月起，在總院領導下，開設竹木工藝廠、牙刷工廠、肥皂工廠、磚瓦工廠、造紙廠和印刷廠等。此後，各分院、各工廠、各農場都有產品向社會推銷。兒童教養院與廣東省婦女生產工作團，更共同在韶關開設婦孺產品供銷處，頗受當地人士歡迎。當時推銷的產品包括農產品類瓜、豆、蔬菜等；工業產品類的磚瓦、紙張、牙刷、肥皂和竹木製

自力更生，艱苦奮鬥。兒童們排着長長的隊伍，到工地種植勞動。

孩子們栽植甘薯

兒教院培養出來的小理髮師

孩子們在編織草鞋

孩子們在院內工場製作麥芽糖，第一個工序為泡麥發芽。

兒教院把製成的麥芽糖裝瓶，然後發付和推銷。

品等。此外，銷售的還有力行中學的蠟紙、油墨、紙張；六分院的醬油食品；七分院製的麥芽糖。

在開展生產勞動中，七分院土法製作麥芽糖很受歡迎。其工序為泡麥、發麥芽、搗碎麥芽、榨麥芽菜、用紗布過濾麥芽漿、把過濾後的麥芽漿放在鍋裏，再煮成糖。一分院製九里香筷子，因為九里香樹木質堅實，有香味，色澤金黃，故九里香筷子幾可與象牙筷子媲美。一分院還用九里香樹木刻印章。中央振濟委員會曾向該分院撥專款 2 萬元，作為發展生產之用。二分院生產組有技術員 5 人，技工 10 人，有大工場 1 座，小工場 2 座，農舍 1 座，牛舍、豬舍和雞舍各 1 座，工具農具一大批，生產條件較好。每週每班學生安排生產勞動課 2 節，勞動實習 4 節。1941 年，該分院農場種植花生 28 畝，收獲 1,500 多公斤，種甘薯 10 畝，收獲 2,000 多公斤；種蔬菜 24 畝，收獲各類蔬菜 1 萬多公斤。工業方面，兒教院承製了軍用竹水壺殼 1 萬多個，九里香筷子一批。各分院均購備理髮工具，培養理髮人員，課餘為同學理髮，既節省開支，也培養了不少理髮人才。在伙食方面，學生需要輪流值廚，自己動手辦伙食。在膠鞋來源中斷的情況下，兒教院學生上山割草，自己動手編織草鞋。織草鞋的工具簡單，只需一張長板凳，如無長板凳，可以坐在地上製作，伸出雙腿，把兩條草繩繞住腳趾，連若腰身，就可以編織草鞋。一分院附近有座山生長龍鬚草，這種草是織草鞋的好材料，材料易取，不時分贈各院作織草鞋之用。織成的草鞋，既供自用，還大批送上前線慰勞部隊。四分院女教師為了節約開支，為學生縫製棉衣，女學生協助。四分院製鞋很受歡迎，女教師指導女學生製男女式布底鞋，原料是竹籜（又叫竹殼）、碎布、砂紙和麻繩，用這些東西製成鞋底，再縫上黑布鞋面，製成為漂亮的布鞋。

營

營，即兒童教養院是一座軍營。為了培養學生嚴格的生活紀律，兒童教養院對學生實行軍事管理，進行軍事訓練，培養學生同仇敵愾，增強敵情觀念，形成衛國的意識。同時，因應學生的年齡特點，不太適宜進行完全軍事化訓練教育；故除了

生活管理和紀律禮節外，其他方面則採用童子軍制度。[15]

學生住的宿舍，當時叫營舍或營房。它們或借用民房或廟宇，或另建竹木料房舍。1939 年，一分院（沙園）的學生營舍多是舊民房或民辦工場，有幾間原是糖廠廠房，已很破舊，被風吹便搖搖欲墜。四分院的營舍，原是福山的福山古寺、觀音廟和山腳下的廖氏宗祠。星子一分院的辦公廳原是一座廟宇。這些分院後來陸續建成新營舍、新課室和其他新房子，均利用當地的杉木材料建成。它以杉木作框架，杉皮蓋頂，竹笪或杉板作牆。中設院的第二、三分院，全部房子都是新建成的。一分院房舍有五六十座，設計者頗具匠心：以辦公廳為中心，有大路通向各個教導區、課室、醫務所和大禮堂；最多的建築是學生營舍。每個教導區有兩座，每座式樣相同，營舍旁邊有教師宿舍，中間大廳是學生住處，可住 4 個中隊共 100 人（兩個教學班）。床鋪是杉板大統鋪，分上下兩層，教師在宿舍可以聽見學生講話和活動的聲音。營舍四周有走廊，走廊搭有竹製飯桌和凳子，走廊就是飯堂，竹凳子用來坐着吃飯。上課、開會或看電影，每人有一張固定使用的小凳子。課室集中一處，排成整齊的幾列，被稱為課室街。課室內有簡單的課桌，地上豎幾條杉木，上面釘一塊杉板，每一課桌供 4 個學生用，這種課桌是固定的，不能移動。此外，還有一座可容千多人開會的大禮堂，逢星期一在這裏舉行總理紀念週。

在兒教院裏，生活實行軍事化。去上課，去開會、去游泳、去參加升旗禮，均會排成整齊的隊伍才出發。每個營舍旁邊有一個小操場，用作軍事訓練，練習集隊、立正、稍息、向左轉、向右轉、齊步走和正步走等基本動作。每週一次在大操場舉行會操檢閱，以營舍為單位，按次序作操練表演，然後按成績排名，按次公佈。是故兒教院學生的優良傳統，就是集隊迅速，隊伍整齊，步伐劃一。莊嚴肅穆，一絲不苟。

---

15 「家、校、場、營」的規劃和體制，參考廣東兒童教養院院史編輯組：《烽火歲月的豐碑：廣東兒童教養院院史回憶錄》，頁 26－27、29－30、45、48、53。王杰、梁川：《枕上夢回——李漢魂吳菊芳伉儷自傳》，頁 265－268。

兒教院對學生還實行童子軍訓練，其內容大都見諸日常生活和學習中。兒教院為配合戰時之需，各分院學生進行軍事訓練，學習打背包、摺被褥——把被褥打成堅實的背包，背起行軍時既不易散亂，並方便走路。童子軍進行行軍訓練時，多選月黑或有雨的晚上，選崎嶇不平坑坑窪窪的道路。童軍背起背包走路，上斜坡，爬小山，辨別地形地物，克服困難前進。童子軍訓練還有追蹤訓練，走在前頭的人在各處埋藏物品，並作指示標誌，指出朝什麼方向走可以找到什麼物品，後面的人跟蹤，根據標誌所指，找出埋藏的物品，以期培養學生的觀察能力和判斷能力。在行軍訓練中，學生出現種種問題，如背包打得不堅實，繩子鬆脫，掉下雜物，有的鞋子爛了等。經多次練習，問題逐漸減少了，也由於這種鍛鍊，1945 年 1 月大疏散夜行軍和雪地行軍中，學生都能克服困難，走完二百餘公里路，到達東江地區。

　　此外，兒教院很重視對學生的禮貌教育和紀律教育。紀律教育除見諸上述操練外，日常集隊、上課、吃飯、洗澡和睡覺，都有嚴格的準則，有鐵一般的紀律。參加升旗禮和降旗禮，學生必須服裝整齊，戴齊童子軍標誌，缺一不可。集隊、上課、升旗等，均有嚴格的禮貌準則；值日生向主持人報告人數，也有嚴格的禮貌動作和報告詞。首先值日生高聲向隊員發出「立正」口令，讓大家立正，再跑到主持人面前立正，行舉手禮，然後向主持人報告說：「XX 隊長報告，本隊原有 XX 人，請假 X 人，今日參加 XX 禮 XX 人，報告完畢」。再行舉手禮，主持人接受報告後，跑回自己的隊伍前，向本隊喊「稍息」，值日生才算完成報告人數的任務。在路上，如果學生遇見院領導或導師，不論認識與否，必須就地立正敬禮，可行舉手禮，或鞠躬禮，或注目禮。如果有事要進導師宿舍，必先在門外喊「報告」，得到允許才可以進入。吃飯前，學生要先排隊，由值日導師或值日生指揮，有秩序地入席，聽見值日生喊「開動」的口令，才開始吃飯。學生要嚴格遵守作息時間，不論天氣多冷多熱，都聽從號音作息，起床號響了，立即起床。熄燈號響了，營舍須安靜，不可隨便講話和走動。早上，很短時間內須整理好內務，被褥和用品按規定位置放好和對齊。總之，在兒教院鍛鍊過的學生，多養成嚴格的集體紀律觀念和習慣。

兒教院舉行逾千人的童子軍操練表演

兒教院培養孩子們要從小
守紀律及尊師愛生。

實驗中學遠足行軍

孩子們戶外學習

培養孩子們既練膽識，又練救護。

孩子們學習救火常識

孩子們演習搭陸路行車高架橋

天塹可渡——孩子們演習架搭橋樑

日常生活

　　在兒教院中，學生每天的生活和學習既緊張又有秩序。天剛亮，號兵吹響起床號，各營舍的學生便迅速起床，整理內務，把被褥摺成豆腐塊一樣，有稜有角，放在床頭，與鄰床的對齊，床上無任何雜物。然後拿起漱口盅、[16] 毛巾和牙刷去操場集隊，跑一段路到河邊或有水的地方去刷牙、洗臉。洗畢，集隊跑回營舍。換上童子軍制服後便到升旗台操場集合，進行早會升旗儀式。這時，一隊隊長長的學生隊伍，從四面八方進入升旗台前，場面頗為壯觀。升旗禮儀式順序是：一、升旗禮開始，全體肅立；二、唱國歌；三、升旗（全體師生向徐徐上升的國旗行舉手禮或注目禮）。禮畢，主持人講話，講話內容一般是國內外時事、生活指導和紀律教育。接着，學生隊伍依次離場，到大操場跑步，這就是每天的早晨鍛鍊，運動量大，緊張而有秩序。

　　升旗禮後，學生便到操場進行早操，早操後便是早餐時間，惟後來由於物資缺乏，早餐取消。早操後稍事休息，上課號音響了，學生們拿起凳子，背上書包，以班為單位排隊進課堂上課，上午上四節課後回營舍吃午飯。開飯前，全體學生集隊、唱歌，值日生分飯分菜。飯菜分好了，學生按次序坐好，值日生向值日導師請示，得到同意後，一聲「開動」，大家就吃起來。午睡後，下午繼續上課。夏天天氣炎熱，課後經常集隊到河邊洗澡、洗衣服，男女各據一段河道。洗衣服，多用茶麩充當肥皂。晚上就寢前集合點名，值日導師講話，小結一天的生活。熄燈號響過，各營舍學生上床，不一會，營舍裏靜悄悄，鴉雀無聲。學生們遵守院規，不隨便講話，更不隨便離床活動。這就是兒教院學生一天的生活和學習情況。

16　口盅為廣東俗語，指漱口缸。

內務整理，按軍事化管理要求——兒教院寢室一角。

起床號響，孩子們立即起床摺好被褥，準備值日導師巡房。

午飯後一段午睡的時間，午睡後有分組活動，依興趣參加，農作、工藝、農藝、印刷等組別，學生生產之產品可賣給學校以換取零錢。另亦有戲劇、歌詠、雜耍等分組。上完分組後有晚餐及到河邊洗澡及洗衣服的時間，接着便是自由活動及自修時間。

晚上十時，學生集合歸隊，如班主任發現有學生沒有到來集隊，將會到營舍找尋學生，如發現學生生病，將親自將學生送到醫務所留醫，其他有到場集合的學生由值日生點名及班中隊長導師（班主任）訓話後，由班長指揮唱院歌後散隊，當號兵吹熄燈號後，學生需要馬上熄燈就寢，任個人都不准講話或走動。班主任在晚間會巡視房間，為學生蓋被。[17]

兒教院辦院初期，經費較寬裕，發給學生的衣服夠穿用。當時，每人領到外衣褲、內衣褲各 2 套，棉被（4 斤棉花）1 張，棉大衣 1 件，還有蚊帳、書包（又稱乾糧袋）、口盅、牙刷和小凳子等物，有的分院發 1 塊木板作上課之用。當時兒教院規定每半年發新衣服 1 套，新內衣褲 1 套（收舊換新）。發給學生的衣物，還會造冊登記，班導師須經常檢查；班導師調動工作或辭職時，要向接任人移交，逐件檢查過目。至於學生的衣料來源，主要靠賑款，也從生產盈利中撥發專款採購。1942 年以後，經費困難，不能執行原定的衣服發放辦法，學生的衣服亦多破舊。兒教院也曾接受美國捐贈的藍色斜紋布，當時師生稱它為「羅斯福斜」。[18] 那時戰爭已進入最苦的階段，學生久未領到新衣服。1943 年春夏之交，中設院利用羅斯福

17　有關廣東兒童教養院的日常生活，參考廣東兒童教養院院史編輯組：《烽火歲月的豐碑：廣東兒童教養院院史回憶錄》，頁 27–28。魏素華：〈畢業滇江話別離 疏散連縣險掉隊〉，載李湞：《幸餘生──抗日時期難童人生紀實》，廣州：中山大學出版社，2009 年，頁 127–128。向桂新：〈兒教院師如兒長 逃離韶關到沙園〉，載李湞：《幸餘生──抗日時期難童人生紀實》，廣州：中山大學出版社，2009 年，頁 107–113。

18　原來只有中央振濟委員會資助開設的廣東兒童教養院方可獲中央撥予賑濟布料，但因基於廣東兒童教養院辦得理想，為示嘉勉，同意了廣東省振濟委員會開設的廣東兒童教養院（省設院）之總院的要求，省設院應領的賑濟布料配額，一體由中央直接撥送。參考廣東兒童教養院院史編輯組：《烽火歲月的豐碑：廣東兒童教養院院史回憶錄》，頁 52。吳菊芳：《廣東兒童教養院院史稿》，頁 89–90。

斜和其他白布，縫製白衫藍短褲，發給學生每人一套，學生甚是歡喜。此外，兒教院還發給學生作業本和紙張，供學習文化科學知識之用。甚至發給郵票，讓學生寄家信。

膳食方面，廣東兒童教養院在成立之初，各院聘有伙夫，負責烹調膳食。但由於通貨膨脹，物價指數上揚，令食材及伙夫的僱用費大幅上升，故廣東兒童教養院總院自 1941 年學年起，改由學生負責下廚烹調膳食，把原來伙夫的工資用作補貼伙食。同時，也加強了生產組織工作，墾地種瓜菜、飼養家畜及狗隻，增加糧食。[19] 然而，隨着局勢緊張，兒教院經費愈來愈緊，伙食標準逐漸下降。1942 年下半年起，學生每天只吃兩餐飯、除節日外，基本無肉，蔬菜也很少，或只有一小匙黃豆。1942 年 11 月，黃覺明院主任在接見新入院難童時宣佈──學生的伙食標準，每人每天大米 14 兩（司碼秤），1 錢油，1 錢食鹽，1 斤柴，菜少許。他為了讓學生吃得好一些，派值日生到三江墟或附近農村去，向漢族人或瑤族人購買黃豆或竹豆作副食之用，以增加營養。1943 年春，黃覺明院主任再宣佈，為改善學生伙食，每人每月增加豬肉 8 兩（0.5 司斤），即逢單日每人吃半兩豬肉。一些教導區的導師見學生無早餐吃，而上午活動多，運動量大，體力消耗大，就設法增加一餐早白粥，從正餐 14 兩大米中抽出一兩米煮粥。這一來上午上操時，學生精神多了。

根據三院院長何巧生的回憶，廣東兒童教養院成立初期伙食較好。1939 年至1940 年，學生每天吃早、午、晚三餐，每天午及晚餐每人一碟菜、有肉，飯量不限，每週更可以加菜一次，菜式有紅燒豬肉、紅燒魚塊等。患病學生能夠得到特別照顧，早餐吃白粥加鹽，午及晚餐按醫生囑咐實行護理性進餐，吃流質食物或雜

19　參考向桂新：〈兒教院師如兄長 逃離韶關到沙園〉，載李湞：《幸餘生──抗日時期難童人生紀實》，頁 107－113。陳竹：〈兒教院裏新生活 歷盡艱險大轉移〉，載李湞：《幸餘生──抗日時期難童人生紀實》，頁 117－121。廣東兒童教養院院史編輯組：《烽火歲月的豐碑：廣東兒童教養院院史回憶錄》，頁 27－28，頁 51－52。吳菊芳：《廣東兒童教養院院史稿》，頁 85、88－89。

兒童們擴大開荒面積種植蔬菜、豆類，改善伙食之缺。

為解決柴火之憂，兒童們上
山割草執柴。

兒教院發展多種經營，這是飼養牲口的畜牧場。

兒童們每日三餐吃糙米、黃豆，哨子聲一響，大家便開動就餐。

糧。但隨着戰事日益緊張，物資金錢缺乏，伙食標準下降。1942 年下半年開始，取消早餐，加上長期缺油缺肉，蔬菜很少，如只有一小匙黃豆，不少兒童吃不飽。此外，戰爭時期淪陷區不少人遷居粵北，原來糧食豐富的連縣亦糧食短缺，曾發生群眾搶米事件，廣東兒童教養院購進的大米亦被搶去，學生沒有足夠食糧。由於當時廣東省主席李漢魂曾通令糧食部門，務必保證部隊及廣東兒童教養院的糧食，廣東兒童教養院才未發生無糧斷炊的事。[20]

為了保障學生的身體健康，兒教院各分院均設醫務所，配備醫護人員，為患病學生診治，重病的學生則住院治療。各分院的醫務所備有一般的藥物，設門診部和住院部。二分院醫務所有醫生 2 人，護士 4 人，住院部有病床 80 張，可容 80 人住院，分普通病室和重病隔離室。由於經費所限，各分院醫務所設備簡單，藥物不足，有的學生營養不良。在發生流行性傳染病時，有些患病學生不治亡故。後來兒教院採取措施，增購藥品，大力防治傳染病，又給病者特別營養餐，才減少因病死亡的學生人數。

兒教院還有一項經常性的衛生檢查制度，逢週六和星期天進行。星期六下午是搞清潔的時間，以營舍為單位，先由值日導師主持分配給各中隊打掃的地段。各中隊學生齊齊動手，打掃地面，清除雜草，洗刷床鋪，整理內務。星期日上午是內務檢查時間，檢查團由分院辦公廳負責人以及各教導區導師代表組成，到各區各營舍檢查。檢查團來到營舍，學生服裝整齊，列隊迎接，並伸出雙手讓檢查。檢查團檢查學生隊伍，看服裝和身體的清潔狀況，看毛巾、牙刷、口盅的擺放安排。星期一早上公佈檢查結果，並排名次。星期日下午，才是師生的休息時間。這時學生可以趁墟趕集，郊遊或趁機回家探親。

---

20 何巧生：〈回顧沙園三院〉，載關爾強：《難忘的歲月》，廣州：中山大學出版社，2009 年，頁 116–117。

兒教院的醫護工作者，陪伴吳菊芳院長到工地看望難童。

兒教院醫護人員為孩子們診病

課外活動

除了日常的課堂活動，廣東兒童教養院還會組織特別的活動及比賽，如組織兒童回鄉服務隊回鄉進行服務，減少兒童父母的掛心，同時亦可宣傳廣東兒童教養院的教育成果。此外，亦舉辦振濟業績展覽暨兒教院千人大會操，用以宣傳廣東兒童教養院。在兒童教養院全盛時期，也有舉辦個人及團體比賽，包括有智力測驗比賽、作文比賽、繪畫比賽、體育比賽、戲劇比賽、歌詠比賽等；[21] 各院更展開多樣的課外活動，包括話劇、粵劇、歌詠、舞蹈、國術、籃球、雜耍、美術、壁報、營火會等。

話劇

話劇是兒教院很受歡迎的活動，且演出頻繁。話劇由江楓先生編導，由廣東兒童教養院總院、實驗小學、廣東兒童教養院第七院，聯合在韶關復興劇場演出廣東明末革命歷史長劇《陳子壯》。第二院在黃珏老師輔導下，演出《玩具店》、《寄生草》、《張自忠》、《熔痕》、《菱姑》、《莫讓支那人知道》等劇。第三院在魏臻老師指導下演出過《放下你的鞭子》、《打倒汪精衛》、《最後一課》、《九一八以來》等。第四院演出過《雪姑七友》、《小紅帽》等。第六院演出《樂園進行曲》五幕兒童劇，內容表達戰時兒童教養院的發展和中國兒童可以為國家作出的貢獻。第七院演出過蘇聯兒童長劇《錶》。實驗中學及實驗小學演出過《孩子慰勞隊》、《死亡線上》、《代用品》、《小天下》、《玩具、玩具》。實驗中學演出《群魔》、《日出》、《雷雨》等話劇。上述的話劇，除了在廣東兒童教養院系統各組織巡迴演出外，亦有在韶關中

21　參考王杰、梁川：《枕上夢回——李漢魂吳菊芳伉儷自傳》，頁 268。向桂新：〈兒教院師如兄長　逃離韶關到沙園〉，載李湞：《幸餘生——抗日時期難童人生紀實》，頁 111。

山公園、復興劇場公演。[22]

　　戰爭時期，物質條件很差，
兒教院師生動手自己製作佈景和
道具，例如上山採摘梔子，用以
泡染白布製作佈景。

學習舞獅

雜技班表演

22　廣東兒童教養院院史編輯組：《烽火歲月的豐碑：廣東兒童教養院院史回憶錄》，頁 86。吳菊芳：
　　《廣東兒童教養院院史稿》，頁 60。

粵劇團

　　兒教院粵劇團前身為沙園一分院的課外活動粵劇組，後來編入實驗小學。1944 年春，把粵劇組改成廣東兒童教養院粵劇團。吳菊芳院長派何巴栖任團長，吳熾森任教官兼劇務總管，招廣培任總務，左榕生任生活指導，馬麗妍任醫務員兼出納員，韓永廉任會計員，警衛員是劉剛恆，專職音樂手是兩位李師傅；宣傳、佈景由麥光詁、湯永和兩名學生擔任。演員是男、女小學生，共三十餘人，主要演員有馬光強、任惠珍、陳炳南、冼政光、周詠嫻、周炯熹、梁麗貞、黃愛瓊、黃基勤、譚衍蔣、黎培根等。兒教院粵劇團的任務為宣傳抗戰國策、接待來訪的國外貴賓、慰勞抗戰部隊和義演籌款等。

　　那時劇團隨時可以上演的劇目有《荊軻》、《岳飛》、《西施》、《梁紅玉》、《張巡》、《文天祥》、《戚繼光》、《五郎救弟》等長劇。[23] 劇目的內容多是歌頌中華民族古代英雄人物，宣揚他們抵禦外來侵略，英勇作戰的精神，並激發民眾和戰士的抗戰熱情及取勝的信心。劇團受到好評，演出時座無虛席，演出後團體贈以「振聾發聵」、「入木三分」等錦旗。

《大光報》報道兒教院在復興劇場公演（1942 年 3 月 16 日，第 4 版）

23　廣東兒童教養院院史編輯組：《烽火歲月的豐碑：廣東兒童教養院院史回憶錄》，頁 66–67、95–96。

粵劇藝人關德興師傅，曾擔
任兒教院粵劇團導師。

同時，為了提高學生粵劇藝術的水平，吳菊芳
特聘著名粵劇演員、名編導關德興為廣東兒童教養
院總指導。[24] 關德興曾為廣東兒童教養院全院混合組
導演了粵劇《封金掛印》，為學生導演了粵劇《戚繼
光》，還讓學生與他同台演出了《關公》。

1944 年春末，劇團在粵北一帶為兒教院籌款巡
回演出，歷時九個月。年底返回韶關，因戰局愈發
緊張，劇團成員隨即返回原來各院校疏散。至此，
劇團終止演出。

1946 年秋，吳熾
森教官（前排左
一）與粵劇團留穗
人員，在廣州黃埔
軍校孫中山紀念碑
前留影。

---

24 關德興為香港著名粵劇演員、電影演員、粵劇編劇家及武術家，曾被兒教院聘任為戲劇總指導。見
廣東兒童教養院院史編輯組：《烽火歲月的豐碑：廣東兒童教養院院史回憶錄》，頁 162。

粵劇團的兒童在草坪
上苦練技藝，為出發
到各地作慰問演出，
積極排練。

兒教院樂隊在吳熾森教官（站立者）指導下排練

歌詠隊

　　廣東兒童教養院的歌詠隊非常活躍，是陣容最大的課外活動組織，參加人數也是最多。兒教院的歌詠演唱，不需要道具，也不須舞台，可單獨演出，也可以配合戲劇或其他節目的上演交替演出，機動性較大。廣東兒童教養院學生會唱許多抗戰歌曲，包括《保衛黃河》、《怒吼吧！珠江》、《在太行山上》、《血戰雞籠崗》等，當中廣東兒童教養院學生最愛唱《新生兒童大合唱》。《新生兒童大合唱》由何巴栖填詞、音樂家黃友棣作曲，包括有十多首歌曲，內容反映廣東兒童教養院學生朝氣蓬勃的實際生活和勤奮向上精神。[25]

兒教院的音樂總指揮，黃友棣先生。

兒童們每天晨操後，便由導師指揮唱抗日歌曲。

25　廣東兒童教養院院史編輯組：《烽火歲月的豐碑：廣東兒童教養院院史回憶錄》，頁 84。

兒童節在大禮堂舉行文藝大會，歌詠組登台歌唱《杜鵑花》。

1943 年元旦，吳菊芳在廣東省振濟業務展覽會開幕致詞。

吳菊芳（前排右二）主持大會及接待外賓

振濟業務展覽會

　　1942 年底，廣東省振濟委員會籌備在翌年元旦舉辦廣東省第二次振濟業務展覽會，兒教院為賑濟系統下的一個單位，故協助籌備參加展覽會。展覽會的會址在韶關的中山公園，附設了遊藝園地，表演節目包括粵劇、國術、清唱、幻術、雜耍、說書等。兒教院在粵劇、話劇、歌詠、清唱等參與演出，並舉行各院童子軍大會操表演。

兒童們設計的抗日主題遊戲

群眾來陳列展覽區，參觀購買兒教系列產品。

兒教一院參展師生留影

兒教四院參展師生留影

兒教七院參展師生留影

兒教院實驗中學參展師生留影

廣東省新生活運動促進會婦女工作委員會，歷屆「婦幹班」畢業留穗同學（前右三為吳菊芳）合影。

前線宣傳隊與搶救隊

1940 年 1 月，吳菊芳院長命翟麗璋老師任領隊，挑選第一、二分院的優秀學生，組成一支戰地服務隊，到清遠、花縣、三水等前線開展抗日宣傳活動。同時，又命楊行、張妙靈老師率領二十多位戰時婦幹班學員，配合戰地服務隊開展宣傳工作。他們沿着粵漢鐵路抵馬壩、英德、清遠、花縣、三水等前線和半淪陷區，宣傳抗日及搶救難童和婦女。在戰火瀰漫的日子裏，他們沒有整套的抗日救亡宣傳資料，全憑臨時創作。他們除了演唱抗日救亡歌曲外，還到處演講和演短劇。他們曾創作演出過《活捉鬼子》、《大義滅親》、《游擊兩姊弟》、《勞苦大眾》等短劇。

宣傳隊到達清遠縣龍塘鎮後，白天上街貼公告、標語和演講宣傳抗日，夜間演出話劇、粵劇和演唱抗日歌曲。每天晚上均有不少民眾前來觀看演出。宣傳隊演出三晚後，便轉移到別的地區去了。接替他們的是楊、張老師率領的部分婦幹學員，擔任收容難童工作。他們分頭到各家各戶訪問和勸說鄉親們把自己無法撫養的孩子送到廣東兒教院。當時清遠石角、龍塘等鄉鎮收容有難童一百餘人，花縣國泰、白坭、赤坭、炭步等半淪陷區收容有難童三百餘人，由婦幹班學員護送到韶關兒教院接待站。

其他課外活動

其他的課外活動，還有籃球、童子軍露營比賽和營火會。籃球隊是兒教院的經常性活動，高年級各班多設有籃球隊。平日黃昏時分，籃球場站滿觀看比賽的人。廣東兒童教養院的籃球隊在同級的籃球隊中，水平不俗；同時，運動員都是赤腳上陣，故被戲稱為「赤腳大仙」。[26]

26　廣東兒童教養院院史編輯組：《烽火歲月的豐碑：廣東兒童教養院院史回憶錄》，頁 92。

兒教院的學生還參加全市童子軍露營比賽,他們除參加旗語、結繩、架設營帳等項目外,還加上一個獨腳瞭望台表演。表演者從高高的瞭望台上飛身躍下,勇敢、驚險,奪得比賽的冠軍。

　　從兒教院的師生回憶中,營火會是有趣課外活動。晚上,兒教院導師及學生圍坐一起,在操場上點燃着篝火,歌聲此起彼落,小歌劇、小合唱、雜耍等,節目接續,笑聲不斷。[27]

獨腳瞭望台表演

27　廣東兒童教養院院史編輯組:《烽火歲月的豐碑:廣東兒童教養院院史回憶錄》,頁 92。

弦歌不輟:烽火中的廣東兒童教養院　　　　　　　　　　　　　　　　　　102

運動員赤腳上場

升學安排

1939 年起，廣東兒童教養院開始有小學畢業生，以後逐年增多。為解決畢業生升學問題，廣東兒童教養院最初在幾個院附設初中班，唯人力及設備未能合乎辦初中的要求。1940 年秋起，接續開辦實驗中學部、力行中學、廣東省立江村師範學校、農藝院、工藝院、廣東省立北江農工職業學校供畢業生升學，先後收了 2,500 餘人，大部分是廣東兒童教養院的畢業生。兒教院也曾協助該院畢業生升讀志銳中學、空軍幼年學校、國家經濟部資源委員會桂林無線電廠技工班、中央軍校、海軍學校、第四戰區幹訓部、廣東省地方行政幹部訓練團無線電訊班、廣東省保安司令部幹部訓練班學生隊、第十二集團軍通訊兵團、青年軍、廣東省政府警衛教導營、陸軍第五十四軍一九八師五九二團等。此外，未能繼續升學的學生，被安排到廣東兒童教養院轄下的工廠工作。

1941 年，廣東兒教一院同學參加中央桂林無線電器材技工培訓班。

1940 年，實驗中學師生親自動手搭蓋竹棚，以供住宿。

私立力行中學

　　1940 年 9 月開辦的實驗中學部，在崔載陽教授的指導下，實驗中學把學制縮短為四年，目的為「一方面是小學的延續，一方面在培養地方建設人才」。[28] 陳洪有任部主任，部址在蓮塘，緊靠總院。學生教室、宿舍都是新建的竹棚，地板離地面

28　參見 1941 年《兒童教養院簡報》，載吳菊芳：《廣東兒童教養院院史稿》，頁 70。

一米多，通風而不潮濕，也不孳生蚊蟲。唯實驗中學開辦一年多，由於學制未合乎教育部法令三三制的要求，所以於 1941 年 11 月改為力行中學，實施合乎教育部法令的六年制學制。力行中學設有董事會，由李漢魂任董事長。每年招生兩三班，每班約 50 人。1940 年第一屆招生兩班，約 100 人。1941 年招了三班，150 人。1942 年招四班 200 人。1943 年招三班 150 人。1944 年招三班 150 人。力行中學學生來自廣東兒童教養院各院，艱苦樸素，晚上集體自修，導師輔導。

廣東省立江村師範學校

原名北江簡易師範學校，創立於 1941 年 11 月，學制四年，校址在蓬塘，由鍾鉦聲任校長，教導主任沈以琬。首兩屆收生 100 人，分兩個班。1941 年年底遷至黃塑壩，校名改為廣東省立江村師範學校，校長戚煥堯、教導主任張守能。

廣東省立北江農工職業學校

前身為廣東兒童教養院成立之工藝院及農藝院。工藝院於 1941 年 5 月 1 日創辦於馬壩黃家祠堂，由張偉達任主任。農藝院於 1941 年 9 月成立，由葉渠均任主任，歐陽棣任教務主任。1943 年 8 月，工藝院及農藝院合併為廣東省立北江農工職業學校，校址先設於樂昌羅家渡，後遷曲江桂頭，由楊壽宜任校長（後為尹欽恆）、潘大顯為教導主任（後為李逢泰，黃友祥）。廣東省立北江農工職業學校屬五年制中等專業學校，由於是公費學校，不但學雜費全免，而且提供食宿。學校對學生要求嚴格，着重傳授專業知識及技能，如農田水利建設、土壤肥料學、測量、房屋建築等。

上述三間中等學校，前後招收了 2,500 餘人，為戰時廣東地區培養了師資和初中級技術人員、高等學校的新生和工廠的勞動工人。由此可見，兒教院教育學生，不但是要「學會」，而且還要「會學」。至於其他的升學和就業途徑，分述如下。

志銳中學

張發奎擔任董事長，[29] 校址設於曲江西北郊十里亭，在兩廣頗具名氣，共有76位廣東兒童教養院學生被取錄為首屆學生。李漢魂長女李湞為校友。

空軍幼年學校

曾先後取錄了三批約50名廣東兒童教養院學生，由空軍派員帶隊送到四川灌縣入學。此外，海軍學校於1941年至1943年間，共取錄了三批共50名學生。學生由空軍派員帶隊送往四川灌縣入學，吳菊芳院長設宴送行，李湞（吳菊芳長女）代表母親送給每人一本《英漢字典》，並拍照留念。

海軍學校

海軍學校原在福州馬尾，抗戰軍興內遷貴州桐梓，錄取了兒教學生三批，共9人，皆來自力中（前寶中）。1941年10月，錄取第一批2人：莫如光、黃慧鴻（文幹）。1942年3月第二批只錄取了陳國和。出發赴學前，吳菊芳院長在韶關斌盧設宴歡送全體粵籍20名考生，李漢魂將軍席上勉勵大家努力學習，捍衛海疆。余漢謀司令也在韶關某禮堂作了訓話；乘火車到柳州後，張發奎將軍也在近郊接見學生。在貴陽的廣東省銀行分行行長，設宴招待並派專車把考生送抵重慶。1943年3月，第三批6人考取了海軍學校。

---

29 張發奎，原名發葵，字向華，廣東省始興縣人，中國國民革命軍陸軍上將。抗戰時，指揮淞滬抗戰，後來擔任四戰區司令。

1942 年，考入空軍幼年學校的廣東兒童教養院學生。

1944 年 4 月 26 日，吳菊芳院長（二排中）和汪強教育長（二排右四）在四川灌縣，接見兒教院參加空軍幼年的全體同學。

院童莫如光在 1941 年冬考入海軍
幼年學校，1947 年畢業。

院童文幹（黃慧鴻）在航海事業上成
績顯著，1956 年起便在海軍任教。

考入海軍幼年學校的兒教院學生

中央軍校

1941 年 8 月在韶關招生，陳國祥等廣東兒童教養院學生被取錄。此外，第四戰區幹訓部於 1942 年在廣東兒童教養院第二院取錄新生 52 人。

國家經濟部資源委員會桂林無線電廠技工班

1941 年夏，從廣東兒童教養院第一院、第六院、第七院及力行中學招收了七十餘人。這個技工班培訓計劃為期十年，包括三年技工訓練（藝徒）、三年技工進修（技工），三年技工專修（高級技工）、一年工作考核（工程師），培訓形式是半工半讀，實行軍事化管理。

廣東省地方行政幹部訓練團無線電訊班

1944 年 11 月 18 日，有 56 名廣東兒童教養院學生考上廣東省地方行政幹部訓練團無線電訊班，在韶關黃崗入學，力行中學佔多數，其餘來自廣東省立江村師範學校、廣東省立北江農工職業學校。1945 年 1 月，廣東省地方行政幹部訓練團無線電訊班曾疏散到龍川。1945 年 5 月 24 日結業。

廣東省保安司令部幹部訓練班學生隊

1944 年冬，廣東兒童教養院有一百二十餘名學生考入廣東省軍管區兵役幹部訓練班，後轉入廣東省保安司令部幹部訓練班學生隊，他們經士兵訓練、軍官訓練後分配到廣東省各地保安團任見習排長。同年，廣東兒童教養院第二院有 38 名學生考入第十二集團軍通訊兵團通訊兵團。

第十二集團軍通訊兵團

1944 年兒教第二分院共有 38 名學生考入通訊兵團。

廣東省政府警衛團教導營

1945 年兒教第二分院有 27 名學生考入教導營。

陸軍

1946 年兒教二分院有 16 人參加該團。此外，第三分院有 20 餘人考上第十二集團軍軍事班。力行中學謝恭禮等考上南京中央警官學校。

青年軍

1945 年廣東兒童教養院東遷至東江時，響應「十萬青年十萬軍」號召，先後報名入伍的學生達二百餘人，編入三十一軍二〇九師。1945 年廣東兒童教養院第二院有 27 名學生考入廣東省政府警衛教導營。1946 年廣東兒童教養院第二院有 16 名學生參加陸軍第五十四軍一九八師五九二團。

此外，由於廣東兒童教養院所辦的三間學校未能完全接收所有畢業生，畢業生願意就業的，就會編入廣東兒童教養院系統轄下的工廠，包括磚瓦廠、牙刷廠、竹木廠、肥皂廠、火柴廠、石灰廠、製紙廠。[30] 有關情況，簡述如下。

磚瓦廠：1940 年 11 月興辦，投資 13,629 元，工人 32 名，年產值 61,000 元。

30　兒教院的升學安排，參考廣東兒童教養院院史編輯組：《烽火歲月的豐碑：廣東兒童教養院院史回憶錄》，頁 37–39、69–79、146。

廠長林伯球。

牙刷廠：1940 年 12 月興辦，投資 17,000 元，工人 41 名，年產牙刷 360,000 支。廠長陳華勛。

竹木廠：1940 年 12 月興辦，投資 23,370 元，工人 35 名，年產竹器，家具 6,636 件。廠長黎賀鼎。

肥皂廠：1941 年 4 月興辦，投資 59,817 元，工人 72 名，月產肥皂 2,000 箱。廠長呂可權。

火柴廠：1941 年 7 月興辦，投資 52,000 元，工人 126 名，年產火柴 901 箱。廠長李驥寰。

石灰廠：1941 年 8 月興辦，投資 10,000 元，工人 33 名，年產石灰 2,000 擔。廠長劉範平。

製紙廠：1941 年 10 月興辦，投資 13,570 元。工人 12 名，年產值 3 萬元。廠長潘贊雄。

「三校七廠」事實上也容納不了兒教院七個分院兩個小學部的畢業生，其他的廣東實業公司、工廠、農場、醫院和部隊，均成為學童的去處。經過三年多的經營，直至 1943 年，兒教院合共擁有 22 個單位，這也是兒教院的全盛時期。

大疏散及廣州復校

1941 年初，戰事緊急，廣東省政府所屬機關團體決定東遷龍川縣。

大疏散

1941 年 1 月，廣東兒童教養院系統所屬院校，也開始疏散。吳菊芳院長向總院下達兩項指示：1）盡量保證每個學生的安全，不讓一個學生受凍捱餓。選擇小路，避開交通線，爭取早日安全到達龍川縣；2）各單位要互相聯防，各自機動；在大家都選定了大致相同路線的情況下，要避免中途擠塞，盡量減少沿途給養的困難。[31]

當時在韶關東北面和近郊的五所院校相繼撤出駐地，向粵東緊急疏散。總院、七分院按部署路線，取道大坑口、翁城、官渡、三華、翁源到達連平，再往忠信，七分院到達河源上莞。總院經和平到達平遠縣大柘。力中、江師、北職分別由犁市、樂昌出發，在韶關集中後，力中、江師向周田進發，經始興縣城、羅壩抵達都亨。北職先到了馬壩，因形勢緊急，折回韶關後再經周田、始興到達南雄水口。六分院由雷礪瓊院主任率領從南雄縣修仁乘船至水口。此時四間院校已抵達粵贛邊境的九連山麓，跨越 1,254 米高的九連山脈，取道江西省的「三南」（即虔南、龍南、定南三縣），再往前進。

---

31 廣東兒童教養院院史編輯組：《烽火歲月的豐碑：廣東兒童教養院院史回憶錄》，第五章，頁 119。

1945 年 1 月，兒教院經歷了一次峰煙瀰漫的大遷徙。

孩子們在老師的帶領下翻山越嶺，甚至抵受寒冬大雪，進行大疏散避開日軍。

在大疏散時，兒教院總院根據指示，作了以下的部署：派出得力人員在大坑口、翁源、連平、和平等縣沿途主要路口分別設站，疏散隊伍，在適當的路段距離派聯絡員，首尾聯繫。同時，總院報請廣東省政府、省振濟會及糧管部門，沿途所需的糧食可以憑總院證明，在省內縣以下的各級糧管單位或集中倉提借。此外，對每個工作人員的要求是「孩子安全第一」。基於這個原則，大疏散時設營和伙房人員先行，醫護人員殿後。因路途不熟，每天與當地商派嚮導，避免走彎路。前站人員要比大隊的人員辛苦得多，他們逢村找店，遇倉借糧，適時商借地方投宿，並且埋鍋做飯。殿後人員則要求做好善後工作，歸還借用物品或賠償消耗損失。

大疏散時的一大考驗，是人數和物資。兒教院的六分院師生 900 餘人，七分院 1,100 餘人，力中、江師、北職也各有 500 至 600 人，兒童中最小的只有七八歲，隊伍中還有病弱兒童、教職員家屬，和臨分娩的女教師。學生除了自身背帶的被服、書包和生活用品外，還要攜帶糧袋，稍大的兒童要負責扛布疋和炊具。力中軍

兒教一院在疏散途中，孩子們隨身只帶一個漱口盅、一張蓆和一個布包。

訓團學生還得二人輪着背一支步槍和子彈。

東遷的師生還會遇上日軍和土匪的襲擊，為了行軍路上的安全，廣東省保安司令部撥來幾十支步槍，挑選學生組成一個軍訓團，由教官黃英少校、周敬雄上尉指揮，對軍訓團學生作了短期訓練。黎英校長指示：「軍訓團是學校的保衛力量，不管遇到什麼情況，一定要保護全校師生；軍訓團要走在最後。」[32] 當時青年學生沒有作戰經驗，心中雖有畏懼，但大敵當前，又覺得義不容辭。1945 年 2 月底至 3 月初，東遷五間院校全部抵達東江，並很快找到駐地安頓下來。歷時一個多月的長途跋涉，步行了 3,000 多公里，三千多師生沒有多大傷亡，並在駐地復課。

那時兒教院六分院在彭寨、林寨和古寨三地復課，七分院則在河源上莞復課。江師到了彭寨後，先在公和街幾間店舖作校舍，樓上為宿舍，樓下作課室；後再搬到彭寨中心小學上課。北職在龍川縣鶴市歐江村，借用金蘭書院復課。不久，力中、江師、北職 200 餘名學生參加青年軍，赴前線抗日。

1945 年 6 月，日軍北侵河源，龍川緊張。剛安頓下來的五所院校，又面臨威脅。總院命令各院校立即覓地疏散，省政府遷至平遠縣大柘，六分院向省府所在地平遠撤退，途中忽聞形勢好轉，又返回彭寨。江師流散到貝墩鄉，一星期後又折回彭寨。力中原駐在龍川鶴市一所小學校後遷到梅縣三角市，進駐一座華僑大屋懋尹樓，後因日軍北侵，力中又遷到蕉嶺縣新舖。

1945 年 8 月 15 日，日本天皇宣告無條件投降。這個震撼消息傳到，廣東粵漢鐵路東西兩邊的兒教院校師生，無不歡欣鼓舞，拍手歡呼。西線院校的部分學生，參加了連縣地區萬眾歡慶抗日戰爭勝利大遊行。東線院校，除本院的舉行慶祝會外，還參加當地的慶祝集會。

32　廣東兒童教養院院史編輯組：《烽火歲月的豐碑：廣東兒童教養院院史回憶錄》，第五章，頁 123。

東撤的員生在沒有課室的情況下，以林蔭一角作課室。

1945 年，力行中學疏散，東遷臨時校址，在梅州市三角鎮的戀尹樓。

1945 年初廣東兒童教養院各院地圖及逃亡路線圖

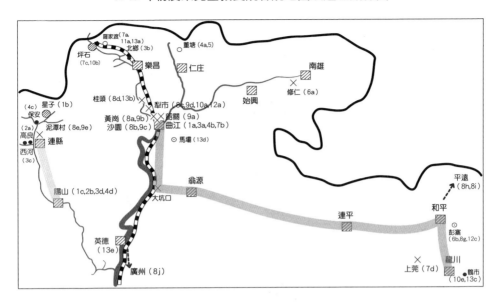

圖例：

<table>
<tr><td>東線：曲江—大坑口—翁源—連平—和平—龍川</td></tr>
<tr><td>西線：連縣—陽山</td></tr>
<tr><td>省界</td></tr>
</table>

▨ 縣　◑ 要鎮　✕ 待定　○ 村　● 墟　⊙ 郵政所到之處

—— 河流　▮▯▮▯ 火車

資料來源：

　　廣東省地圖，台灣總督府文教局學務課，昭和 13 年（1938），香港科技大學圖書館藏。（本圖按原圖比例尺 1：900000 放大 13%）

院址：

第一院　　1a：曲江沙園（1939.8 - 1939.12）
　　　　　1b：連縣星子（1939.12 - 1945.1）
　　　　　1c：陽山（1945.1 - 1946.1）

第二院　　2a：連縣高良鄉龍咀（1939.11 - 1945.1，
　　　　　　　　　　　　　　　1945.2 - 1945.9）
　　　　　2b：陽山（1945.1 - 1945.2）

前三院　　3a：曲江沙園（1940.3 - 1941.8）

後三院　　3b：樂昌北鄉（1941.8 - 1942.7）
　　　　　3c：連縣河西鄉元村（1942.7 - 1945.1，
　　　　　　　　　　　　　　　1945.2 - 1946.1）
　　　　　3d：陽山（1945.1 - 1945.2）

第四院　　4a：仁化縣董塘鎮江頭村
　　　　　　　（1940.3 - 1940.6）
　　　　　4b：曲江沙園（1940.6）
　　　　　4c：連縣保安鎮（1940.6 - 1945.1，
　　　　　　　　　　　　　1945.2 - 1945.9）
　　　　　4d：陽山（1945.1 - 1945.2）

第五院　　5：仁化縣董塘附近龍皇宮
　　　　　　（1940.4 - 1941.10）

第六院　　6a：南雄修仁（1940.6 - 1945.1）
　　　　　6b：和平彭寨（1945.2 - 1945.9）

原七院　　7a：樂昌羅家渡（1940.10 - 1941.2）

第七院　　7b：曲江沙園（1941.9 - 1944.7，待定）
　　　　　7c：坪石（1944.7 - 待定）
　　　　　7d：河縣上莞（1945.2 - 待定）

總　院　　8a：黃崗（1940.4 - 1940.7）
　　　　　8b：曲江沙園（1940.8 - 1940.10）
　　　　　8c：曲江犁市蓮塘（1940.10 - 1944.5）
　　　　　8d：曲江桂頭（1944.5 - 1944.7）
　　　　　8e：連縣泥潭村（1944.7 - 1944.10）
　　　　　8f：韶關小黃崗（1944.10 - 1945.1）
　　　　　8g：龍川（1945.2 - 1945.4）
　　　　　8h：平遠縣城（1945.4 - 1945.7）
　　　　　8i：平遠大柘（1945.7 - 1945.9）
　　　　　8j：廣州（1945.9 - 待定）

實驗小學　9a：韶關抗日西路（待定）
　　　　　9b：黃崗（1940.5 - 1940.7）
　　　　　9c：曲江轉水（1940.8 - 1940 年秋）
　　　　　9d：曲江犁市蓮塘
　　　　　　　（1940 年秋 - 1944 年底）
　　　　　9e：連縣泥潭村（1944 年底 -
　　　　　　　1945.1，待定 - 1945.11）
　　　　　9f：西遷至地點待定
　　　　　　　（1945.1 - 1945.5）

力行 / 實驗中學
　　　　　10a：犁市蓮塘（1940.9 - 1941 年冬，
　　　　　　　　　　　　　粵北大捷 - 1944.9）
　　　　　10b：坪石（1941 年冬 - 粵北大捷）
　　　　　10c：黃崗＜該地待定＞
　　　　　　　（1944.11 - 待定）
　　　　　10d：鏡湖村＜該地待定＞
　　　　　　　（1944.11 - 待定）
　　　　　10e：龍川鶴市（1945.2 - 待定）

培德小學
　　　　　11a：樂昌羅家渡傅姓大屋
　　　　　　　（1941.1 - 待定）
　　　　　11b：（與二院合址）高良鄉龍咀
　　　　　　　（待定 - 1945.5）

江村師範學校　12a：蓮塘（1944.11 - 待定）
　　　　　12b：黃朗壩＜該地待定＞（待定）
　　　　　12c：和平彭寨（1945.2 - 待定）

北江農工業職業學校
　　　　　13a：樂昌羅家渡
　　　　　　　（1943 年夏 - 1944 年秋）
　　　　　13b：曲江桂頭文理學院
　　　　　　　（1944 年秋 - 1944 年冬）
　　　　　13c：龍川鶴市
　　　　　　　（1945.2 - 1945.12）
　　　　　13d：馬壩（1946.3 - 1947.8）
　　　　　13e：英德學宮（1947.8 - 1950）

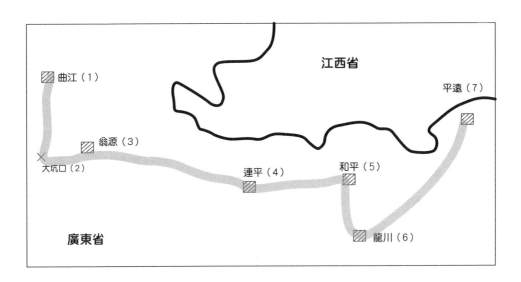

圖例：

路線：曲江—大坑口—翁源—連平—和平—龍川—平遠

省界

縣 × 待定

資料來源[36][37]：

　　廣東省地圖，台灣總督府文教局學務課，昭和 13 年（1938），香港科技大學圖書館藏。（本圖按原圖比例尺 1：900000 放大 17%）

36　吳菊芳：《廣東兒童教養院院史稿》，香港：編者自刊，日子不明，頁 95。
37　廣東兒童教養院院史編輯組：《烽火歲月的豐碑——廣東兒童教養院院史回憶錄》，廣東：廣東兒童教養院校友會：1995 年，頁 155。

1945 年北江師範逃亡路線圖

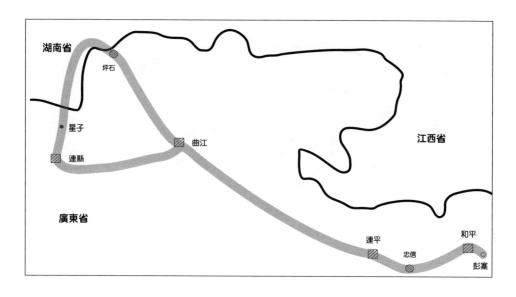

圖例：

▬▬▬▬▬　路線：曲江—坪石—星子—連縣—曲江—連平—忠信—和平—彭寨

▬▬▬▬▬　省界

▨ 縣　◍ 要鎮　✕ 待定　○ 村　● 墟

資料來源[38]：

　　廣東省地圖，台灣總督府文教局學務課，昭和 13 年（1938），香港科技大學圖書館藏。（本圖按原圖比例尺 1：900000 放大 17%）

38　關銓和：〈連縣行軍大疏散　工廠農場須自強〉，載李湞：《幸餘生——抗日時期難童人生紀實》，2009 年，頁 131–137。

1945 年力行中學遷徙路線圖

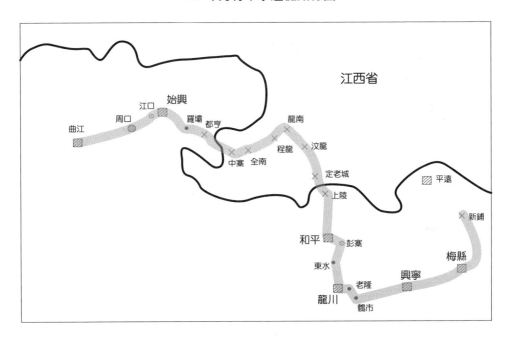

圖例：

路線：曲江—周田—江口—始興—羅壩—都亨—中寨—全南—程龍—龍南—

汶龍—定老城—上陵—和平—彭寨—東水—龍川—老龍—鶴市—

興寧—梅縣—新鋪

省界

▨ 縣　◍ 要鎮　✕ 待定　● 墟　◉ 郵政所到之處

資料來源[39]：

　　廣東省地圖，台灣總督府文教局學務課，昭和 13 年（1938），香港科技大學圖書館藏。（本圖按
原圖比例尺 1：900000 放大 17%）

39　曾鏡成、羅澄灌、江高明：〈力行中學遷徙散記〉，《廣東兒童教養院建院 50 周年紀念專刊》，1989
　　年，頁 47 - 48。

廣州復校

1945 年 9 月，廣東省政府改組，省政府主席李漢魂調任第三戰區副司令官，吳菊芳女士早於 1945 年 7 月底已辭去省設院院長之職，由徐蕙儀女士接任。當時最迫切的問題，是兒教院校能否繼續辦下去與如何在廣州復員？

復員廣州後，兒教院原一、二、三分院改屬社會部，改名為社會部廣東育幼院第一、二、三院。1947 年，原來兒教院的院童年紀逐漸長大，不少已自尋出路，在院人數逐漸減少，遂將第一、二、三院合併為第二院，由何巴栖主管。翌年，再與舊鳳凰村的社會部廣東育幼二院合併，統稱廣東育幼院。省屬的第六、七分院與原設在德政路的孤兒院重新調整──年紀小的兒童編入社會處廣東育幼第一院，仍駐德政路；年紀稍大的兒童，編入廣東育幼第二院，仍駐大沙頭；年紀最長的編入廣東育幼第三院，仍駐南岸。

1945 年 9 月，抗戰勝利，兒教一、二、三院遷回廣州，改屬社會部廣東第一、第二、第三育幼院。

升旗儀式後，便開始早操。

第二育幼院宿舍前後兩排共六座，入口豎着「以院為家，以身許國」字牌。

宿舍的擺設佈置，以軍事化管理。

抗日戰爭勝利，力行中學遷到廣州。

1947 年省屬的第四分院遷到番禺市橋，與當地的孤兒院合併，稱番禺兒童教養院。1949 年以後，廣東育幼院改名為「廣東省民政廳保育院」，由李南任院長，張雲、何婉彝、張贊輝任管教組長，兒童七百餘人。1953 年，廣東保育院西遷肇慶，自遷肇慶後，原屬廣東兒教院的學生差不多已全部離院。

至於力行中學，1945 年 9 下旬遷抵廣州，駐中華中路（今解放中路）學宮街南海學宮，校長仍是吳菊芳，代校長是鄧耀柱。當時即招收大批自費生，正式掛起了「私立力行中學」的招牌。1952 年春，力行中學併入廣州教忠中學（即現在廣州市第十三中學前身）。

江村師範於 1945 年 11 月中旬抵達廣州，年底，戚煥堯校長辭職。1946 年初，江師遷到禺北蚌湖，省教育廳派黃佐接任校長，同時更名為「廣東省立勱勤師範學校」。1947 年 7 月，勱勤師範大批原兒教院學生約 150 人畢業離校，此後兒教院所剩下的學生就不多了。1950 年，省立勱勤師範學校與其他幾間師範學校合併為「廣東第一師範學校」，校址在今廣州西村，即現在的廣州第一師範學校。北江農工職業學校於 1945 年 10 月到達廣州，不久，即按省教育廳的指示，遷曲江馬壩復課，同時面向社會招生。1947 年遷至英德縣學宮；1949 年又遷到韶關十里亭。後因教育體制改革，將農科分出，成立廣東省韶關農業學校。工科併入湖北省武漢建築工程學院。

總的來說，廣東兒童教養院創建於抗戰之初，成長於烽火之中，經歷了十年之久。在這期間，教養了成千上萬的難童，並制定了戰時教育的課程和學制，種種嘗試和耕耘，當書於歷史，毋忘後世。

第三章

弦歌不輟　戰火人生：
兒教院師生口述史

引言

1938 年，廣東戰事緊張，不少難民逃往香港，其中多為婦孺。香港各界人士和相關組織，各盡其能，參與難民救濟。5 月 10 日，響應中國戰時保育會，在香港成立分會，由何香凝出任主席，常務理事包括王孝英、許淑珍、何寶芳、施瑞芳、劉慶萱、何艾齡等，並由周壽臣爵士、何東爵士、羅旭龢爵士、羅文錦、胡文虎出任首屆名譽理事。[1]「七七事變」後，更成立了戰時兒童保育會，由香港政府和社會名流共同負擔，收容難童甚多。[2] 截止至 1938 年 3 月 12 日，戰時兒童保育會所屬保育院有二——九龍第一保育院和香港第二保育院。[3] 此外，香港淪陷後，天主教人士也開始主持孤兒難童事業。當時因為地位，香港天主教得到羅馬教皇的物資供應，並於極度困苦險惡的環境中勉強維持經營，[4] 其中包括香港仔的兒童教養院。[5]

1938 年 9 月，武漢淪陷在即，中國戰時保育會漢口第一臨時保育院的兒童被轉送往香港兒童保育院，他們大部分來自武漢及武漢鄰近地區。同時，亦有來自江蘇、浙江、河南、安徽等省份的兒童逃到香港。1939 年 6 月，吳菊芳到香港籌款，並在 1939 年 6 月 28 日，把香港保育會中自願回廣東的 164 名兒童帶返曲江，加入廣東戰時兒童訓練團。後來再收容香港的兒童 76 人，並加入廣東戰時兒童訓練團。1941 年 8 月，吳菊芳帶同廣東兒童教養院展覽品參加中央振濟委員會在香港舉辦的展覽會。[6] 由此可見，戰時的兒教院和香港，關係密切。

1　香港里斯本丸協會：《烽火難童：中國戰時兒童保育會香港分會》，香港：画素社，2013，頁 21 - 22。
2　張麗：〈抗日戰爭時期香港的內地難民問題〉，《抗日戰爭研究》，1994 年第 4 期，頁 133、138 - 139。
3　林佳樺：〈戰時兒童保育會的建立與組織運作〉，《史匯》，2006 年第十期，頁 26。
4　綿嗣靜：〈孤兒難童事業在香港〉，《分享月刊》，1947 年第十一、十二期，頁 4。
5　同上。
6　廣東兒童教養院院史編輯組：《烽火歲月的豐碑：廣東兒童教養院院史回憶錄》，頁 11、137、145。

香港同學會設宴歡迎李漢魂將軍（前左三）和吳菊芳院長（前左四）到港，陪同有徐蕙儀（前左二）和黎英（前右四），二人為兒教院老師。

本部分刊載了 16 名廣東兒童教養院學童的口述史訪談，在研究過程中，也搜集了 7 位師生的第一身憶述，共計 23 人，詳計如下。

身份	姓名 / 出生	資料來源	在院時間	入院途徑	所屬院校
香港兒童	張義祥 1930	口述史訪談	1942－1945	搶救隊	一院
	李松柏 1927	口述史訪談	1942－1945	韶關救濟總署報名入院	七院、力行中學
	黃馥玲 1920	口述史訪談	1941－1945	軍人子弟，大哥是十二集團軍一個經理處的會計	七院
	陳紹駒 1928	口述史訪談	1942－1944	軍人子弟，父親為薛岳將軍參謀	七院、力行中學
	楊建墉 1924	口述史訪談	1940－1941 或 1942－1943	校長是其九叔叔	北職
廣東兒童	陳貽芳 1931	口述史訪談	1941－1945	姑姑為兒教院老師	二院
	秦大我 1924	口述史訪談	1938－1940	參加戰時兒童訓練團，父親時為抗日戰爭動員委員會的科長	兒童團、一院、兒童隊、實驗中學
	黃光漢 1925	口述史訪談	1939－1940	跟隨廣州少年連北撤，到沙園後被編入兒教院	一院、直屬大隊、實驗小學
	高伯球 1928	口述史訪談	1939－1942	搶救隊	兒童團、二院、四院、培德小學
	李桐森 1928	口述史訪談	1940－1945	搶救隊	四院、七院
	刑鴻明 1934	口述史訪談	1941－1947	搶救隊	六院
	盧佩琼 1926	口述史訪談	不詳，約 1945	搶救隊	六院、力行中學
	黎培根 1929	口述史訪談	1939－1945		直屬大隊、實驗小學、力行中學

身份	姓名／出生	資料來源	在院時間	入院途徑	所屬院校
廣東兒童	關爾強 1937	口述史訪談	1945－1949	由九江萬善堂送去第二育幼院	保育院、第二育幼院
	曾鏡成 *	第一身憶述	1939	搶救隊	一院、實驗中學
	趙家舜 *	第一身憶述	約 1939	三江的少年隊招考新生	戰時兒童訓練團、一院、實驗中學
	譚志堅 *	第一身憶述	1939	親戚受吳菊芳之托，從韶關返鄉搶救難童。	直屬大隊、一院、實驗中學
	冼政光 *	第一身憶述	1939－1940	在鄉公所報名，被鄉公所的人帶到國泰，最後由振濟總隊，搶救第四分隊帶到曲江沙園，再由運接站帶到連縣第二院。	二院、實驗小學、力行中學
	雷潤培 *	第一身憶述	1939	廣州少年團廣州少年連少年隊	一院、志銳中學
	向桂新 *	第一身憶述	1939	搶救隊	三院、四院、實驗小學
	關銓和 *	第一身憶述			五院、江師
兒教院導師	丁佩玉 1919	口述史訪談	1939－1945	李漢魂的幹部訓練班結束后被派去兒教院	六院
	何巧生 1913	口述史訪談	1939－1941	戰區政治部政治大隊女生隊隊長轉去兒教院任職	三院
	黃友棣 * 1912	口述史訪談	不詳	連縣陸忠琪的幹訓團做音樂教官，後被請去兒教院作曲。	老師
＊備註：未有輯錄					

香港難童
張義祥

> 66
>
> 回望過去，兒教院的歲月對我的影響
> 很大，除了教我要竭盡所能幫助別人，還
> 教會我要有自立的能力……
>
> 99

生平簡介

1930 年生於上海，祖籍東莞。

1937 年上海淪陷，暫住清涼寺收容所，入讀臨時學校。1939 年，遷至大西路營房。1940 年，乘船到香港，入讀永存義學。香港淪陷後，逃回廣東，後轉往廣東兒童教養院。1944 年，隨兒教院撤退至連縣。1945 年，小學畢業。1946 年，回到廣州，後遷居香港，任職培道女子中學。

童年生活

1930 年，我在上海出生，祖籍為廣東東莞。家有父母、兩個哥哥和弟弟。父親十幾歲時，跟堂哥到漢陽兵工廠學師，[7] 那時中國還有皇帝。漢陽兵工廠是中國近代很重要的兵工廠，父親在那裏工作了很多年。廠裏全是機械工人，他們要四處走，先到河南，再到上海，所以我在上海出生。

對四五歲的事情，我還有模糊印象。記得我們住在虹口提籃橋，那裏有座提籃橋監獄，關着很多戰犯。我們後來搬到唐山路旁的東有恒路。[8]1937 年打仗，1940 年我們仍在上海居住。那時我見過很多日本人。吳淞路是他們的聚居地，有很多日本兵站崗。不過當時還沒有開戰，日本人說士兵是用來保護日本領事館和僑民的。

小時候，我有兩次奇妙的經歷。有一次，我牙痛，痛得很厲害，吃止痛藥也不行。我跟媽媽到街市買菜，菜市場有位說廣州話的小販問媽媽：「阿婆，你兒子怎麼整天苦口苦臉的？」母親說：「他牙痛。」小販叫母親下午兩點在家裏等他，到時讓他看看。後來他叫母親買些葡萄樹根來治牙痛，但她不知哪裏有葡萄樹根。小販說葡萄樹葉也可以。於是，母親吩咐舅舅到附近一個叫「大世界」的遊樂場，[9] 摘些葡萄樹葉，再加三四兩瘦肉來煮湯。我喝了以後，竟然痊癒了。另一次，一個小販拿來一根鐵釘，嘴裏念念有詞，把鐵釘釘在門頂上，然後對我說：「你不要摸它啊，一摸你就會牙痛。」那時我約七八歲，總之依他吩咐去做。以後的十幾年，我真的沒有牙痛。這些事似乎很荒唐，但確是我的親身經歷。

7　漢陽兵工廠原名湖北槍炮廠，由張之洞創辦，1892 年動工，1894 年建成。它為晚清設備最先進、規模最大的軍工製造企業。

8　東有恒路即今上海的東余杭路。

9　大世界即上海大世界，1917 年由黃楚九創辦的大型機動遊樂場，位於現今西藏南路、延安路交叉口附近。1928 年，由周維基再設計重建。

上海逃難

1937 年 7 月 7 日，日本軍隊在盧溝橋打響第一槍，8 月 13 日進攻上海，那時父親便告失業。8 月 15 日黃昏，父母帶着我們三個孩子，跨過外白渡橋，[10] 進入公共租界。記得離橋不遠處，有一個難民收容站，由空置的箔房改建而成，接收從華界逃過來的難民。我們獲安排在英商太古洋行貨倉住宿一晚，那晚卻發生了不幸事情。那時我睡在貨倉地上，無床無枕，不幸扭傷了頸骨。後來難民所寫了一張紙，讓我去看病。我到了紅十字會，看了跌打。一個多月後，才告痊癒。

在太古洋行貨倉只住了一晚，翌日我們便乘車到三馬路一間休業的酒樓暫住。那酒樓叫會賓樓，其收容站收留了我們一個多月，然後把我們送到新聞路清涼寺。我們在寺裏又住了一年。那裏約有數百個廣東人，他們在清涼寺的空地，搭建了幾座竹棚，收容從會賓樓轉送過來的百多戶人。我們初到時，在寺前一列空置平房暫住。一兩個月後，竹棚建好，我們才住在那裏。其實當時只要有地方住就可以了，住在哪裏也沒什麼關係。

1937 年 8 月，入住清涼寺後，我便到臨時學校報名讀書。學校在清涼寺裏，搭棚而建，並不是正規學校。它好像沒有名字，也許有，不過我不知道。那時我只有七歲，是我人生第一次入校讀書。記得一個課室有數十人，當中有十個十歲左右的兒童。學校就只有一個大班，故採用我們今天所說的複式教學。那時師生人數不多，學生按程度分成幾組，老師懂什麼，就教什麼。

上課時，我們有課本，由先生講解。記得課本是政府出版的，其中不少是由中華書局、商務印書館編印的。科目有算術、常識、國文，但沒有英文。學校的女老師較多。此外，學校接收的是廣東同鄉會子弟，故同學多為廣東人，老師上課亦說

10　上海外白渡橋位於蘇州河與黃浦江交界處，乃連接黃浦與虹口的重要交通要道。1937 年 8 月淞滬會戰期間，數以千計的上海民眾通過外白渡橋，湧入公共租界。

廣東話，當然間或有說上海話的。

我在這所學校讀了不足一年，後來日本人打來，轟炸上海。我住在三馬路的廣東同鄉會，先施公司就在大馬路，[11] 旁邊是二馬路，接着三馬路。有一次，記得是白天，突然一聲巨響，原來先施公司門口被掉下一個五百磅的炸彈，炸死了很多人。當時我站在難民所裏，整個人被拋起來，再掉在地上。五百磅炸彈的爆炸威力，真是厲害！聽說那個炸彈是中國軍隊在空中掉下的，不是日本人幹的。聽說有路人被炸彈碎片削去了頭顱，但他仍繼續走路。那次死了很多人，傷者亦數以百計，畢竟先施公司那裏非常熱鬧。逃離上海前，我只留在家中，聽到飛機一邊巡邏，一邊用機關槍掃射。有些彈殼掉在地上，有些掉在屋頂上，叮叮作響。不過那時我懵懵懂懂的，所以也不怎樣害怕。

1939 年，廣東同鄉會把我們移交給政府，我們搬到另一個難民所。政府在大西路的公園提供一些竹織批盪的房子給我們。那裏有十幾個難民營房，收容了不同省份的難民。剛搬進去時，家裏有爸媽和我們兄弟三人。1939 年，爸爸的朋友介紹他到香港工作，他就跑去香港了。

那時上海的公共租界主要是英美聯合的，不過仍有法租界。大西路的難民所因為處於邊緣位置，所以日本人沒有進來。當時我年紀稍大，對難民所生活印象猶深。難民所是單層平房，裏面分成一格格的，每一格住一家人，共住了三十多家人。我個子較小，房間相對顯得較大。爸爸走了後，家裏有四人，睡上下鋪床。我沒有什麼家具，只有床，還有一些衣服、碗碟和行李等。難民所下面是山墳，連棺材板也可看見。

政府負責提供難民所的食物，我們每天只吃兩頓。一桶飯分下來，每家人可分

11　上海先施公司創辦於 1917 年，為國內第一間華資百貨公司，位於上海南京路北側。

得一盤。此外有些青菜、一點油和鹽，但沒有肉。如果有錢，可以自己去外面買肉。我認為那裏生活比清涼寺的好，起碼我們可以吃飽，生活也有規律。我們每人都有一張難民營證，像一個小牌。有了這個牌，就可以進出難民營。難民營只有一個閘口，出入皆須登記。那時我們還小，甚少外出，只有爸爸出去。難民所裏有一座教堂，還有一些偽軍，他們也是廣東人。那些偽軍服裝挺漂亮的，像香港警察制服。

我見過戰機，經歷過空襲，所以從小就對日本人印象不好。離我們家沒多遠就是吳淞路，在打仗前，有很多日本兵在那裏站崗。他們有個像龜殼的盔甲，用來包裹全體。當時我們看的書籍和報紙，都在宣揚抵制日本的信息。我們很抗拒日本人，直到現在，我對他們仍有一些恨意。

在清涼寺的時候，我曾去過謝晉元團長的四行倉庫。[12] 雖然謝晉元團長已經撤至香港，不過他們死守四行倉庫的故事，在當時仍很著名。從清涼寺出發，大概走一公里就到四行倉庫。我和哥哥曾特地去那裏憑弔一番。那裏有條蘇州河，英軍駐守一個橋頭，日本人駐守另一個橋頭。經過的時候，若看到日本人，就要向他鞠躬。我去四行倉庫的時候，就見到日本人，不過那時沒有走得很近。倉庫在河邊，我們在河邊逛了一個圈便回來。戰後我在香港當校工，怎知四行倉庫軍人住宿的地方，就在學校附近，即現在土瓜灣真善美村附近的亞皆老街球場。

我也唱過抗戰歌曲，印象最深是《義勇軍進行曲》。此外，還有很多流行歌曲，如周璇的歌曲。[13] 那時我沒有收音機，偶爾聽到，便停下來聽聽。在清涼寺學校的那一年，老師也教過抗戰歌曲，但我已經忘記，也許那時還小吧。

12　謝晉元，廣東蕉嶺人，畢業於黃埔軍校第四期，為中華民國國民革命軍軍官。1937 年 10 月 26 日奉命帶領四百多人留守蘇州河北岸的四行倉庫，掩護主力部隊後撤，堅守了四晝夜。
13　周璇，1930 年代至 1940 年代著名歌影紅星。

在大西路的難民所，住了一年多。後來上海市政府接管難民營，計劃盡快結束難民工作。1940 年初，將我們這些廣東籍的難民，集中在公平路待遣所，等待遣送回廣東。那時廣東已經淪陷，於是分批送我們去香港。那時爸爸到香港已經一年多，也找到工作，於是我們便轉到香港。

遣送香港

難民一批一批地遣送走，我們那一批沒多少人，除我們外，頂多還有一家，共十來人。當局先登記我們是何許人，看看有沒有親戚在香港，如有，就安排到香港。大概在 1940 年秋天，我們前往香港。那時既沒有日曆，又沒有手錶，故不記得具體時間。離境時，應該要辦手續，不過不用我去辦，所以印象不深。我們從上海太古碼頭坐「濟南號」到香港，[14]「濟南號」是一艘黑煙囪大船，約有七千噸重。對濟南號印象深刻，是因為我很喜歡研究船隻。看一艘船，就得看它的名字。到香港後，我還能看到濟南號，因為它行走港滬和中國沿岸，如香港到上海、香港到廈門等。只要打開報紙，就可看到濟南號的航程。那時候有很多船期表，資訊相當準確。

記得大家都穿「洗水衫」，[15] 故行李不多。那時貨船的頭尾均有單層的船倉，中間也有三層。駕駛艙和員工宿舍在中間，我們睡在載貨的大倉裏。大倉位於船的底層，裏面有空間，放了一些上、下鋪床。當時貨船就是這樣載人了，大家可睡在地板上，也可睡在床上。船上沒有人理會，吃飯時，有人會拿飯給我們吃。

過了兩天，船到廈門，在那裏卸貨和上貨，花了約四五天時間。在廈門時，母親跟大哥上岸去，我則留在船上。記得開船時是下午三時。對此有印象深刻，是因

---

14 濟南號，英國太古公司運營的客船。
15 洗水衫為廣東俗語，指經常換洗的衣服。

為我暈船了，且暈得很厲害，一直到第二天早上，才好一點。中午前，我們終於抵達香港，船程大概為八天。那時入境香港，有一個苛刻條件，就是每人要付 400 元港幣。我們就連 40 元也沒有，哪有 400 元呢？於是，我們唯有通過船上買辦的安排上岸。上碼頭時，我們每人獲派 400 元，或是百多元，具體忘記了，總之一家四口起碼共 400 元。買辦借錢給我們，過了海關後，便要歸還。我不太清楚那買辦是什麼身份，總之不是待遣所的。當時待遣所和太古輪船公司合作，把我們遣送到香港，故船票和其他物資均免費。待遣所應該是官方機構，不然那資源不會如此充足。

濟南號停在中環海面，上岸後我們請了一艘小電船，俗稱「嘩啦嘩啦」，載我們去旺角碼頭。我們好像在旺角山東街附近上岸，爸爸就在那裏等我們。那是我第一次來港。爸爸召了一輛車把我們載到荃灣。他在兆和街租了一間板間房。那時荃灣只有一條街，很熱鬧的。爸爸在「九咪半」的「香港鐵管子廠」工作。[16] 香港淪陷前，我們在那裏大概住了年多。

1941 年，我來港的第二年。9 月，我在永存義學讀書。那時哥哥去學師，家裏只有我一個人讀書。學校在芙蓉山，即現在圓玄學院附近。當時入讀這所學校，是因為我們窮，知道芙蓉山有義學。「義學」，顧名思義，即實施義務教學的學校，由慈善團體籌辦。學校採用混合式教育，學費為每月三毛錢。學校是全日制的，我們中午回家吃飯，吃完又回去上課。學校只有一間小屋，裏面有兩個課室，即兩個班，一個高年班，一個低年班。當時老師教完這班，便跑去教另一班。我入學時，讀二年級，班上約有四五十人，有男有女。我們沒有校服穿，上學大抵穿短褲和一件夏威夷款式的襯衫，以及一雙像「白飯魚」的布鞋。[17] 我一直穿布鞋，直到 21 歲才第一次穿皮鞋。學科跟在難民所時學的差不多，只是課本不同。算術科也要學中

---

16 九咪半，即香港青山公路的其中一段。香港鐵管子廠，即水喉廠。
17 白飯魚為廣東俗語，指白布鞋。

國商務知識;國語科叫「漢文」,課本分冊印製。除了算術、漢文,還有公民常識和尺牘,但沒有美術和體育。學校沒有正式老師教音樂科,當時只有一位男教員,他什麼工作都承擔。我記得他笑容很好,為人慈祥。

我對永存義學印象很深的事,因為曾被客家仔追打。那裏叫木棉下村,步行去芙蓉山,要走 15 分鐘;我們是外來人,在那裏租了他們客家村的房子住。他們客家仔並非很兇,只是不時用言語挑釁我們,如發噓聲、說你扮傻等。我們聽到只好快走兩步,躲開他們。

1941 年秋天入學,讀了三個月,12 月 8 日香港打仗了,我也開始停學。記得12 月 8 日那天,早上 8 時左右,我在吃粥,準備上學,突然聽到飛機聲。飛機一面轟炸啟德機場,一面散發傳單,上面寫着「中日聯合、打倒米國」。[18] 因為我在上海經歷過,所以知道日本人打來了。後來,日本人進過我家,他們懂一些廣東話,問我們有沒有菜刀:「刀呀,有呀?無呀?」那時候有大人在家,日本人也沒有像在國內時那樣抓女人,只是問問我們。我們回答後,他們就走了,沒有搜家或者破壞。

當時滿街都是日本人,他們隔着那條小水溝,即現在的大河道,在眾安街尾建了一個營房。不知道是辦事處還是什麼的,我看到有些疑似偷東西的人被關在那裏。有一天,有兩個上海女人在大河道河邊的公共水喉旁洗衣服,那時日本人已經到了昂船洲,突然有個炮彈打到大河道上,炸死了那兩個女人。雖然我沒有親身目睹,但報紙上說有兩個人被炸死了。我從窗口可以看見那個水喉,所以應該曾看到她們。那時我在家中,炮彈射過來時,氣流把我拉到窗邊。後來我不時想起這件往事,偶然也會覺得恐懼。

---

18 米國即美國,日文把美國譯為「アメリカ」,漢字為「亞米利加」,簡稱「米國」。

香港淪陷後，家裏因為窮，面臨生存問題。記得當時原本一元八斤的米，竟然賣兩元四毛一斤。物價高漲，糧食問題很嚴重，連花生渣我也吃過。我們是東莞人，決定回鄉，但當時心態也只是「搏一搏」，畢竟我們沒有田，沒有地，也未曾回過家鄉。我們找日本人登記資料，申請回鄉，他們就發通行證給我們。回鄉途中，如果遇到日本人，就出示通行證。不過，我們沒有遇到日本人，反而遇到很多游擊隊。

歸鄉

1942 年 1 月，我們從荃灣出發，那時沒有車，只得步行。第一天，從青山道走去大埔，在日本人提供的地方住宿，第二天起程再走。日本人在大埔道組織了一個維持會，負責在火車路邊派米，只要有通行證，每人就能領取一斤米。到了深圳，再能領取一次。因為鐵路被破壞了，所以只得步行回鄉。沿途有很多人，扶老攜幼，有些游擊隊在路旁拿着槍，收買路錢。我們多少得給他一點。我們在深圳，住了一晚。第三天，在塘下又停一晚。那裏是游擊區，已經沒有東西派了。父母走得慢，大哥聘請了一個苦力工運送衣物。那人叫我們把行李給他，我們懵懵懂懂地照辦，誰不知道人心險惡！大哥走後，我們跟着他走，那個苦力工卻把我們的行李拿走。那時我們也無可奈何，習慣了吧。從塘下再走一天，就到家鄉橫瀝。我們住在當年帶父親出身的堂伯父家中，生活很艱難，只能把一勺米磨成飯糊來吃。吃了一個多月，把屋子賣掉，只剩下外殼磚瓦，那些磚瓦又賣得幾百元，全用來買吃的。

後來有人說樟木頭有搶救隊，[19] 但又有人警告不要去，說那是騙人當兵的。我

---

19 搶救隊由廣東省振濟委員會及有關單位派人組成，隊員深入戰區，在不同地方建立難童收容所。隊員亦無需冒着戰火，深入敵後，說服難童，或勸導難童家人，使孩子自願進入收容所。搶救隊隊員帶領孩子跋山涉水，掩護他們越過敵軍封鎖線，從南海、順德、番禺、中山、台山、新會、開平、恩平、鶴山、花縣、三水、清遠、四會、湛江、潮汕等地，護送至粵北後方。見廣東兒童教養院院史編輯組：《烽火歲月的豐碑：廣東兒童教養院院史回憶錄》，頁 10 - 11；吳菊芳：〈粵北會戰中的婦女動員——廣東新運婦女會擔負了這種責任〉，《廣東婦女運動歷史資料彙編 1937 年 - 1945 年》，1988 年，頁 317 - 318。

們想不要說當兵，就算當賊也要去，因為已經沒飯吃了。於是，我們全家去了。爸爸和大哥在惠州跟我們分開，去了貴陽。其實當時我們也不知道他們去哪裏，要到事後才知道。距離樟木頭兩三公里的地方，有條石馬村，當時是前線，搶救隊就駐紮在那裏。那時有人說搶救隊全是一些十多二十歲的小女孩，可能是東江縱隊的，[20] 她們搶救一些被日本軍佔領村落附近的小孩。母親帶着我和弟弟走向韶關，到了龍川，搶救隊就把小孩分類。最後，我去連縣的兒教院，母親去韶關五里亭的婦女生產工作隊，弟弟則去樂昌育幼院。我們一家人，就這樣分散在四個地方了。

兒教院第一

當時我並不知道自己要去兒教院，別人說去就去。到龍川時，改由另一個領隊負責，他是為搶救香港淪陷區兒童而來的。我跟着隊伍，那時候一幫十來歲的小孩，也不清楚自己要去哪裏，到了學校才知道原來去廣東兒教院。我們從龍川到兒教院的那批小孩，有七八十人，全是香港人。我們從龍川走了三天，到了忠信，在那裏住了差不多一個月，然後有廣東省銀行的木炭車送我們去。兒教院是李漢魂將軍的妻子所辦的，所以她調來一輛省行的木炭車，把我們從忠信送到韶關的十里亭。十里亭有一些營房，我們住了幾天，又轉到坪石住了一晚，最後走到星子。那裏就是兒教院第一院的所在地。

當時兒教院分兩類，一是由中央經費資助，就是一、二、三院；而四、五、六、七院就由省負責。我去的是一院，去到那裏才知道它的全名是振濟委員會廣東兒童教養院。我們七八十人住在一個叫「僑童班」的營房。當時我們的學習程度不一，班上有讀中學的，有識字的，也有不識字的，但兒教院沒有區分學生程度，例如台大教授賀凌虛在香港時已經讀到中學，當年也和我們同班。後來獲選到中學去的，大概有十個人，他是其中一員。我是「高不成低不就」，本應進高年班，但那裏學位不足，只好先進低年班，可是能力又比那裏高。兒教院實行四年制，分成一

---

20 東江縱隊全稱為「廣東人民抗日游擊隊東江縱隊」，為中國共產黨於抗日戰爭時期領導的一支抗日游擊隊。

區、二區、三區。我在一區讀了兩三個月，二區有學位，於是就到了二區，讀了兩個月便考試。暑假後，他們又送我到三區，這樣我在一年內升了三個區。記得當時我在教養院的號碼是 1458——一世不發，真不幸！

離開香港時，我只穿一雙「白飯魚」，到兒教院時已經破了。聽說學校會發新鞋，我就把它扔掉了。怎知道發來的竟是一雙草鞋，它經常把我的腳刮破，有些傷痕留到現在。兒教院還有校服，上衣是夏威夷款式的童軍衣，帽子、領帶和皮帶也是童軍款式的。褲子則為短褲。除了校服，兒教院還派發內衣褲和幾雙草鞋。這樣我就有一整套衣服了。至於編草鞋，當時機器被那些惡霸同學霸佔了，我們只得用腳趾頭撐着兩條繩來編。用機器編的草鞋質量較好，草繩壓就很結實，我們用手指編的，壓得並不理想。

我們來自五湖四海，最初不熟悉兒教院。那時規矩很嚴格，大清早起床後，要把被子疊整齊，不然就要受罰。然後去河邊洗臉，洗完臉就到操場集隊。集隊時，我們要戴帽子、穿短褲和草鞋，對着司令台集操 15 至 30 分鐘。那是正式步操，初時我們亂成一團，但過了一段時間就學懂了——立正、正步、跪下，就如軍隊。步操結束後，院主任會上台報告過去一週的新聞消息。吳菊芳是院長，七間院各有主任。院主任是分院裏職位最高的。這個星期有什麼新聞，如西西里登陸之類的消息，[21] 院主任便跟我們報告。集會後，就回課室上課。

我剛進去兒教院時，主任是梁昌熾。一年後，李榮臻接替了梁昌熾的工作。一直到我離開兒教院，李榮臻仍是主任。還有一些類似班主任的人。每個區通常有三個班房，[22] 其中三區比較特別，有四個班房。每個班房有一個導師、一個主任，即一個 72 人的班房，就有兩個老師日夜駐守。班房一頭一尾各有兩個房間，供導師

---

21 美國、英國及加拿大盟軍於 1943 年 7 月 9 日晚上登陸西西里，並於 8 月 17 日獲勝。此行動為後來入侵意大利揭開序幕。
22 班房為廣東俗語，指教室。

和主任住宿。其他教務主任是住院的，不住在班房裏，另外還有一個辦公室。班房是一個金字頂的平房，中間分成兩邊，一邊是宿舍，一邊是課室。我們 72 人住在一起。宿舍內每邊有四格，每格分上、下兩層，共八格，床位橫放。我在三區，睡下舖，住得最久也就是這裏了。床舖只有床板，行李擺在上面，就是全部的家當。

我們這群僑童班的孩子全來自香港，導師用廣東話教學。導師的籍貫大概是廣東吧。說到導師，我在二區遇過一位教童軍的女老師，叫彭惠君，她是「男仔頭」。我對三區的記憶比較深刻，記得當時的區主任叫趙淑儀，她的姐姐叫趙韻泉，而我的班主任分別就叫李詠梅和陳解心。

兒教院的生活比較艱苦，每個人只能吃一碗飯。有很多同學，就如那些「牛王頭」，[23] 整天被老師打，當年三區的那個頑皮小孩，如今還健在呢。那時他經常去偷鄉民的番薯吃，弄得鄉民前來投訴，結果他就常被老師打雙腳。那些老師很嚴厲，動輒就打，他們也懶得跟你講道理，打了再算吧。因為學童多，大家也挨餓，偷東西後被罰打幾棍。不過我沒有去偷，因為那時還小，沒有膽量。我排隊時，也是排最後一個，經常被人欺負。有一次，司徒美堂來學校參觀，[24] 給每個同學做了一套新衣服。別人把名字大大地寫在衣服背後，但我沒有，結果在草地上晾乾衣服的時候，就被人偷了。我告訴老師，他叫我到院部拿兩套舊的。結果人人穿新衣服，只有我穿舊衣服。

在同班同學間，我較年幼，但到了三區後，卻獲選為小隊長。我們每個班有兩個中隊，每個中隊有 36 人，每個小隊是 12 人，而我獲選為第二中隊第三小隊的隊長。原本隊長不是我，我是後來才獲選上的，也許是我成績好，有責任心吧。雖然我的成績好，但整天還被人欺負，幸好我小隊的同學，沒有欺負我，而且很合作。

---

23 牛王頭為廣東俗語，指頑皮的小孩。
24 司徒美堂，廣東開平人，為著名旅美僑領及中國洪門致公黨創始人，並曾參與孫中山領導的民主革命運動。

當時班房分中隊、小隊，目的是方便管理，自己管理自己。小隊有些什麼事情，有些什麼要分發就由小隊長負責，這樣也可減少老師的工作量。小隊 12 人，中隊 36 人，即一個中隊有三個小隊，而兩個中隊就是一區。這樣的編制，很有系統，就如像軍隊編制一樣。

兒教院的課室，有一塊像衣車檯的大木板，[25] 兩張凳子和四行桌椅。一張桌子兩個人分，每人有一張有靠背的小凳子。同學上課很安靜，即使 72 人一起上課，我們也能清楚聽到老師的話。那時候，我們上課很聽話，只是肚子實在太餓，才弄點花樣。每天有七節課，上午四節，每節約 40 分鐘，中間有小休。我們的教材，由兩位兒教院禮聘的教授編寫。教材分四個年級，其中《我國與世界》是四年級的，《我國民族的過去》是三年級的。四年級只有一本書，厚厚的一本，分為政治、文化、經濟、軍事四科，內容全面涵蓋公民教育。我們主要讀這本書，偶爾也會讀一本中華書局出版的算術書。初時我們讀的教科書比較豐富，但後來愈來愈少，最後只讀自己編的那本。我印象最深刻的是《我國與世界》，因為那是畢業班時讀的書。這些課本，用完了就要交還學校，留給下一班同學用。那時候的書，非常珍貴。其他科目，如工藝科，要到中學時才學。上音樂課時，老師在黑板寫上簡譜，作為教材，同學自行抄寫。至於體育課，多數安排在下午進行，同學到操場上跳沙池、打天梯鋼架、跑步等。此外，我們每星期上兩節童軍操，形式像軍操，不過沒有什麼道具。那時我們連籃球和足球也沒有。

至於書寫工具，用的是竹紙，質地像用來寫大字的玉扣紙。院方每月會派發 15 張，我們每張紙要用三次，首先用鉛筆寫，寫完後就用來抄書，抄書後把紙翻轉，再用來練習毛筆字。初時學校會派發鉛筆，後來就沒有了。所謂的抄書筆，就是用來寫小楷的那種細毛筆。當時哥哥從貴陽寄來了 20 元，我拿了 8 毛錢買了一支鉛筆。那時候家裏的錢會寄到學校，由區導師保管，用錢時便去他那裏取。

25　衣車為廣東俗語，指縫紉機。

兒教院的圖書館，是掛名而已。它有學生千多人，圖書館的書與其說是給同學看，不如說是給老師看。讀高年班的時候，我被派去圖書館當值，做一些瑣碎的工作。同學甚少到圖書館借書自學，大多是老師教什麼就學什麼。如果老師說老鼠有八隻腳，我們也會相信呢！

每逢週一，院主任會報道新聞和一些特殊事件，如北非大捷、台兒莊大捷等新聞。省主席李漢魂和院長吳菊芳平時在韶關，我們每年大概有一次機會見到他們。他們有時會陪同外國僑領前來參觀，例如司徒美堂來的那次。那次我在三區，看見場面很隆重。我們沒有見過世面，見到汽車，才知道車是沒有聲音的。那輛是美國車，經過身邊，我們也聽不到聲音。為了歡迎司徒美堂，我們不用上課，高年班同學站在公路兩旁，我也站在那裏，一起歡迎他。那天吳菊芳和院主任陪司徒美堂，沒有講話，但後來司徒美堂捐了一些藍斜布和縫製白襯衣的布，給學生做童軍服。但我的新衣，不夠三天就被偷了，這算是我在院裏經歷的大事。

至於兒教院的伙食，我們在最困難的時期，吃過墨豆。它的樣子跟荷蘭豆差不多，只是咖啡色。每頓飯有二十多顆「銀」。[26] 我們還試過以一磚腐乳來拌飯，不過這些都是特殊情況。一般來說，我們有半盤油鹽水煮白菜。炊事員把一勺油和一勺鹽澆在白菜上，用木盤子盛着。我們會吃米飯，但我曾聽過小道消息，說政府發來的米，每人應該有七兩，但院方扣起七錢，兌換成買菜的錢。依我看，每人原可吃三分飯。我們每天只吃午餐和晚餐，由於吃得飽，所以有年齡稍大的孩子，晚上便到田裏偷東西吃。此外，逢年過節都會宰一頭豬。那時場面很隆重，好的部分如豬肝，會煮給老師吃，我們每人分得一兩塊連皮的豬肉，每塊約有兩根手指那麼大。畢竟一頭豬，要供一千人吃，每人只得一點。那時候，有豬肉吃，我們已經很高興。至於端午節、中秋節和新年，都有豬肉吃，記得兒童節也有。因為我個子小，面黃骨瘦，排隊排最後，所以兒教院給我營養餐。我不知道這是不是總院或吳

26　銀為廣東俗語，指豆粒。

菊芳院長的安排呢？當時我們營房兩邊相通，吃飯時，一般孩子在一邊吃，幾個特別優待的就在另一邊吃。中午飯時，我有幾塊豬肉和幾條芽菜，如是持續了大概一兩個月。那時天天有肉吃，已經很興奮。雖然吃了一兩個月營養餐，但我直到二十多歲，仍是很瘦弱，體重只有 103 磅。

我們小學中年班、低年班的學生，不須幫忙煮飯。三四區那些高年班要輪流幫忙，每天抽調一個中隊到廚房負責洗米等工作。廚房在一間廟裏，沒有菩薩，我們在裏面煮飯。記得有兩根柱子在廚房門口。那時沒有自來水，所以要拿個籮筐去河邊洗米，非常沉重。每逢星期六下午，我們有兩節勞作課，到學校農地鋤地種番薯或種菜，由勞作老師指導，而農作物會歸公。這不是很複雜的事情，老師叫鋤地，我們就鋤，叫你揀番薯，你拾完便送到院裏。

在兒教院，我病過一次。那時是 1945 年元旦，我快要畢業了。由於發燒，我住在兒教院的醫務所裏，住了幾天。所謂醫務所，只是一間廟，擺放幾張病床而已。醫務所有十來人，其中有一位黃醫官。那裏的藥物，說起來真嚇人。如果是霍亂病，黃醫官就燒些開水，加幾勺石灰，攪拌後給每人倒一杯，叫大家喝。那時沒有霍亂疫苗，只能喝石灰水治霍亂，但不喝也不行，因為是規定的。1945 年，兒教院曾經痢疾肆虐，有一半同學拉肚子，但沒有廁所，只好在小樹旁拉，結果拉得到處都是。那也沒有辦法，當時又沒有藥吃，只得靠自己的抵抗力。那時死的人不是很多，同學的身體挺好的，大家說這是靠平日早會前的操練，跑步十幾分鐘所練回來的。

兒教院強調「家、校、場、營」，那只是美化的說法。「家」指在那裏吃和睡，「校」指在那裏讀書，「場」指在那裏生產，「營」指在那裏接受軍事訓練。兒教院紀律嚴明，如果有同學犯規，最普遍的處置方法就是打藤條，對着大腿、小腿打，打到瘀黑。我也試過一次，不過已忘記原因了。我從來很少被打，只犯過一些小規矩。

兒教院有一個兒童劇團。跟我一起到石馬參加搶救隊的鞏氏兄妹，兄長叫鞏顯鵬，妹妹叫鞏蘇珍，他們也報名參加。劇團挑選了妹妹。學校也有選美活動，我的同學蔡長清，當時獲選為「先生」，意思就是最帥的同學。這些都是學校舉辦的活動，很有娛樂性。那時連縣鵝公潭有一間教會，我們好像借了那裏的禮堂來選美。至於當時的投票方式，我記不起了。蔡長清這個帥哥和我們是「三劍俠」，幾十年來經常見面；另一人梁懿謙，則屬我們中隊第一小隊。印象中，他也選過一次，好像最後沒有什麼獎。我對這個活動印象挺深，畢竟很少見呢。

說起來，好像不好的回憶挺多。有一次，復員到洲心，我們坐的那艘船走了捷徑。河往那裏彎，我們就走到那裏。後來，天快要黑了，我們的船走得慢，同學的船可能因為順水，走得比我們快很多，已經停在我們幾公里外的地方。他們停船的地方，水深有兩三尺，由於沒有碼頭，我們只能踏水過去，要走二三十尺的距離，讓我非常難忘。此外，我曾考過第一名，但事情已經過去了，不大值得說吧。還有一次，我們從忠順坐車到韶關，幾乎被一輛軍車撞下山。因為那些省行車，像一個木箱子，我們在裏面看不到外面。那時有一輛軍車靠山走，而我們則在懸崖那一邊走，突然轟的一聲，我們被撞了一下，車子幾乎掉下那千尺懸崖，非常驚險！

我們在仰掌塘，又遇過驚險事情。那裏離縣城有兩公里遠，河邊有很多蛋家船。[27] 當時經常聽說日本人不夠糧食，會把未淪陷地方的米糧，經水路運給日軍。有一次，仰掌塘的人看到盟軍飛機，說那是美國機，機身有一顆星。那飛機在尋找位置，然後掃射蛋家船，在空中巡邏一圈後，就消失了，但不到幾分鐘，又從很遠的地方低飛過來，用機關槍掃射兩公里以外的地方。從那天起，老師便讓我們搬到另一區上課，即遷到二、三院。因為那裏有大樹林，又沒有河，可以避開盟軍飛機，免被誤傷。經歷了這樣的事情，還能保住性命，實在感恩。

---

27 蛋家指以船為家的漁民。他們常年舟居，以漁業及運輸為生。

大撤退

1944 年底，日本人攻打韶關。我們從星子出發，經過朝天橋，沒有走公路，而是拐到山去，繞了一個大圈到西江，然後走到連縣縣城。因為我們接近湖南邊境，所以我們也要疏散。疏散的時候，沿途只能走路，沒有乘車。疏散時，我們繼續進行軍事化管理，安排前站隊，即挑選一些比較精壯或身輕的同學，由事務主任帶領尋找地方。他們到鄉村找，如發現有空屋，就會用省政府的封條圍封它。疏散不久，我們走着走着，聽說一些幼童班學生落後了，這時一些年紀較大的同學，便背着他們走，互相照應。但也有十個八個同學落後，跟不上隊伍。我們在田基上走，這樣便可走直線，而走馬路則要繞圈。聽說有可能會遇到日本人襲擊，也有可能遇到土匪，幸好我們全沒遇上。當時我們會說：「這個大東山經常有老虎出沒，你們要小心啊！」從星子到養長堂，要走三天。前站隊每天晚上去找屋子，走到哪裏就封到那裏。有次找到一個豬棚，裏面有豬，我們就睡在豬棚上面。途中我們煮飯，記得在疏散後的第一天，我吃了一磚腐乳。那時候沒有什麼東西賣，只能吃腐乳。

我們在連縣的養長堂搭建了一個大棚，在那裏住了大半年，其間我讀中學。這一次，第一院全院疏散，但實際上的人數，我並不清楚，只知道當時很多同學跟隨主任疏散。那時第一院疏散到不同的地方，我們選在養長堂。那裏的環境跟兒教院完全不同，上課時，把床板掀起來，找個空位置就坐下來。那時候我第一次接觸英文，老師在黑板上寫，我們就把課本豎立在床上，抄一句讀一句—— a man and a pen, a man and a pen。我第一次讀英文，就是這幾句了。當時有個老師懂一點英文，平時用英文跟妻子溝通，也有些老師來自香港，所以教我們英文。

剛到養長堂的時候，升中班也只是四區的那一班，差不多有 100 人。原本共有三班，但因為有一些同學未能升讀，所以後來只開一班。我們一、二、三、四院都在廣東的西面，其餘則在廣東的東面。東面的那些往南雄那邊疏散，我們則往廣西

那邊疏散。到了那裏以後，共開了四間院，有 501 個升中學生。記得有兩個病了，所以在考試時有 499 個學生。從前我在班裏，多考前三名，但現在幾個院合併一起考，面對的就是 499 人了。剛好那時媽媽把弟弟接回連南縣城三江，同學間傳聞有本升學指導，大家你傳給我、我傳給你。這本書不是很貴，可能十來二十個大洋，媽媽便給我錢，我就請別人幫我買了一本。這本升學指導的編者是倪志澄，它對我頗有幫助。小學時，數學科的追及問題、時鐘問題和繁分數，我覺得難度很高。而這一次，考算術時有五道題目，平時考第一的同學，竟然答錯一題，結果排名大跌。而我卻取代了他的位置，考了第一名。當時院主任過來輕撫我的頭，說：「你很醒目」，[28] 他還獎勵我們前十名的同學吃一頓飯。他吩咐師傅下廚，煮好了，就讓我們到他家裏吃。18 個人吃了 15 斤米，總之你能吃便吃，這頓飯很難忘！

那時我很聽話，知道少壯不努力，老大徒傷悲。可能因為家貧，我已經開始為未來生活籌算。

1945 年 8 月，我們小學畢業了。我是兒教院最後一期的小學畢業生，即升中班學生。那時候剛放暑假，院主任跟我們宣佈和平的消息。大家聽了高興得跳起來。9 月時我們仍在上課，但學校已處於半停課狀態。我們再住了幾個月，到了差不多農曆年時，大家就乘船回廣州。我們在出發的前幾天，才收拾行李。如果繼續打仗，我就會升讀力行中學了，因為一般考前幾名的精英，都會挑選去力中讀書。誰知道回到廣州後，教養院就解散了，因為李漢魂下台、羅卓英上台了，但羅卓英太太對權位沒有興趣。李漢魂下台，吳菊芳院長當然也要下台。

1946 年年頭，我們回到廣州。那天剛好是年三十，蛋家人說不工作，但我們說要趕時間。他們便象徵式地從養長堂開船至連縣縣城，大概走了一兩公里後，又說不再工作，要過年後才開工。這樣，我們便遲了三天才到達清遠洲心。船停後，

28　醒目為廣東俗語，指機敏。

我們到對面的源潭火車站等政府安排火車。我們有差不多一千人，要兩個空車廂才能夠把全部人送回廣州。記得那火車沒有蓋，像運豬的車。我們很興奮。那時候母親已回東莞。

到了廣州，我們住在河南嶺南大學對面的五鳳村。那裏有幾個軍營，住了一些軍隊，他們空出幾個營房給我們住。那是陸軍第五十四軍一九八師五九二團，即黃耀武的兵團。這兵團的軍隊在山東，沒多久就出發到青島去。我們千多人住在軍營裏，6 月 13 日我就離隊了。那時我想兒教院不久也要解散，連吳菊芳院長也來軍營跟我們開會道別，交代日後的事務由什麼人負責。我知道兒教院快要結束，就想早點回鄉。回到家鄉後，知道父親已回到香港工作，我在鄉下住了兩天，便去香港了。

戰後回港

1946 年，我回到香港，沒有繼續讀書。爸爸不主張讀書，認為讀書沒有用。如果他肯讓我讀書，我也可以讀，但他不肯供書教學，我就沒話可說。我自認成績還不錯，但礙於家庭，便跑去學師。但老闆還沒開舖，錢包已被小偷扒走，舖開不成了，我又浪費了幾個月時間。

1947 年，爸爸有個朋友的女兒在培道女子中學當會計，介紹我去當校工，一做便兩三年。那時候培道在士他令道，學校是一間教堂，裏面只有很少班房。1947 年底，培道搬到嘉林邊道，校舍大了很多。1949 年 10 月，我離職了。

我的英文，大多是當校工時學的。那時候在學校工作，有位先生很熱心，說：「下班後，我教你英文吧。」我說不用了，老師五點鐘放學，還要教我讀英文，不成，還是自己去讀吧。於是，我就去了報讀英文夜校。德明中學的夜校叫納民英文夜校，是我讀書時間最長的學校。我在那裏讀了兩年英文。

到香港後，有幾個兒教院的同學經常和我見面，其中有個住在土瓜灣樂民村。[29] 我們以前是升中班的同班同學，感情很好，每個星期都會見面。兒教院時，我們被稱為「三劍俠」。其中一個已經去世，只剩下我們兩劍俠。兒教院時期的東西，我只保留了一張小學畢業證書，考第一名的那些文件已經沒有了。至於畢業證書，我曾委託廣州的同學，替我找主任補發一張。同學找了幾年，到了 1950 年才找到。那張小學證書，至今有六十多年歷史，現在算是國寶了。這幾年來，我有個心願，就是有什麼我可以捐助的，我必竭盡所能，因為我曾經受到別人的恩惠——無論是上海的那幾年，還是在兒教院的日子。

回望過去，兒教院的歲月對我的影響很大，除了教我要竭盡所能幫助別人，還教會我要有自立的能力，不能依靠別人。不依靠別人，是因為一旦遇上了心腸不好的人，就會被騙。兒教院時，我只有十幾歲，已經覺得要靠自己，而且一定要有學識。儘管窮困，但我對子女教育開支，決不節省。大兒子預科畢業，當了護士。二兒子讀書跟不上，跟我做眼鏡，我把店舖交他打理。三兒子在英國伯明翰大學讀工管碩士，在入境處當 officer，做了二十多年了。他們遠超我的期望，現在我安樂了。

張先生結婚照片

張義祥先生（2008）

---

29 樂民村為土瓜灣樂民新村的舊稱。

香港難童
李松柏

66 　大撤退時……我們幾十人互相扶持，同生共死，在那個死亡圈裏掙扎出來，所以感情很深厚。我每次回廣州，見到那些舊同學，都會緬懷大家共患難的歲月。 99

生平簡介

1927 年生於廣州。

少時在廣州河南讀小學，七歲隨家人赴港定居，入讀東華義學。1941 年，香港淪陷，次年離港返鄉，入住沙園兒教院。在兒教院時，曾接受體能訓練，參與搶救工作。1944 年，升讀力行中學，並隨學校撤退。戰後，回到廣州。1946 年，回港生活。

童年生活

1927 年，我在廣州市河南區洪聖廟附近的地方出生。大概六歲時，我在廣州河南讀小學，讀了幾個月。這算是我第一次讀書，因為我並沒有讀過卜卜齋[30]或幼稚園。為了聯絡感情，那時學生要搬兩筐水果去學校，希望老師對自己的印象好一點。小學是私塾式的，規模很小，全校只有二三十個學生。它雖是男女校，但男生較多。當時我們不用穿校服。學校是全日制的，中午我回家吃飯。雖然年紀小，但學校就在家附近，所以不用家長接送。學科方面，我們沒有讀古文，但會讀《三字經》和《千字文》，那時的啟蒙課文，就是讀「人之初⋯⋯」。記得開學當天，天剛亮，我們就要帶一塊紅布進洪聖廟拜菩薩，又請老師用朱砂筆在《三字經》上圈點微批。[31] 我們有時會整天念《三字經》，有時在九宮格上練習書法，就是臨帖勾摹，有時還會學算術。

七歲那年，父親把生意轉移到香港，我和哥哥、姐姐、弟弟便跟隨父母到香港定居。這也是我第一次來香港。原本父親在廣州開了一間生產龍門粉和雞仔粉的工廠，[32] 聘請三十多個工人，產品也銷售到香港。後來生意不好，就搬廠了。那時坐火車從廣州來香港，什麼證件都不用，基本是兩地相通的。那時的火車是靠燃燒煤炭推動的，車速很慢，差不多要走三四個小時才到香港，總站就在九龍尖沙咀。到了香港，我們一家六口就在灣仔軒尼詩道地下，租住一個單位，租金是每月一元。後來，爸爸去了打工。

---

30 卜卜齋為廣東俗語，指傳統私塾。
31 圈點又稱句讀、句逗，即傳統讀書人以圈點法在書上加注記號。
32 龍門粉為廣東惠州龍門縣特產，以優質冬米配以獨特泉水精製而成。雞仔粉乃以純正的粘米磨漿炊曬加工而成，因外形似小雞而得名。

香港生活

在香港時，我考進駱克道附近的東華義學，[33] 在那裏讀一年級。學校位於一座四層高的大廈頂層，地方很大，裏面沒有分間課室。戰後這類學校全清拆了。那時一年級有三四十名學生，男生較多。學校不同年級的學生是分開上課的，我們一年級只有一班，二、三年級的同學就安排在其他地方上課。上課時，我們說廣東話。我們上學要穿校服，它是灰色唐裝，是對胸衫來的。與河南小學相比，東華義學學科較多，包括作文、算術、國文、英文等，好像還有尺牘、美術和體育，不過較少上體育課。那時我最喜歡上作文課，因為可以運用想像力，構思一些新事物。學校很少課外活動，我們沒有時間打球，也幾乎沒有機會旅行。每天放學後，我們就回家。

十歲時，父親去世了，家中的經濟來源突然中斷。當時學校規定，若能考到前三名，學費便全免，書簿費和校服也由學校供應。所以我決定發奮，每年考試也要爭取考入前三名，不然就沒書讀了。那時我盡量爭取讀書機會，掌握更多知識，希望將來用得着。

我在東華義學讀到四年級，抗日戰爭就爆發了，因而學校開始停學。這四年裏，我用心讀書，平平淡淡過每一天，沒有什麼難忘經歷。當時同學關係很好，大家都很善良，有兩三個同學和我的感情較深，可惜現在已失去聯絡。我們很尊重老師，也很聽話，不會做出反叛的行為。因為學校經常換老師，每位老師在校時間都不長，所以我記不起他們的名字。不過我記得校長姓蕭，平時稱他為蕭校長。學校提供課本，不用自己買。抗日戰爭時因要走難，帶個包袱和幾件衣服便走了，所以我沒有保留當年的課本。戰爭時生死未卜，不是被打死就是餓死，能夠生存已經很不容易。

---

33 東華義學創辦於 1880 年，類近傳統學塾，主要教授中國傳統文化。

十一二歲時，香港淪陷了。記得那是 1941 年 12 月 8 日，我和一些小朋友在渣甸山放風箏，看到日本人空襲啓德機場，起初以為是演習，但後來看到飛機起火，便知大事不妙，日本人真的打來了。我們立刻回家。那時所有學校都停課。日本人佔領啓德機場後，多次進行炮戰，大家怕被炮擊中而四處走避。

我家來不及準備什麼，母親只能多買一點米糧。如果沒有糧食，我們就去馬場附近掃些麥米回來煲粥。因為我們是小孩，那些日本兵不理會我們，任由我們掃麥米。每天早上，媽媽會煮粥和炸油器，在街邊售賣，以維持生活。

對淪陷時的情況，我其實沒什麼感受，只知道人人都找安全的地方避炮彈。我們想搬離灣仔，但找不到容身之所。當時只有灣仔石水渠街有房子，如想去防空洞，就要到大佛口。我們只有在炮戰時，才離家走去防空洞，待炮戰結束便回家。還記得陸軍醫院就在律敦治上面。醫院上有英軍炮位，當時香港的英軍和九龍的日軍互相對射，日軍用排炮打過來。我們很害怕，不敢留在附近，所以去其他地區躲避，等炮停了再回來。有一次，我經過灣仔郵政局時，有個炮彈突然在附近的小花園爆炸，把我震得飛起來，彈到騎樓上，[34] 我不知暈了多久才醒過來，幸好沒有受傷。如果當時被破片所傷，我肯定沒救了。醒來後，我自行回家。後來得知在英京大酒家對面的鄧大屋前，約有 20 人被炸死。他們剛好經過陸軍醫院，而炮彈在灣仔道口爆炸，所以全被炸死。我外出時，看見他們的屍體還在那裏，沒人收拾。那時香港遇上空襲，響起警報，聽到後要靠自己的直覺作出反應。又有一次，在石水渠街門口發現了一個長兩尺多的炮彈，幸好沒有爆炸，否則整間房子都被炸掉。

香港打了 18 天，12 月 25 日終於投降。當時有日軍在跑馬地站崗，行人走過，一定要向他們鞠躬，否則便被踢。關於日本人入城，他們是騎馬從中環入城的。當時我沒有出外看，但有消息流傳出來，說日本仔入城了。入城後，日本人把

---

34 騎樓為廣東俗語，即陽台。

所有的英國人送去集中營，又要我們改用軍票，港幣四元換一元軍票。如果沒有糧食，就一定要用軍票購買，港幣已經作廢了。淪陷後，香港糧食供應不足，日本人就盡量疏散香港人，說如果大家熬不住饑荒，就回中國大陸去。那時日本人製造了幾艘難民船，把部分香港人運送至中國大陸，地點就是番禺市橋的唐家灣。

離港返鄉

聽到這消息，我們一家五口決定離開香港。1942 年初，就是香港淪陷後的第二十幾天，我們登上簡陋的木船前往唐家灣。那時有幾十人同船，我們只帶了一些日用品和衣服，其他物品就盡量不帶，全扔掉了。我們在上環附近的三角碼頭上船，船費全免。我記得登船時，不須辦什麼手續，只須出示一張日本人簽發的臨時證明書，證明你要離港返鄉了。

那艘船速度很慢，走了六七小時，才到達市橋的唐家灣。我們在唐家灣的碼頭登岸，登岸後便立刻步行上廣州，或上韶關。當時最多香港人去的兩個地方，一個是韶關，另一個是桂林。我們選了韶關，因為它較近，桂林實在太遠了。我們想由唐家灣步行至廣州，然後偷越封鎖線，北上經花縣、英德、清遠，再到韶關。那時韶關是粵北的大後方，而李漢魂正在當廣東省主席。

由市橋步行至廣州，需時一兩天。沿途有很多農村，也有很多土匪，他們勢力很大，而我們卻毫不知情，不管什麼，只知一直前行。幸好土匪沒有騷擾我們，也許看到我們是難民，無依無靠，又沒有東西可搶，所以放過我們。那時我們幾十人一同北上，沿途吃自己帶來的乾糧，有軍票的人也會買些東西吃。回想起來，那段日子真是艱難！天黑時，如果走到祠堂或者車站，便停下來借宿一宵。

後來我到了封鎖線，就在附近等待機會。日本人當時會開放一條路，讓人通過，他們不想太多人留在廣州，影響糧食供應，所以就放人北上。但當他們下閘，

1942 年香港學生流亡路線圖

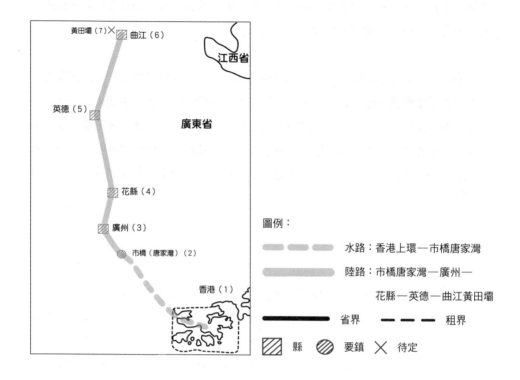

資料來源 [35]：

　　廣東省地圖，台灣總督府文教局學務課，昭和 13 年（1938），香港科技大學圖書館藏。（本圖按原圖比例尺 1：900000 放大 10%）

35　李松柏訪問稿，2008 年 5 月 27 日。

　　　　　　　　　　　　第三章　弦歌不輟　戰火人生：兒教院師生口述史

就不准通過了。封鎖線在廣州郊區，白天時人們無法越過，但到了晚上，閘門打開了，大家便趁機越過封鎖線。不過萬一日本人用機關槍掃射，那些人就沒命了，所以情況還是很危險的。戰爭時，生命很脆弱，朝不保夕。雖然那時我只有十幾歲，但也不管了，總之要偷越封鎖線。

最後，我們成功越過封鎖線，偷渡到花縣。那是中國管轄的地方。國民黨為了阻止日本軍車經過，就把鐵路、公路全部炸掉。我們只得帶着乾糧徒步上韶關，走了約一兩個星期。沿途很荒蕪，只有農村。終於，我們走到韶關的黃田壩，那裏的居民大都是香港人，他們用竹搭建小棚屋暫住，有錢就把棚屋建得好些，沒錢的就建得簡陋些。我們也找了個地方，買些竹子，一家大小總動員搭建棚屋，就這樣找了個棲身之地，安頓下來。

兒教院

那時韶關有個救濟總署，接濟世界各地的華僑，小孩子可以報名去吳菊芳院長創辦的兒教院讀書。經別人介紹，我決定到兒教院去。1942 年四至五月間，我入住了何巧生的三院。它位於沙園，後來我轉入七院，弟弟去了另一院。當時兒教院分很多班，分班前，院方問我從哪裏來，我答從香港來。他說香港來的就入僑生班吧。這樣我就獲編入了僑生班。僑生班是為華僑子弟而設的，屬另一組織。那時我們叫華僑而不叫同胞，我的同學均是美國、英國、新西蘭、澳門或香港這些地區的華僑。他們回不去原居地，只好留下來。例如有個來自新西蘭的僑生，他到中國後便回不去新西蘭，因為沒有回航飛機。我們關係很好，全班幾十人一起讀書，一起生活，模式跟一區、二區、三區的班別一樣。在當時來說，僑生班的資質比其他的要好一點，因為大家在外國受過教育，比較聰明吧。

我入住兒教院，主要是想維持生活和繼續讀書，因一切費用全由國家承擔。僑生班的男生比女生多。我們當時要穿校服，它很簡單，是黃色襯衫及短褲。宿舍在

僑生班教室附近，師生平時以廣東話溝通。當時女老師的年紀很小，多是十幾、二十歲。老師輪流教我們，我們會學算術、作文、國文，但沒有英文。我們也會上體育、音樂和美術課，不過美術課相對較少。

我們的生活很有規律。睡覺是兩個人一張床，分作上、下床。每人有一床被子和一張毛氈，老師教我們折被子，要把被子折到起角，弄得齊齊整整的。早上，老師會來檢查，如果發現誰把床弄得很亂，就要罰站。我們很聽話，被子都被木板壓得整整齊齊的，故未曾被罰。早上七時起床，我們便去河邊洗臉。那時甚少有機會吃早餐，通常要到中午才吃東西。上課前，還要去操場看升旗和唱國歌。國歌是唱《三民主義》，是用粵語來唱的。唱完國歌就聽訓話，內容多跟國家民族有關，多由院主任或導師負責，而院長就較少出來。當時三院的院主任是何巧生，七院的是徐蕙儀。[36] 我們在操場上列隊，一區、二區、三區、僑生班等各自列隊聽訓話，聽完就去上課。

十二時食午飯，那時吃的是糙米，就是那種沒褪完米皮的紅米。我們差不多吃三碗飯才飽，飯是隨便吃的。那時菜和肉均很少，只能吃米飯，但大致能吃飽。院方又規定每月可吃兩次肉，有二兩牛肉和二兩豬肉。飯後，有自由活動時間，我多去散步，然後小休一會兒，聽到鐘聲，再去上課。

兒教院是全日制的，每天下午四至五時下課，下課後自由活動，我們可以到處走走。當時很少人能離開學校，因為有校警看管，況且大家能去哪裏呢？此外，關德興曾在學校粵劇團教過粵劇，又有女拳師林少立在運動課上教我們功夫。林少立真的很威風！那時我沒有參加粵劇團，倒向林少立學過幾天功夫。學校有很多活動，我喜歡游泳、籃球、足球和打鋼架等，活動設備全是學校提供的。游泳就是在河邊，我在香港時學會了游泳，故有時也會游泳。我在學校的作文比較好，運動也

---

36 徐蕙儀當時擔任廣東兒童教養院第七院院主任。見廣東兒童教養院院史編輯組：《烽火歲月的豐碑：廣東兒童教養院院史回憶錄》，頁 163。

不錯。我們通常在教室溫習，很少在宿舍。當時整所學校都有電力供應，不用點油燈和蠟燭，但電燈的光線比較弱。晚上九時、十時便睡覺，睡覺前很少集會或聽訓話，老師有時也會巡視房間，看看我們睡了沒有。

記得 1943 年年底，七院曾緊張地撤離沙園，遷往湖南金雞嶺。當時七院從幾百人中挑選了最精壯的 20 個男生和 20 個女生進行體能訓練，我是其中一個。我們接受了幾個月的精英訓練，天天跑步、鍛鍊體能和游泳，其間有軍官監督。晚上，男女生全睡在禮堂裏。此外，院方還向我們灌輸了國家民族意識，鼓勵我們將來加入政工隊或者其他組織。後來因應「十萬青年十萬軍」的號召，我們接受了很多訓練，過程頗辛苦。

訓練結束後，院舍發生什麼事，院方都要我們這班精英幫忙。我們試過在四邑搶救一批患病或瘦弱的難童回來，給他們縫製衣服。那次非常辛苦！後來院方送來一批布，我們把它裁好，縫成衣服，送給難童，又照顧他們。我們稱那些兒童為「鐵線隊」，他們真的很慘，有的很瘦弱，膝蓋比腿還要大；有的患病，身體很弱。成功救回來的兒童，本來已經不多，當中又有差不多一半的孩子最後還是死了。

那時在沙園訓練營附近有一條小河，河的對岸就有一間健康院。那時我很強壯，沒有入過健康院。不過當時有幾種常見的毛病，第一是發冷，因為粵北的水很寒，體魄不夠強健的人很容易染上發冷病，一旦發冷，就要去健康院看病，拿藥丸吃。那時有很多人患上此病，特別是在湖南的期間。因為湖南山林瘴氣很重，很多人抵受不住，就發冷了。在湖南，我們這種不吃辣的人，也要吃辣椒，因為辣椒可以禦寒。湖南每間屋子的門口，都掛滿辣椒，我們經過民居時，可以摘一點來吃。第二是痢疾，患者的腸胃會很難受。第三是夜盲症，患者在晚上看不見東西。我身體比較強壯，沒有患過這些病，而學校還希望我照顧那些染病的同學。我記得醫生

吩咐那些患上夜盲症的同學，要把鍋灰和豬潤混和在一起吃，[37] 說這樣可以治病。我對這番話，印象非常深刻。

那時糧食不夠，很多同學迫不得已去偷鄉民的花生和蘿蔔來吃。有部分居民頗同情這些學生，但有一部分很不滿意。雖然兒教院也講規矩，但學生犯了這些事，也不會受到很大的懲罰，多是記過及反思。在那個國難時代，大家都很理解學生這些過犯。

抗戰的時候，為了訓練孩子愛國和奮發圖強，兒教院教同學唱很多抗戰愛國歌曲。那時最雄壯的就是《義勇軍進行曲》，即今天的國歌。此外，每天升旗禮時，也會唱院歌。院歌是由黃友棣先生作曲。黃先生很少在院舍任教，也未教過我。

後來三院更名為七院，那時三院在沙園，何巧生任院主任。更名的七院由徐蕙儀接任，院址同樣在沙園。事實上我來兒教院時，已經見到吳菊芳院長了。她不教書，有時會跟我們訓話。她雖是外省人，但廣東話講得很好，真是說話的天才。吳院長在學校有時會穿那種黃茄色的軍裝，非常英偉！徐蕙儀有時也穿軍裝，但何巧生就不穿。我也見過李漢魂將軍，因為在力中時，他的公館就在附近。晚上，他從公館出來散步時，會見到我們這些學生。他作戰時，炸彈影響了他的耳朵，導致聽力受損。

在七院時，有所謂的「三民主義青年團」，是讓同學學習當精英的組織。那時加入「三民主義青年團」，是要申請的，要求也很嚴格，就像加入共青團一樣。我們兒教院的口號是「家校營場」，即是把兒教院當作家庭、學校、訓練營及工場。兒教院的畢業照上也印有「家校營場」這句口號。「家」就是家庭集體生活，「校」就是讀書上課，「場」就是學習做東西。那時我們要學習打腳綁，造草鞋。因為資

---

37 豬潤為廣東俗語，即豬肝。

源缺乏，很多東西均是自己製造的，造好就把部分留給自己，剩下的就分給別人。「營」就是訓練營，即把青年人訓練成為擁有多一點技能的人。

此外，兒教院還會教我們人生哲理。它悉心栽培孩子，希望對國家有貢獻。當時社會環境十分艱難，李漢魂將軍和吳菊芳院長卻爭取到國家的支持，培養我們這班孩子，可真難得。當時全省只有幾萬人，而加入兒教院的我們叫做「我們七千個」，因為兒教院有七間院，每間院有一千人。「三萬人」這個數目是指招生人數，當中有的念到畢業，有的中途離開，也有很多的去世，所以具體數目也不清楚。

我算是學校精英，擅於作文，作品經常張貼在教室。我為人活潑好動，熱心助人。說真的，我們這群僑生身體較好，知識水平也稍高，又見過世面，所以學校重點培訓我們。那個新西蘭的同學曾經考過少年空軍，我在七院時也報考過。那時國民政府由南京轉到重慶，號召青年人參加少年空軍，當中精銳的同學會去重慶受訓。1944 年，我也去報考少年空軍，但由於個子較小，最後落選了。那個新西蘭同學，雖然他體格達標，但最後都去不成重慶訓練，因為空軍對體能和學識的要求實在嚴格。記得好像只有兩個同學去了重慶訓練，一個叫熊華川，另一個叫區嘉禾。區嘉禾前幾年過世了，熊華川還健在。

後來國民政府組織緬甸遠征軍，號召「十萬青年十萬軍」，我也參加了。但最後沒有去，反到了力行中學升學。那個新西蘭同學成績沒有那麼好，就去了北職升學。

1949 年潘武肅（前左）、區嘉禾（後右二），在岡山空軍軍校受初級飛行訓練時，與教官及同學留影。

李先生翻閱着在 1941 年自製的兒教院紀念冊　　　兒教院紀念冊內頁

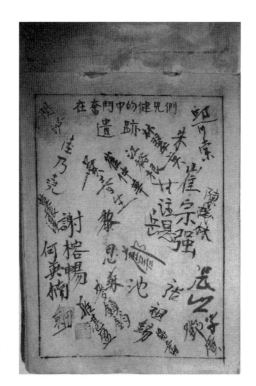

紀念冊內兒教院同
學的簽名

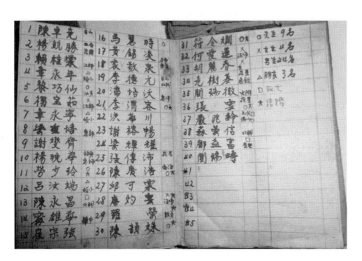

紀念冊內的同學名單

力行中學

我在兒教院住了兩三年，大概從 1942 年到 1944 年。1944 年，我到力行中學讀一年級。當時同學的第一志願多是力行中學，第二志願是江村師範，第三志願是北職。力中是正選，人人都想入讀，若然成績不好，肯定無法入讀。吳菊芳院長親自面試挑選學生，首先她會跟你談話，有問有答，然後看體型，看樣子是否端正，過程很嚴謹，所以力中非常難考。我在七院成績比較好，加上樣貌端正，所以獲吳菊芳院長選中。

力中在黃崗，離沙園有十里八里路程，要乘火車前往。因為我們是國家出資栽培的，所以拿着學生證可以免費坐火車。李漢魂將軍是力行中學的董事長，吳院長的地位在校長之上，跟董事長差不多。他們夫妻倆均很重視力中。力中是韶關最高級的中學，吳院長希望為國家培養一些精英。力行中學有初中及高中，我們在高中時還要接受正式軍訓，練習使用那支七斤半的七九步槍。

力中要穿校服，很正規的。校服是米黃色的恤衫和短褲，款式不分男女。男生全部剪平頭裝，女生可留短髮。那時我在學校住宿，其間有一個月時間可以返韶關探望家人。與兒教院比較，力中各方面均較先進，校舍環境也比較好。因為學校是新辦的，校舍也是新建的，課室、宿舍遍佈山頭，規模很大。力中的學科跟普通中學一樣，有英文、國文、算術、歷史、地理、音樂、體育等。教英文的老師姓彭，來自香港。至於物理，因值戰時，教得少一點。李湞是我的同學，我們是最後一屆，即第五屆校友。但我在學校很少碰上她，因為大家來自不同班別。學校有很多班，每班有三四十人。

不久，韶關情況危急。有一天凌晨一時，聽說日本人即將抵達韶關。李漢魂將軍原來養了一些羊，那時院方馬上殺羊，將羊肉、羊腿、內臟等分給學生，每人可

分得幾塊，全是生的。然後，他又發了 80 支中正式步槍給同學，[38] 用以保護學校。那是最先進的中正式步槍，每支有七斤半重，當時初中生沒有接受軍事訓練，所以由高中生使用。在大撤退時，除了衣服，其他物品皆丟掉，然後我們一千多名師生，從南雄、始興一直北上。我們先到廣東和江西的分水嶺，再從江西回到三南。想起來，那段日子真不容易！

廣東和江西的分水嶺有很多土匪，我們早上上山，晚上下山。當時廣東省銀行知道自己只有 30 支槍，而我們有 80 支槍，就跟我們聯成一隊。我們分成三段走，到分水嶺時，那些土匪突然打冷槍，學校便立刻吹軍號，把所有槍上膛。那時上膛聲震撼了整座山，土匪見狀，就不敢出來。我們下山時，又遇到另一幫土匪，他們抬着七九和六八的舊步槍，說是游擊隊，歡迎我們。但我們不為所動，最後下了山。這些事，讓我留下深刻印象。

我們的隊伍有上千人，大家一起翻山，浩浩蕩蕩的，規模很大。那幾十個廣東省銀行的人只有 30 支槍，如果不跟着我們，早就遭害了。沿途每人分吃乾糧，連夜趕路，甫抵江西，竟然下雪。我們在廣東出發時，沒有下雪，想不到到了江西，竟然下起雪來。當時橋面很窄，積滿了雪，一不小心，就會掉進水裏。我們皆脫了鞋子，涉水渡過。河水真的很冷，很多人的腳都凍壞了，但也沒辦法。這算是最艱苦的一後路程。記得我們抵達某地後，有人收容我們。我們在那裏休息了三天，靠吃番薯乾糧度日。至於睡覺，由於人多，女生盡量睡在屋子裏，我們男生就睡在外面。記得我被分派到屋簷下面睡覺，雪花不時從外面飄來，落在身旁。因為天氣寒冷，我就把一些厚的衣服鋪在地上，睡覺時又用棉襪包着雙腳。

我們到達江西，第一站到虔南。當時我和十幾個同學雙腳已經凍壞了，跟不上大隊。學校就叫我們先不要走，暫時留在虔南衛生院，待腳醫好後才走。於是學校

38　1935 年肇縣兵工廠生產的步槍，它為德國 M1924 式毛瑟步槍的中華民國授權版，稱為中正式步槍。它漸取代漢陽八八式步槍，成為國民革命軍的制式步槍。

給我們一個月的糧食錢，讓我們留在那裏，由虔南衛生院的人照顧。那時已過了打仗的危險期，我們也不需要槍來自衛。但兩天後，得知日本仔好像要攻打過來，衛生院不得不疏散。院方跟我們說大家要離開了。那時我腳傷未癒，但不得不要扶着拐杖，慢慢地走，每天大概走兩里路。那時我們男女同行，男的佔三分之二，女的佔三分之一。我們十幾人真是患難之交，在那個陌生環境中互相支持。大家生存意志均很強，相信堅持到底一定能夠生存。

我們這樣一直走，到晚上走不了，就去村民的祠堂借宿，吃一些番薯乾或者其他乾糧。有時也向當地鄉民求助，希望得到一些禾草，因為祠堂泥地濕氣很重。睡覺前先把禾草鋪在地上，後鋪上一張氈子，這樣會睡得較好。我們走到那裏就睡到那裏，天亮後再走兩三里路。我們原本想按照學校路線走，先到龍南、定南，再到和平。因為學校每天走五里路，但我們只能走兩三里，要花了兩三天時間才到龍南。從龍南去定南，要走山路，對我們來說，實在困難。因此，我建議先去找那個龍南的運輸大隊長。我們找到他後，跟他說：「我們是國家培養的孩子，現在落難江西，腳又都被雪冷傷了。」那個大隊長很善心，說：「這樣吧，我盡量安排你們坐貨車走。每輛車坐三四個人，大家分開走。」我們非常高興，就坐貨車走了。那些貨車的款式很舊，是燒木炭的，既載人又運貨。上陡嶺時，因為那種車的馬力不夠，難以在泥地上爬坡，我們要下車幫忙推車。結果花了幾小時，車才能上山。

我們幾經辛苦，終於來到定南。因為那裏山很高，我們就安定下來。接着，我們又從定南走去和平。有些以前七院的同學在北職讀書，他們那時仍留守和平，我們就去會合他們。他們告訴我們學校剛剛撤離，可以慢慢跟上去。我們一路追趕，到了老隆、龍川，終於趕上學校大隊，和他們會合。那時大家很高興，聽說學校很擔心我們，幸好最終平安無事。

1945 年，我們從老隆、龍川一直走到梅縣鶴市，這才安頓下來，把大本營設在鶴市。學校在老隆安頓下來後，安排了臨時教室給我們上課。我們每人都有一張

竹凳子和一塊木板，若論教學設備，當然比韶關簡陋多了。上課時，老師在黑板上寫字，我們就用紙和鉛筆抄寫。在老隆逗留了幾個月，到八月，日本投降了，我們便租了幾條船，沿着東江去廣州。那時廣東省的省府，已經遷回去廣州了。

那時剛打完仗，社會很混亂。經過東江時，我們看見有很多廣州市的小孩被拐到那裏賣，因為東江人較有錢，會買女孩子來做童養媳，或者買男孩子來做苦工。當時學校還救了一個童養媳，把她帶回廣州。她很小的時候，就被人從廣州拐到東江，獲救時差不多已經 20 歲了。後來那些有錢人派人來要人，因為我們有 80 支步槍，他們不敢動，所以學校把她帶下船，不讓那些人來檢查，最後順利送她回廣州。

大撤退時，吳菊芳院長沒有與我們同行，因為她家在韶關，李漢魂將軍也在廣東省。他是怕學生受害，所以半夜叫師生撤退。回想起來，這段旅程相當艱苦，不過我們並不計較，只要沒有傷殘就可以了。我們幾十人互相扶持，同生共死，在那個死亡圈裏掙扎出來，所以感情很深厚。我每次回廣州，見到那些舊同學，都會緬懷大家共患難的歲月。

回港生活

1946 年初，我回到了香港，當洗車工人，每天有 5 角錢，一個月就有 15 元，這讓我解決膳食問題。由於戰亂的影響，當時香港有很多業主都已經走了，或甚至死了，所以留下很多空置單位，尤其在駱克道和軒尼詩道一帶。那時，只要你把麻包袋放在那些單位裏，就可以隨便住。

兒教院和力行中學對我們的影響力很大。在那麼艱苦的環境中，能作育英才，是相當難得的事。我很佩服吳菊芳院長那種崇高的精神。1992 年她從美國回來時，我們非常感動，一路陪她上廣州，和她吃飯見面。那一年，她應該八十多歲

了，但樣子依然慈祥，也很關心我們。我現在還記得她的樣子。

　　總的來說，這些經歷對我人生有很大啟發。第一，是生存意志一定要強；第二，思想要正確，不要損人利己。一直以來，我都按照這種信念去做事。人本來很單純，但經過戰爭洗禮後，人生觀就變了。如果不踏踏實實地發展事業及建立人際關係，始終難以在社會立足。所以，只要是對社會和校友有益的事，我都會竭盡所能，盡量去做，反正再艱苦的事，我都熬過了。我的子孫個個都有自己的發展，能獨立生活，現在我已經很安心了！

李先生珍藏「七七事變」五周年紀念首日封（1942）

香港難童
黃馥玲

> **66**　撒退的過程很艱苦⋯⋯我們的隊伍很長，有二百多人，一個老師實在難以照顧，所以途中有男生被捉去做別人的『仔』，[39] 也有女同學被人侵犯。那時候老師帶着我們逃難，真的很偉大！　**99**

生平簡介

1930 年生於香港。

1938 年，回廣州探親，留居內地。1941 年，以軍人子弟身份入讀兒教院第七院。畢業後，升讀江村師範，後轉讀廣州植楨中學。曾在國內工農職業子弟學校任教，1981 年退休。1985 年，移居香港。

39　仔為廣東俗語，即兒子。

童年生活

我是客家人，1930 年 6 月 2 日在香港廣華醫院出生。父親在石塘咀做莊口生意，[40] 用現在的話說就是做貿易。我有兩個媽媽，細媽是我的生母，她和父親住在香港；大媽住在廣州，家裏共有十二兄弟姊妹。父親經常都上廣州做貿易，每次都帶我同去，到了廣州就把我留給大媽。小時候，我多跟着大媽生活，非常快樂，不僅不用挨餓，還有長工和女傭伺候。1938 年，我回廣州探親時，剛好廣州淪陷，回不去香港，所以我們全家就走難，非常淒涼！那時想要一碗白米，以「戒指」跟人家交換，[41] 但人家也不一定肯換。後來我們去了韶關，大概 1941 年，我入住兒教院。我在香港時年紀還小，沒有上學，到了兒教院才開始讀書。

七院生活

因為大哥在第十二集團軍的經理處當會計，[42] 所以我以軍人子弟身份入兒教院。當時哥哥認為不讀書是不行的，因此送我去兒教院。那時兒教院不會隨便接收流離失所的難民，只收有關係的孩子。那時搶救隊拯救回來的兒童，也要經各縣各鄉的公所介紹，再經家長同意，才可入住兒教院。不過，當時的孩子，只要到鄉公所報名，就可獲推薦跟隨搶救隊去兒教院了。

我入兒教院時大約十歲，那時院主任是何巧生，而徐蕙儀是我讀二年班時接管七院的。初到時，何巧生叫我去教務處，要考試編班。因為我沒讀過書，只會寫「黃馥玲」三字。不過我在家裏曾學過計算，所以懂得加減乘除等運算。結果我不須讀一年班，直接升讀二年班。記得當時老師對我們說，要努力讀書，將來要報國保家。因為我是城市子女，思想特別開放，所以進去兒教院後，大概在 1942 年，

40　莊口為廣東俗語，指貿易生意。
41　戒指為廣東俗語，即指環。
42　抗戰時期第十二集團軍屬第四戰區，長官為余漢謀。

就當了班長。

七院一區共有四個班，都是四年班。學校實行四年一貫制，學生讀完四年就畢業。二區有二年班和三年班，我住在二區，讀二年班，即最小的班級。每個教導區有 200 人，分成四個班、八個組，每位導師照顧 25 個學生。我們須按所屬的教導區去活動，包括早上洗臉和上學。

早上，吹號一響，大家便起床穿衣，帶着手巾去河邊洗臉，洗完臉便去菜地澆水，之後聽院主任訓話。我們還會唱國歌，唱完就去上課，每節課 45 分鐘。午飯後便睡覺，然後上課。上完課，便去澆水，接着是自由時間，功課就是在自由活動時間完成的。晚飯後，我們去河邊洗澡，洗完再回營舍晚點。週末時，我會回家，因為家就在城裏，但很多人都無法回家，或無家可歸。

每逢週一，大家集體到蓮塘力行中學參加聯合紀念週。活動由吳菊芳院長帶領，每週有上千同學參加，有來自七院的、力中的和江師等院的同學。由沙園去蓮塘，要走八里路，所以我們很早便起床，走 40 分鐘路才到。參加聯合紀念週，要穿整齊的童軍服，繫一條藍色領帶。紀念週會上，院長和司儀會站在台上，我們站在台下，先念《國父遺囑》，然後聽院長訓話。吳菊芳院長通常叫我們努力讀書，諸如此類的。院長走後，我們就列隊回學校。

週六、日不用上課。有一次，我去南華寺旅行。[43] 本來那次沒有低年班同學參加，但老師說可以選十個人去，而我剛好獲選上。那是我第一次旅行，走了很長的路，但很開心。當時我覺得南華寺好漂亮！除了旅行，學校也曾在操場舉辦營火會。我們會燒一個篝火，同學們圍着篝火玩遊戲。

---

43 南華寺為廣東六大名寺之一，位於廣東省韶關市曲江區馬壩鎮。

那時經常有轟炸，每逢遇上轟炸，就會不斷廣播——「敵機、大坑口……」我們聽到廣播，就跑去樹林。我們在那裏溫習，老師有時也會講課，看情況而定。記得同學都不怎樣怕。1943 年，我們在曲江中山公園舉辦展覽，展出我們種植的農產品，怎知遇上飛機轟炸，幸好沒有同學受傷，不過我們住的地方黃田壩，卻被燒毀了。

在學習方面，我表現很好，老師選了我做班長。我讀了半年，便轉去讀三年班。三年班相當於外面的五年班。課程方面，二年班有政治、文化、經濟、軍事四科。政治就是講一般的常識，經濟就是學數學，文化就是學語文，軍事就是進行軍操和童子軍訓練。這四科我讀得很好，年年升班。我是兒教院最後一批學生，趕上尾班車。我覺得在兒教院的幾年，學到很多東西，兒教院的教育質素很高，導師全是精英。我們有一本教科書，由崔載陽設計。數學科和政治科的內容，以問答形式為主；語文科則有課文。

剛到兒教院時，不大適應那裏的生活。後來高年班的姐姐教我讀書和規矩。但我覺得最難適應的是艱辛的生活，如沒有東西吃。兒教院的廁所離我們很遠，每次我上廁所，都很害怕，需要同學陪伴，後來才漸漸習慣。此外，我不懂計算。人家計分數，我卻不懂，幸好有同學幫我。那時候，陳紹駒坐在我後面，[44] 我們是幾十年的老同學了，現在也經常聚會。

此外，我們還要自己種菜。七院的蘿蔔很好。我們二區的農場就在對面海，有船送我們過去，過去後就走到山頂種菜。當時由老師帶我們去，多在早上。起床後，我們便到河邊洗臉，然後拿水桶去菜園澆水，再回去上課。那裏的地是大家的，每人分得一塊，種什麼就由老師決定。那時候我們還會自己蓋房子，老師陪我們去砍竹和割禾草，但我沒有蓋過，蓋房子多由男同學負責，女同學則負責種菜。

---

44 陳紹駒先生為廣東兒童教養院第七院及力行中學校友。

當時有這樣一首歌：「自己種菜自己吃，自己煮飯自己吃。」我們還自己建造營房，想來也真厲害！

我們會唱《新生兒童大合唱》，它由何巴栖作詞，黃友棣作曲。我記得那時還有幾個歌王跟着黃友棣到七院教我們唱歌，其中有莫天真、毛秀娟和雷德賢。歌王帶我們唱歌，教我們用氣。那時我是歌詠隊的總指揮，四個合唱隊皆由我指揮。當初是老師推薦我去試一試指揮，結果學校在眾人之中挑選了我。其實打拍子要看拍子的強、弱、次強、次弱，如果是兩拍子，就是強、弱、強、弱。我們的院歌就是兩拍子的。二年班時，我加入了歌詠隊，由徐蕙儀的弟弟徐冠緯教我們唱歌。徐冠緯是中山大學學生，暑假時會來兒教院教我們打拍子。當時我們還有自己的風琴。除了唱《新生兒童大合唱》，還唱黃友棣寫的其他歌曲，如《良口烽煙曲》。歌詠隊有二百多位同學，來自各區，分成高、中、低音。下午自由活動時，我們便拿着歌書去學校本部唱歌，老師安排練習，我們就去練習。我們曾經去韶關互勵社表演，和平後也曾參加比賽，拿過亞軍和季軍。我還參加過獨唱比賽，當時唱《夜鶯曲》，贏了冠軍。後來在廣州，歌詠隊又了去南方劇社演出。雖然同學間平時講廣東話，但唱的多是國語歌。

睡覺時，男生和女生是分隔開的。當時同學年紀差別不大，分隔開來也較易管理。我們睡的營房，位於墟市的通道，和高年班同學的床相通，年紀稍大的同學有時還會扮豬頭來嚇我們。我們被嚇後，便哭出來，不過他們又會走過來哄你，十分好玩。

七院還有兒童郵局和兒童銀行。那時候，如果家人寄錢來，會暫存在銀行裏，不怕被偷。銀行由老師選出來的同學管理，錢則放在一個箱子裏，由導師看管。因為我家在曲江，週末可以回家，所以不需要錢，也沒有錢存在銀行。我有時從家回來，會帶點臘腸和花生，分給大家吃。當時我的情況算是不錯的，起碼還有家庭。

校友合唱《新生兒童大合唱》

七院的醫務所有三間病房，軍醫姓王，還有一個姑娘。如果同學發燒，就到那裏看病。我曾經患肺炎，到醫務所留醫。因為患的是傳染病，醫生要我留院。當時不是生病就能留醫的，比如發冷只給藥吃，自己要在宿舍休息。聽說那時候院主任何巧生壓力很大，每晚都會巡看醫務所，如果醫務所亮着燈，她就擔心；如果醫務所沒有亮燈，她就可以安心睡覺。

在七院的時候，我很活躍，既做指揮，又做班長和中隊長。現在跟我一起打麻將的老同學愛說笑，說我當時是七院的校花。我想因為那時我穿短褲，站在台上，他們認為我的腿長得好看，所以說我是校花。那時候我覺得自己還不錯，比較自以為是，但其實有些同學也很厲害，只是老師沒有找他們而已。由於我有自信，也有膽量，所以就做了學生領袖。也許我是城市姑娘，膽子大，什麼也不怕，不過我不會罵人。有的同學吵架時說話粗俗，我非常不習慣。

據我所知，兒教院的經費主要靠院長籌募而來，中央只撥了一點。七院的經費便是由院長籌措回來的，至於連縣幾個院的經費，應該由中央支持。後來我看了校友通訊，才知道當時兒教院好像還有地下黨員。

大撤退

七院畢業時，日軍快要到曲江。後來兒教院決定師生大撤退，七院有千多人，分成幾隊，每隊二百人。我們從韶關出發，經過風灣、仁化到雞公山，再走到和平。那時我們背着包袱，老師教我們把包袱打成一個結，裏面有衣服、牙刷、手巾、口杯、水壺等。我們離開時穿草鞋，若草鞋破了，就沒有鞋子穿，結果下雪天也要赤足走路。當時應該有人打前站，因為沿途都有人煮飯，有東西吃。如果生病，就沒辦法了，當時有同學真的病倒不治。撤退的過程很艱苦，沿途有人看到我們的慘況，會給一點東西我們吃。我們的隊伍很長，有二百多人，一個老師實在難以照顧，所以途中有男生被捉去做別人的「仔」，也有女同學被人侵犯。那時候老

師帶着我們逃難，真的很偉大！

江村師範

七院畢業後，我升讀江村師範。當時崔載陽是江師的校長，[45] 他待人和氣，廣東話也說得比吳媽媽（即吳菊芳院長）好。那時他要七院選十個同學去面試，我獲選上，並以最高分數考入江村師範學校。力行中學和江村師範學校都是不收學費的，但我考不上力行中學，而江師錄取了我，於是我便去江師念書。還有些同學升讀北江農工職業學校，後來有很多人當了工程師，非常厲害！那時已是抗戰後期，我們從東莞經河源、石塘路去師範學校，學校大概就在龍川附近。

但我在江師的時間很短，上過一些課，但已記不清楚具體內容。崔載陽校長離開後，戚煥堯繼任。江師的同學年紀比較大，有十幾歲的。我們不須穿校服，也不須穿童軍衫。江師的前身是教會，在廣州大鐘樓附近，它後來改名為北江師範。我在那裏只讀了半年左右，還沒畢業，便轉校了。

說起來，因為在七院畢業時，日軍快到曲江，我們還來不及拿畢業證書，就要躲避日本仔。後來在香港，徐蕙儀給我寫了一張證明書，證明我完成七院的學業，並在江師肄業。

戰後日子

和平後，我回到廣州，找到家人。大哥說：「別去讀了，去郊區讀書要坐車，就在市區讀吧。」於是，他幫我找了植植中學。哥哥是國民黨人，所以我讀書不用交學費。我認為在植植中學讀書獲益不多，浪費時間，反而在兒教院讀書時還有進

45　江師即廣東省立江村師範學校。

益。兒教院的老師全是師範學校畢業生，全是精英，比植楨中學的厲害多了。所以，我就停學，在廣東的工農職業子弟學校當老師，教四年班。

新中國成立後，政府封閉，我回不了香港，一直在內地當老師。後來經歷了三反、五反和文化大革命等運動，我明白家庭出身和成分決定政治命運。無論如何，一家人總要吃飯，因此我仍然努力工作。

晚年生活

1981 年，我在內地退休。退休後，找了幾個兒教院的同學組織同學會。最早一批全是當年的老師，後來才是同學。上世紀八十年代，老師和同學參與最多，那時候很多人還沒有退休。1984 年，我來香港探親一個月，兼辦出世紙。1985 年，申請到香港定居。我組織了每月茶聚，一直都參加，到最近走不動了，才沒有去。

黃馥玲女士（2014）

陳紹駒籌辦了正式的校友會，每年都有一次聚會。大家喝茶相聚，也一起去旅遊。

2003 年，我從美國回香港，不幸細菌入侵肺部，在醫院隔離了接近一個月。現時我仍須使用氧氣機維持呼吸暢順，但我沒有自怨自艾。我覺得環境際遇人人不同，生存時若想自己過得好，就要想想辦法，其他人是幫不了你的。我鼓勵自己要想辦法，不為環境所限。

2007 年我領洗，成為天主教徒。我現在會跟教會姊妹談天，或閒時相約朋友一起打麻將，多動腦筋。生活上，我不會浪費，也絕不會待薄自己，會吃有營養的食物，不令子女擔心。

香港難童
陳紹駒

> 記得那時麻奢位於交界處，屬三不管
> 地方——國民黨不管、日本人不管、游擊
> 隊也不管。

生平簡介

1928 年生於廣州，原籍東莞。

少時念私塾，後入讀廣州第六小學和第五十七小學。1938 年廣州淪陷，赴港投靠親人，後遷居虎門。1939 年再度來港，次年以軍人子弟身份，入讀廣東兒童教養院第七院。1942 年，升讀力行中學。1944 年，考入廣東省政府無線電班，被派往保安司令部通訊大隊。和平後，復員廣州，先後被調往海口及廣州灣。1948 年，逃至香港，於啓德機場無線電台工作。1954 年，轉至婆羅洲。1964 年返港，於大東電報局工作，直至退休。

童年生活

我叫陳紹駒，讀書時的名字叫陳慎遵。原籍東莞街口，即現在的長安。1928年，我在廣州出生，住在倉邊路的外公家，即仁和里對面。[46] 我兄弟姊妹很多，包括兩個哥哥、三個弟弟和一個妹妹，妹妹排行最小。母親自小接受良好教育，其余氏家族為東莞虎門的首富之家，當年會請一些秀才來教導母親。由於父親聰明、讀書很好，故請了他去，後來更把女兒嫁給他。母親婚後生了六個男孩，又很想生個女孩，最後如願以償，生了妹妹。我們從小就由守寡的二伯娘照顧，後來母親請了一個奶媽來照顧妹妹，不料奶媽愛睡，結果把妹妹悶死了。母親本來就有肺癆，生了很多孩子後，病情加劇。妹妹去世後兩年，她也去世了。那時母親才三十六歲，我虛齡約十歲。母親去世後，爸爸娶了她陪嫁時的女傭，我們叫她彩萍姐。她的地位提升後，馬上變臉，變得不念親情。

至於父親，他排第六，還有一個妹妹，我們叫她七姑。父親畢業於英皇書院，1926年免費入讀香港大學土木工程系，後來在廣州市西南中學教高中數理化。爸爸念英皇，和大伯爺陳秀峰有關。有一次，大伯爺在清水灣游泳時，遇上外國人。由於他會講英語，就跟那個外國人交談起來。後來那個外國人介紹大伯爺到美國讀書。畢業後，大伯爺在美國三藩市中國領事館工作，但不知是當清朝還是民國的秘書。後來他升為總領事，回國後就擔任汕頭海關總督。他有錢後就卸任，回到香港做生意。他叫父親不要留在鄉下，來香港讀英皇，然後考港大。當時香港出現大罷工，父親很討厭那些外國人的所作所為，就回到廣州，在西南中學教書，那時他好像還沒有在港大畢業。

大伯爺中年過身，他女兒的年紀和父親差不多，當時父親是同輩中唯一的男

---

46 仁和里即現今東莞的仁生里。

性。大伯爺很厲害，雖然中年早逝，但他與劉德譜，[47] 還有另外一人共同創辦了油蔴地公司，[48] 那時候還沒有天星公司呢。大伯爺賺了點錢，但後來好像炒金失敗了。不過他那時已把財產轉到伯娘名下，以留後路。大伯爺有一個兒子，在香港長大，我們叫他守勤哥。1938 年，他在香港結婚，父親到香港主持婚禮。守勤哥娶妻的時候，很多人以為伯娘會把產業分給兒子，但她沒有。堂哥很孝順，和父親一樣，也是讀工程的。後來他去了雲南建設滇緬公路，沒想到不小心從高處墮下，撞傷了頭，結果變得癡呆，數十年來也是如此。而伯娘就把產業全部據為己有，直至去世。

　　當年父親主持堂哥婚禮時，見到一個遠房親戚，即我們的大姨婆。她女兒王少莪本來是越南華僑，在父親、丈夫去世後，大姨婆帶她回到香港。後來父親娶了她，帶她和彩萍姐一起回廣州。舉行婚禮時，哥哥和王氏兩個子女都在場，但我沒有出席。1938 年，王少莪和當時 60 歲的父親結婚，後來又生了一個兒子，我們一直有聯絡。1939 年，爸爸不做教師了。那時媽媽有個同學的丈夫叫王光海，他既是薛岳將軍的親戚，[49] 又是他的秘書長。王光海叫父親一同去薛岳將軍那裏做參謀。結果父親加入了長沙的軍隊，把王少莪也帶去了，他們在那裏就說是王光海的親戚。父親在那裏，又生了一個兒子。1939 年至 1945 年期間，他留在長沙。他是參謀，不須上陣打仗。

廣州淪陷

　　上小學前，我讀過私塾，但不夠十天就走了。私塾由那些穿長袍的秀才教授。

47　劉德譜，廣東寶安縣人，香港著名華人領袖劉鑄伯先生之子。年少時，活躍於港滬粵商界，曾獲國民政府三等嘉禾章。1924 年，與友人集資創辦油蔴地小輪船有限公司，並擔任總經理。
48　1920 年前，香港渡輪服務由多間公司經營。1923 年，香港總督司徒拔引入專營權制度，當時由以劉德譜為首的財團，取得來往中環至深水埗、旺角及油蔴地航線間的航線專營權。後更名為「香港油蔴地小輪船有限公司」（The Hongkong and Yaumati Ferry Co. Ltd），簡稱「油蔴地小輪」。
49　薛岳，字伯陵，廣東韶關樂昌人。抗日時期的重要將領，曾獲中華民國一級上將。

上課時，三人坐一行，老師的兒子坐一邊，一位同學坐中間，我坐另一邊。有一次，老師的兒子欺負中間那個同學，我見義勇為，一個左勾拳，把他打得流鼻血。那時我只有五六歲，立即被人趕走。「快拳轟鼻傷師子，見義勇為憶少年，重罰當堂遭革退，雙親待我卻如前。」這是我憶述此事的詩作。

於是，母親決定在家教我。入小學時，我不用讀初班，便直接從一年級下學期讀起。第一間念的是鄰近廣州六榕寺的第六小學，第二間好像是五十七小學，一直讀到 1938 年。我在正規小學讀到三年級，後來因逃難而暫時停學一年，直到入住兒教院後才繼續讀書。入讀兒教院時，須考試分班，我獲安排入讀第三班，再念一班便小學畢業。

1938 年 10 月，廣州發生大轟炸。我和兩個哥哥、弟弟及王少莪兩個兒子，七人一同逃難到香港。大哥和二哥出來工作，在九龍巴士當收票員，[50] 我和第六個弟弟則住在大伯娘家，鄰近長沙灣大球場。住了沒多久，大伯娘說地方不夠，我們只好離開。我們向她借錢，但過了不久，她便計較起來。父親來信說當年她兒子讀大學時，向他借了很多錢。當年堂哥在優先股沒到手前就到內地讀書，經常向父親借錢，打算日後繼承家產時才還給他。爸爸信中說堂哥所借的錢，已經夠我們全家開支。後來爸爸叫我們回廣州，因為情況稍微好轉了。所以我們在香港住了不足一年，便回去了。

回去後，因廣州被日本空襲，生活也艱苦，我們就回到虎門的祖家去。爺爺是中醫，買了屋子，住在虎門。回到虎門，我沒有讀書。當時我外公已經去世，因此不能投靠外公家。1938 年 10 月，日軍從惠州打過來，又轟炸虎門。虎門失陷後，我們經長安，在南頭乘船去香港。大概 1939 年到香港，那時好像快要過年，我們住在元朗堂姐家，即大伯爺的大女兒那裏。我們住了沒多久，就搬到英隆圍鄰近的

---

50 巴士為廣東俗語，乃英語 Bus 之譯音，指公共汽車。

東頭村，即現在的港鐵元朗站。我住過東頭村，也住過英隆圍。那時大哥和二哥外出工作，家裏只剩下我們幾個婦孺。

不久，彩萍姐兩個兒子死了，最大的也只有四歲。那時香港有很多小孩子去世，家人只用布包裹他們，放在白楊樹旁邊，待翌日黑箱車來收拾。記得那時天天都有黑箱車來。後來父親叫王少莪的母親、大哥和弟弟，先去長沙。他們先坐船到汕頭，後坐車經韶關往湖南長沙。二哥則在外工作，只餘下我和彩萍姐在香港。不久，爸爸說日本人快來了，不可住在元朗，要回家去。

後來廣州被日軍攻陷，爸爸寄錢來，叫我和彩萍姐也上長沙。那時我十一二歲，便和彩萍姐坐白銀丸號去廣州，[51] 並在西濠口登岸。登岸後，住了兩天。當時日本人在每個路口加設碉堡，路人經過要鞠躬。我和彩萍姐走過時，剛好日兵進去了，我們便沒有鞠躬，不料他走出來大聲呼喝，我們便立刻回去，向他鞠躬。不過五年後，我十七歲，在軍隊當無線電訊員。那時輪到那個日本仔向我敬禮。所以說：「寧欺白鬚公，莫欺少年窮」呢！我們在西濠口，即廣州西車站，購票坐小船北上。那時蘆包是國民黨軍隊管轄的區域，沒有船直接前往。我們得先到麻奢，再轉往蘆包，然後在蘆包坐快船去韶關。記得那時麻奢位於交界處，屬三不管地方——國民黨不管、日本人不管、游擊隊也不管。

1940 年，我在樂昌和爸爸會合。薛岳將軍是樂昌人，[52] 他派父親去樂昌九峰替他建祠堂和修祖墳。韶關上一點便是樂昌，樂昌再上就是坪石，過了坪石就到湖南。那時候王少莪又生了一個兒子，對我們不太好，我在樂昌也沒有讀書。所謂「一山不能容二虎」，彩萍姐在樂昌待了幾個月後，就加入了省政府在韶關辦的婦

51　白銀丸號為戰前於香港、澳門、廣州灣等航線行駛的日本客輪。
52　薛岳（1896－1998），原名薛仰岳，字伯陵，廣東韶關樂昌客家人。1909 年，加入中國同盟會。1912 年，考入黃埔陸軍小學。1917 年初，進讀保定陸軍軍官學校第六期。後為中華民國陸軍一級上將，為抗日戰爭中的名將。

女生產工作團。二哥則在粉嶺的農藝園工作,當時農藝園的正團長是何雁淩,副團長是元朗鄉紳梁省德。我則進入兒童教養院。

兒童教養院

日本人佔領香港後,很多人逃到兒童教養院的發祥地韶關沙園。哥哥住在兒教院第七院,他見到兒教院生活很有秩序,就介紹我去了。當時何巧生是院主任,即分院院長。她的哥哥是父親在廣州市西南中學的學生,所以見面時他稱父親為恩師。後來爸爸、阿嬸、弟弟和我四人,在樂昌坐火車去韶關,找到沙園兒教院後,就把我們留在那裏。當時兒教院主要收留三種人,第一是軍人子弟、軍人遺孤;第二是經福利機構介紹來的孤兒;第三是從日本佔領區搶救回來的難童。因為父親是軍人,所以我就以軍人子弟身份,進了兒教院。

那時淪陷區的兒童,幾乎沒有機會讀書,即使有機會讀,也只能讀日文;加上日本人隨時殺害中國人,淪陷區兒童的處境十分危險。因此搶救兒童,成為當時國家的政策。兒教院成立的目的,就是搶救淪陷區的兒童。它接收的難童愈來愈多,加上不少軍人(尤其是湖南軍人)把子弟送來兒教院,所以我到兒教院數月後,沙園便額滿了。故此,兒教院便把一班人轉送到連縣去。兒教院人數增加,規模逐漸擴大,所需經費也更多。當時宋美齡知道兒教院辦得出色,便派人來二院參觀視察。那人回去後,向她報告,說兒教院辦得好,於是宋美齡就資助了一、二、三院,所以同學們就有鞋子穿了。但資助金額有限,第四、五、六、七院皆未得資助。

沙園兒教院有五個區,即五座樓房、五個營房。我在第一區讀三班,算是高班。那時顧問委員會把兒教院定為四年制,我讀第三班,即第三年級,一年後便升上第四班了。院長希望我們成才,而非只接受救濟,所以請了崔載陽先生來,讓他召集一些名人和教授組織編輯委員會,編寫《新中國兒童課本》。那時候我們只學

三科，即中文、數學和政治，其中政治就是講我們和日本人打仗的事情。

我們穿童軍裝當作校服，童軍裝又叫「偷貓袋」，因為裏面的棉花，在天冷時會掉到衣服最底部，聚成一團，乍看像藏了一隻貓。我剛進兒教院時，看見大家沒有鞋子穿。初時我有鞋子，但不久被人偷去賣了。在兒教院的四年，我都沒有穿鞋子。學校原來給每位學生一雙草鞋，當大人物來參觀時便穿上，但平時我們絕不會穿，天冷時也一樣。那時每天都有早操，有一次，一個年紀比我小的同學哭着說：「下雪還要操。」老師才不管那麼多，畢竟她有鞋子穿呢。

此外，兒教院有很多醫療所。我剛到時，聽說院裏死了很多人，不過它安定下來後，就少很多了。當時痢疾肆虐，各個分院都缺乏醫藥，有不少學生因此病死。第二分院某班有 40 人，病發後只剩下不到三個。那時有種外國的藥叫「金雞納霜」（Quinine），[53] 中國還不懂製造，只靠進口，而滇緬公路就是進口「金雞納霜」的唯一途徑。那為什麼會有痢疾呢？當時河水污染了，而我們又在河邊洗米和洗澡，所以就染病了。此外，那些搶救回來的小孩，差不多有一千人，很多都有水土不服的情況。

兒教院每班有 40 個同學，由兩個導師管理。記得我班的導師叫馬慧時，另一位叫謝麗瓊。除了導師，那些年紀小的兒童還有奶媽照顧。導師有雙重身份，既是家長，又是老師。我們兒教院的創辦宗旨是「家校營場」，意思是它擔當家庭、學校、軍營、工場的角色，並實施「管教養衛」的教育理念，管即管束，教即教學，養即給飯吃，衛即保衛。兒教院的紀律很嚴明，絕對不允許大同學欺負小同學，若有人觸犯，便要馬上受罰。

兒教院的生活也很有規律，我曾作詩記之：「軍號頻吹快起床，河中洗澡十分

53　奎寧（Quinine），俗稱「金雞納霜」，用於解熱與及防治各種瘧疾。

忙，歸來內務需齊疊，集合升旗仰首看。」內務就是把那張氈子疊成四方形，且有稜角，像豆腐一樣。在升國旗的時候，我們一邊看升旗，一邊唱歌，天天如此。看完升旗，我們便上課。上完課便吃午飯，飯後又上課。我們有時會幫忙製作麥芽糖和挖地種菜，有時會上山砍柴。第一區的同學，人人都要上山砍柴，或者割草，還記得當年在伐松樹時，鐮刀突然掉下來，結果弄傷了我的右背，現在右背上仍有傷痕。

兒教院的學生，來自五湖四海，說什麼語言的都有。我們上課、唱歌時用國語，日常溝通用廣東話——沙園較多廣東人，只有兩個外省人。不過小孩子擅長學習新語言，那兩個外省同學很快便學會了廣東話。兒教院每區分八組，第一、二組為畢業班，第三、四組為準備班。我就是屬於準備班的。第二區由第九、十班開始，這樣慢慢順序排下去。我區同學的年齡相差很大，最大的有十四歲，我算是年紀比較大的，同學們稱我為「老人」。

吃飯時，我們大多蹲着吃，那時連老師也沒有椅子坐。我們以一個有六格的鋅鐵盤子盛菜，平時多吃芽菜、白菜或蘿蔔，但沒有肉吃。在沙園，只要風一吹，菜便鋪滿沙子。1941 年，三藩市華僑領袖司徒美堂和一班人到香港訪問，並獲安排參觀兒教院。司徒美堂看見我們生活的情況，非常難過！回去後，便舉辦籌款活動，又捐贈衣服、鞋子、藥物、魚肝油等物資，送給兒教院。但僧多粥少，那些資助該如何分配呢？最後，每班挑選兩個最孱弱的同學，到院主任的飯堂吃飯。我身形瘦削，結果獲挑上了。那時除了白米飯，我們還會吃三樣菜：豬肝、瘦肉和一個蒸熟的雞蛋。我們吃的是軍米飯，有些人稱它為「倉底飯」。那些米是有洞的，被蟲蛀過。不過每區只有八個人能到主任飯堂吃飯，機會難得。吃完晚飯，我們還會滴魚油精呢。當時其他同學很羨慕我們！我們在那裏吃了一個月，然後拍了一張照片，寄給司徒美堂。

陳先生珍藏兒教院《新生兒童大合唱》歌譜（1949）

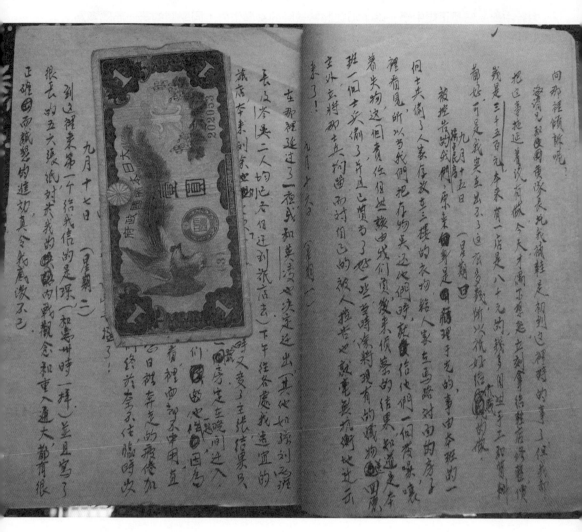

陳先生珍藏兒教院時期日記

　　　　　　　　第三章　弦歌不輟　戰火人生：兒教院師生口述史

力行中學

當時兒教院還辦了師範和工農院，師範學生將來可以當初級教師。此外，還有力行中學，它是正規中學。除了那些想當教師的女學生外，同學們的第一志願多為力行中學，因為高中畢業後可上大學。當時力中在蓮塘，在兒教院總院旁邊。讀畢業班時，同學們就在蓮塘訓練一個月，學習中、英、數等，那時約有 300 人參加。八月底，參加筆試，接着面試，並由院長主考。她會了解我們的為人及家庭狀況，比如問父親現在的情況等。成績好的同學，才能考入力行中學。如果獲得取錄，面試後就不用回七院，可直接入讀力行中學。當時大概有 150 人考進力行中學。如果有些同學無意讀書，院長便介紹他去做事。

我們在兒教院畢業時，也寫過紀念冊，並保留至今。當時謝麗瓊老師說我勤快，又聰明，但身體不好，希望我將來能夠成為運動家。八年後，我真的參加了渡海泳，從九龍游到香港。我一共參加了兩次，第一次在 1950 年，次年又參加，每次都成功游到對岸。

在力行中學時，須要寄宿，衣食住行皆由學校提供，所以我很感激國家。力行中學的校服是草青色的，是那種有個口袋的童軍服，跟兒教院的差不多。天冷時，我們也沒有長褲穿。力行中學的男生約佔百分之七十，男多女少。1942 年至 1944 年間，我在力中讀書，並曾在 1943 年在第三班考到第一名，但學校沒有發獎品。其實那時我剛病倒，回家休息。那一年教務主任實行新制，最佳成績或最乖的同學，會升上一甲班；成績最差或品行不佳的同學，便去二丙班。我考第一名，卻被編去了二丙班，自此我便無心向學。到了三年級，那個教務主任走了，學校恢復原制，我也升上了三乙班。

陳先生珍藏的力行中學校章

力中歡送志願從軍同學（1945）

那年十一月，我還沒有畢業，卻考上了廣東省政府的無線電班。[54] 當時政府需要熟悉無線電的人才，因此開了一個訓練班。校方貼出通告，看誰有興趣，我因無心向學，便去報考。當時約有 60 人獲取錄，全是男生，且多是兒教院同學，只有兩三個是外面的人。那時我約十六七歲，獲取錄後，便離開力行中學，去了廣東省政府行政幹部訓練團。那行政幹部有什麼人呢？第一是科長級別或以上的行政人員，第二是警察學校訓練的人，第三是臨時政府人員。

無線電班

　　我們就在黃崗訓練，教官是政府官員。1945 年初，我們訓練了一個月，日本仔打到韶關，我們便逃往東江龍川。我們每個人都背着槍，和校長、老師一起走。我們大概有 60 支槍，因為槍和子彈都比較重，所以我們只好走一天，休息一天，一共用了 20 天時間。我很喜歡看書，因此帶了很多書，其他東西則不得不捨棄。當時龍川全國聞名，因為上北京的公交路經過龍川。我們住在龍川的祠堂。軍隊生活就是這樣，去到哪裏，都會住祠堂。我們在祠堂裏訓練，其間主要學習收發情報。那時接受訓練，還會得到零用錢呢。

　　無線電班結束後，很多同學被派到東莞、惠州的縣政府，餘下 20 人（包括我）被派到廣東省保安司令部通訊大隊。我們每人有一支槍，每次出門都要帶上。軍隊有糧餉，每月獲發千多元，當時每支毛筆約 20 元。我有個很善心的隊長，他向上級請求把我的糧餉調整到三千多元。當時我們只須交伙食費，不用買米。最初進去保安司令部時，我是見習官，即準尉見習官，負責收發無線電。

54　按廣東兒童教養院院史記載：「1944 年 11 月 18 日，有 56 名兒教生考上該無線電訊班，在韶關黃崗入學。力行中學學生佔半數以上，其餘來自江師與北職，計有廖由祥、盧國雄、龍亮駒、葉錦明、陳慎遵……」。見廣東兒童教養院院史編輯組：《烽火歲月的豐碑：廣東兒童教養院院史回憶錄》，頁 77。

1945 年 8 月 15 日，我們還在龍川，司令部、省主席也在龍川。有一天，隊長請我們吃晚飯，每個電台派了兩個人去，最後共有五人去。我不知為何沒興趣去，就在祠堂睡覺。隊長回來時拍拍我的肩膀，說：「陳慎遵，抗戰勝利了。」當時我還以為做夢，第二天我們就一起去喝酒慶祝，結果喝醉了。

1945 年 9 月，省政府的軍隊要回去了，我回到廣州的省政府保安司令部。那時中國已經勝利了，但因船不多，所以有些日本人仍留下來。省政府命令那些留下來的日本人去掃街。有一次，我和台長及一個服務員出去，雖然沒有帶槍，但穿着制服，其中一個日本人，就是五年前拿槍要我回頭敬禮的那個日本兵，竟走到我們面前敬禮。時移世易，真是「莫欺少年窮」！

後來我四處調動，1946 年至 1947 年間，我在海南島海口。1947 年 12 月，我還穿着棉褲，就跟隨電台調去廣州灣。廣州灣叫做粵桂南邊區，不屬於廣東省政府的管轄範圍。粵是廣東，桂是廣西，南是廣西南路。那時我們在粵桂南邊區剿匪總司令部。1948 年的 10 月，我離開廣州灣，在那裏前後不足一年時間。

回港團聚

1948 年 10 月，我從廣州灣坐船回到香港。我並非辭職，而是「開小差」，即私逃。一旦被捉，就要被槍決了。由於軍隊不讓我辭職，我趁台長到廣州拿新機的時候私逃。那時剛好有船準備前往廣州，我得知後，就立即收拾東西，並將錢和公印交給一位上士兵。[55] 那個士兵也知道我要私逃，但這種事在當時來說很普通，只怕人把錢也帶走而已。我把錢交給他，叫他三天後才打電報告台長。此外，粵桂南剿匪司令部有三個分台，我在其中一個電台工作，和湛江市政府電台的官員很要好。那官員答應為我在電台工作三天，這樣那三天便沒有人知道我走了。此外，我

---

55 上士為民國時期的軍階，上士（Staff Sergeant）之下的為中士，上士之上的為士官長。

打的電報並非直接給司令看，而是給翻譯官看。那個翻譯官正好是我力行中學的同學，他是第一屆的，我是第三屆的。他又幫我守住消息不發，這樣我才可以順利逃走。

我坐在前往廣州的船上，心裏很害怕。我真是大膽，那時台長和總司令部都在廣州呢！如能坐船直接抵達香港，該多好；但航班太少，只能坐鐵路。我在廣州留宿一晚，第二天坐火車去香港。1948 年的 9 月，我回到香港過中秋節。三天後，台長知道我逃跑了，但仍跟我通信，叫我把香港的地址給他，大家保持聯絡。他回去廣州灣的時候，途經香港，更來找我。我們喝茶聊天，我又送他到佐敦道碼頭乘船。後來他也私逃了，並來香港找我。那時我考入了啓德機場的無線電台，他還想我介紹他到電台工作。

1948 年，我初回香港，帶着銀圓券，當時一銀圓券兌換成 1.26 港幣。我拿銀圓券去兌換港幣，卻不能立即兌換。那時新的港幣叫港新紙，面值很大，所以每出一次貨幣，物價就會調整一次，紙幣也會貶值一次。我記得當時要十萬元才吃到一碗雲吞麵，但貨幣沒有十萬元那麼大，所以我們將面值一萬元的錢疊起來，再用紙捆好，用袋子裝着錢去吃麵。當時沒有人會親手數錢，畢竟大家都能建立互信關係。以我在軍隊的月薪來計算，扣除日常開支，剩下來的錢大概相當於五元港幣。我把從廣州灣帶回來的錢兌換成港元，以作保值。

至於家人，爸爸和哥哥較我早一點回到香港。二哥還在內地某市學農藝，後來做了獸醫；在福州時，他曾被中國共產黨捉過，後來坐船回到香港。我還有一個弟弟，在抗戰勝利初期和鄉親一起加入軍隊，去了台灣受訓。他學做炮兵，訓練後就調去青島。在解放戰爭時期，被中國共產黨捉了，後來成功逃走。在上海，他和一個當地人很投契，離開上海時把公家留給那人。後來那個上海人幫助他南來廣州，1951 年 3 月他也回港團聚了。

兒教院校友會

1950 年，我曾組織同學會，但不成功。1954 年，我去了婆羅洲，其間跟李松柏保持接觸。1965 年進入了大東電報局，又開始聯絡同學。直到 1973 年，我們終於成功組織同學會。我和院長一直保持聯絡，1971 年左右兒教院院長從美國回來探望我們，並一起在美麗華拍照留念，那天約有七十多人出席。大家再次見到昔日的老師和同學，十分興奮，同學均留下聯絡方法。當時有人提議組織同學會，第一班同學李剛在《華僑日報》經濟版做編輯，免費幫我們在報紙上刊登消息，召集同學參加同學會。同學們看到消息後，紛紛參加。於是，我們在普慶舉行了第一次同學會，當時有三百多人參加。大家推舉我做校友會籌備主席。

一年後，我正式成為第一屆校友會主席。當時來了數百人，籌集了七千元，但真正登記入會的同學卻只有百多人。那時香港政府嚴禁「左仔」[56]，我們也有點害怕，不過那些左仔卻沒有來。有人曾打電話給我，問我是左還是右，我說我沒有政治立場。這百多人對政治沒有什麼立場，我們也不是搞政治的人。1972 年，我們終於註冊成立了有限公司。1973 年，校友會正式成立，宗旨是聯誼和互助。至於廣州校友會，1984 年正式成立，比我們晚了 11 年。不久，廣州校友會開始編印兒教院的《通訊》。

---

56 左仔為廣東俗語，泛指香港的親共人士。

關德興先生於兒教院校友
會成立一周年紀念日發言
（1974）

陳先生重訪蓮塘（1984）

2001年陳先生重遊沙園河
邊，作詩緬懷舊事。「抗戰
時期武水邊，撐船老漢雨晴
天，幾回呼我斬頭鬼，搭渡
從來不付錢。」

陳紹駒（2008）

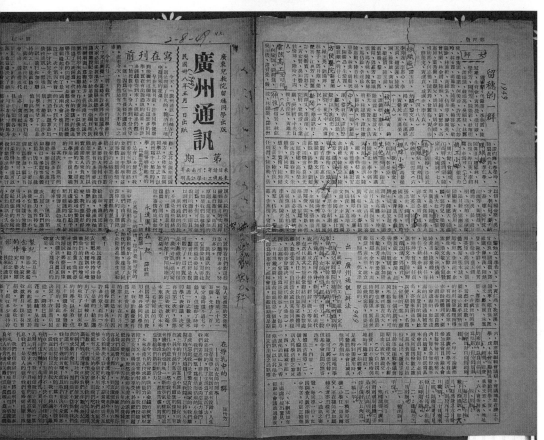

陳先生翻閱着珍藏的兒教院通訊（1949）

香港難童
楊建墉

> **❝**　那時廣東時局不好，爸爸讓我們回內
> 地讀書。記得⋯⋯從香港到廣州，又從
> 廣州沿北江，經蘆包去清遠，再走路到韶
> 關⋯⋯我們須連夜偷渡，沿途又聽到冷槍
> 聲。**❞**

生平簡介

　　1924 年生於順德。

　　少時就讀廣州市立五十八小學，中學時入讀香港培正中學和培英中學。1937 年，北上韶關，就讀南武中學和文理學院附中，後以工讀生身份入讀北江農工職業學校，並處理學校事務。離開北職後，投考中山大學工學院，後參加青年軍，[57] 駐守雲南巫家壩機場。1947 年回港生活，投身建築行業。

57　青年遠征軍，簡稱「青年軍」，為一支以知識青年為主的部隊。1944 年，國民政府為了在中國戰區儲備反攻力量，號召全國知識青年參軍入伍，組成青年遠征軍。它共有 9 個師，即二〇一師至二〇九師。

童年生活

　　我是廣東順德容奇人，1924 年生於家鄉。容奇有三大姓氏——關、陳和楊，後來我家遷往大良和陳村。因為父親的生意幾乎全在廣州，我大約三歲便移居到那裏。父親叫楊勁伯，為順德容山書院第一屆畢業生。因為他是庶母所生，畢業後便沒有升學。祖父死時把所有資產分給大伯父，父親後來獲得外公提拔，投資經營了十四間工廠，包括搪瓷廠、電池廠、牛奶廠、紙傘廠、骨粉廠、味精廠、光管廠、三間糖廠和三間通訊社，即時事通訊社、國際通訊社和國際電訊社。他同時也協辦了三間報紙館，有《現象報》、《公評報》和《環球報》。我還記得搪瓷廠在廣州南石頭，光管廠在沙面法租界，三間報館在光復中路，電訊社在連元街 12 號，而利豐糖廠、益豐糖廠和廣豐糖廠，則在順德陳村。

　　我家在廣州光復中路民安新街，那是條「掘頭」街，一邊有六間房子，全是四層高，另一邊是圍牆，圍牆後面是醬園。我沒有讀過幼稚園，三歲直接讀一年班，在廣州市立五十八小學讀了五年，然後就去香港。小時候，姑姐教我們讀書，在生活上也很照顧我們。她沒有結婚，和我們一起住。她也是容山書院第一屆畢業生。入學前，姑姐就教我《古文評注》，我讀過《弔古戰場文》、《進學解》、《長恨歌》、《琵琶行》和文天祥的《正氣歌》等。她對我要求很高，若我背不到書，就拿裁衣尺來敲我的頭，所以我的古文根底很好。

　　小學時，我的生活很奢侈，家裏有三個女傭，全是家母結婚時帶來的。上學時，我坐在女傭的大腿上，由人力車拉我們回校。家中共有三輛人力車，大哥一輛，姐姐一輛，我一輛。那時家人會把我們兄妹的毛巾和白襯衫，拿去狀元坊的顧繡店繡上名字，以免調亂。我的衣物會繡上老虎頭，哥哥的就繡上龍，姐姐的則繡上鷹。我們從小就穿西裝和皮鞋，都不願意穿膠鞋，因為膠鞋會把腳弄臭。記得父親每月給我十二塊錢零用錢，在當時來說數目頗大，約為普通人家一個月的伙食。我很懂得花錢，會請同學吃東西或租地方開舞會。那時同學們的家庭背景差距不

大，大家的環境都不錯。

我們要穿校服上學。五十八小學的校服是西式的，有灰色長褲和白色襯衫。學校也有女同學，我記得有一個叫邵瑞華，還有一個叫林妹妹。當時我的成績一般，考試通常有七十幾分到八十多分，但從來不超過九十分。我的理科，如算術、勞作等，成績比較好。別人的勞作技能是先生教的，我的卻是在自製模型屋時學會的。看來我很早便對土木工程有興趣！廣州的小學很死板，上課就是聽老師教書，放學後也沒有什麼課外活動，我只能呆板地讀書。說真的，我很不喜歡那種學習氣氛，所以到了五年班，雖然小學還沒畢業，但我就去了香港。

香港求學

在廣州念完五年班，我跟隨大哥、姐姐一起去香港，不過父母沒有隨行。我們寄宿在舅父家中，記得那是在香港堅道 57 號 3 樓，樓下就是甄沾記。初到香港，我們住在佐敦道 8 號 4 樓，即佐敦道和彌敦道的交界。那時我還小，大哥安排我入讀九龍培正中學初一班。在培正的時候，我很頑皮。當時要在學校寄宿，晚上我偷偷走到平安戲院後面的廣智戲院看電影。當時看一場戲要五個仙，我們看的是默片，沒有聲音，不過有人解說。我們偷跑出去看戲，回去時須跳圍牆。記得有一次，我們翻牆過去時，有兩條大狼狗咬住我的腳，結果被校監抓到。培正的老師嚴肅古板，校長也很兇。當時有人編了一首歌——「真光豬，嶺南牛，培正馬騮頭，培道小姐滋油油，導群雞仔竇，[58] 遠東專索油。」[59] 它講的是學校的校風，例如培正學生比較像猴子；官涌的導群中學校徽上有一隻紅雞，所以叫雞仔竇；遠東學生很有錢，但很「飛仔」，[60] 上學不穿校服，看起來很隨便。

58　竇為廣東俗語，指窩。
59　此歌曲有不同版，如「真光豬，嶺南牛，培正馬騮頭，培英咕哩頭，培道女子溫柔柔」、「真光豬，嶺南牛，培正馬騮頭，培道女子溫柔柔，培英苦力頭，嶺英太子公主遊」等。
60　飛仔為廣東俗語，指流氓。

我不大喜歡培正的校長，所以初中二時便轉去培英中學。培英在港島西半山列堤頓道那裏，其格局跟培正差不多，戰後我還幫過培英重建了聽松樓、校友樓和大禮堂等。讀完初二，大概 1937 年，盧溝橋事變爆發不久，我們和大哥、姐姐又回到內地，去了韶關求學。

北上韶關

那時廣東時局不好，爸爸讓我們回內地讀書。記得三叔帶我們坐佛山號汽船，從香港到廣州，又從廣州沿北江，經蘆包去清遠，再走路到韶關。當時清遠接近日本人的封鎖線，我們須連夜偷渡，沿途又聽到冷槍聲。我們跟着導遊走，有時候要俯臥在地上，一動也不動，否則就有人放槍，情況很危險。當時我的行李很簡單，只有一個籐書包，內有一套內衣和外衣、一條手巾、一對襪子、一條毛巾、一支牙刷，以及婆婆給我的十元港幣。母親又為我做了一條縐紗帶，把家人給我的錢（當時是用小洋而不是大洋）藏在褲頭帶內。我記得走了六天才到韶關，因為白天不敢行動，只能夜晚走，所以花的時間較多。

那時韶關有兩座樓，一座叫風度樓，另一座叫風采樓。三叔在風度路開了一家舖子，專賣針線、洋巾、鞋襪和手巾等小物品，父親寄錢就寄到那裏去。到韶關後，剛好南武中學和志銳中學招生，南武取錄了我，於是我去了那裏念書。學校在西河壩沙梨田搭建了竹棚作課室，那時的主任叫陳語山。後來因為一件事，我離開了南武。

事情是這樣的，當時父親託人帶了一張支票給我，剛好有位同學遺失了一張支票，銀行和款額跟我的一樣，同樣是五十元。陳語山主任認為我偷了同學的支票，我非常氣憤，決定離開南武。說起來，戰後我在香港還偶遇過陳語山先生，他的手指畫在當時很著名。那次相遇，他認得我，還當場向我道歉──原來那位同學後來找到了支票，證明我沒有偷過。離開南武後，我住在十里亭靖村。那裏要抽壯丁當

兵，我們二十三個外地人全部中標，但當地人一個也沒被抽中。我很不滿，又離開了十里亭，回到韶關。

回韶關後，我入讀了連縣東陂的文理學院附中。當時勷勤大學的文學院和理學院已遷到連縣，附屬中學在那裏搭建了一個大竹棚，繼續辦學。文理附中是相當好的學校，師資不錯，大哥和姊姊在那裏念高三和高二，我則念初二。在文理附中，我認識了李漢魂將軍的大兒子李敢，他是李將軍原配夫人所生的，個性很活潑。他是我的同班同學，大家都很頑皮，所以很快便相熟起來。當時學校規定不准賭錢，但李敢租了一個炮樓，在樓頂打麻將，地方官走上來，他就在炮樓上鳴槍。那根短槍是他母親給他自衛用的，他竟帶着它上學。讀完初二，文理附中便撤離連縣，我不想跟着走，就離開學校了。

創辦北職

離開文理附中後，我又回到韶關，晚上在廣東省財政廳刊印稅票，那時財政廳長是謝恩隆先生。後來我又遇上楊壽宜先生，他是我九叔，當時任職北江農業工業職業學校校長。他從前在勷勤大學辦教育，後來在廣東省教育廳工作，當時教育廳長是黃麟書。那時大哥已回順德，姊姊跟着舅父張知庭到了廣西師範念書，舅父曾是《華僑日報》的總編輯。姊姊後來在桂林認識了姐夫鄺先生，他戰後在香港創辦了《快報》，前後經營了 19 年，後來因為身體不好，才結束報紙，不過這是後話了。

當時在韶關，九叔看我無依無靠，就跟我說廣東兒教院有不少中學程度的學生，離開兒教院後沒有一技之長，很難謀生，所以想在北江辦一所農業工業職業學校。經他一說，我就跟着他到羅家渡籌備北職，羅家渡離湖南坪石約有 30 公里。

我們在羅家渡找了一間大祠堂，和鄉長商量後，建議優先取錄當地的孩子到北

職讀書。鄉長同意後，我們便在祠堂辦起學來。從那時起，我就跟着楊壽宜，一起籌辦北職。由於條件有限，學校設備非常簡陋。上課時，我們坐在石級上，把一塊木板放在膝蓋上，當成桌子，在上面寫字。那時我是自費生，不是拿公費念書的，所以須要「以工代賑」，即以勞力代替學費、書本費和食用費。於是楊校長讓我獨力承擔一切庶務，如學校的伙食和衣服鞋襪的分配工作等，他主要負責行政和收生事宜。

當時學校最缺乏肉食，我想到可以上山打獵，打到野味，跟師生分享。我還自己種菜和養羊，希望大家都有肉吃。記得有一次，我買了一頭牛，有九百多斤重，但我們不懂宰牛，於是我向牛頭打了一槍，但牛沒有死，還跑到河邊。我們幾個同學，只好跑到對岸把牛殺死，將牠割切成若干份，再運回學校，想來也真有趣！一般來說，我們的伙食，主要是飯和蔬菜，每月大概可吃四次肉；如果打到野味，則會加菜。

此外，那時運送糧食也很困難。我們要走 30 公里路到坪石，在那裏領取一個月的米糧，再由同學運回學校。我覺得這樣很辛苦，就向九叔提議以水路運送糧食。當時我和一位姓羅的庶務，把山上的樹幹鋸成木板，製造了一條船。我們請人每月把船由羅家渡駛到坪石，然後在水漲時，把一個月的糧食從水路運回羅家渡。當時除了我，就沒有人敢開這條船，因為它很難控制，而且航道變化大，水道又窄，控制不好的話，船很容易就撞散。每次運糧，我都在船尾把舵，另一人在船頭幫忙。這個方法解決了運糧的問題，我們自此不用從陸路運送糧食，全校同學都很高興。

說起北職的經費，第一筆是吳菊芳院長撥來的，約幾千元，主要用來買書和炊具。然而，學校日後的常費，則由楊校長募捐回來。他曾請求政府撥款，但財政部沒有撥出固定經費，因此學校須自負盈虧。李漢魂將軍曾經巡視學校，他的長子李敢當初都在這裏讀書。至於師資，它由教育廳分派，但老師的名字，我大都記不起

來了，現在只記得有個叫李祥楷。此外，很多勸勤大學工科老師都曾任教過北職，教材也是他們帶來的，內容很艱深，我們學起來，非常辛苦。

說起來，北職是以學習為主的學校，沒有辦過工廠。農科是學耕種和培育，工科是學土木工程，但機械、電機和無線電則沒有學。那時我們學土木工程，先從地基開始學，後來學到工程力學、風力學、水力學等。北職第一批學生，有來自兒教七院的，也有來自三、四院的，幾乎每個院都有學生來念書，不過都是三三兩兩的。那時有些同學不喜歡讀農工科，想考力行中學。入讀北職前要通過面試，主要是見見面，問問志願，例如問喜歡農科還是工科等。然後根據面試結果編班，記得第一批農科和工科的學生有三四十人，當時全校師生共百多人。後來也有些力行中學、志銳中學和實驗中學的學生報考北職，因為他們對農科和工科有興趣，加上入讀北職不須考試，只須面試，所以報讀的同學愈來愈多。

楊先生珍藏的工程筆記（1947－1992）

在北職讀四年便畢業，資歷相當於在其他學校讀六年。那時候同學們都很用功，能夠畢業的同學皆很聰明。因燃料供應緊張，我們沒有錢買燈油，所以很少在晚上看書，多數在早上起來溫習。學校有大考和小考，楊校長要求嚴格，若考試不及格便要留班。陳瑞顏是第一屆畢業生，她離開香港去美國的時候，我還送了一對錶給他們夫妻倆。

至於兒教院開辦的工廠，如織草鞋和製造牙刷的工廠，以及兒教院的工藝院和農藝院，皆與北職無關，大家屬於不同體系。當初開辦北職，是為了讓兒教院的同學有一技之長。雖然北職的學生大部分來自兒教院，但它是獨立的學校。

最後，我並沒有在北職畢業，因為我犯了一個錯誤。事情是這樣的，當時有個女同學叫杜賽紅，她發冷發得很厲害。患病同學本應每天吃兩次藥，但校醫楊醫助認為藥物供應緊張，故此只給她吃一次，因為這樣可以讓更多患瘧疾的同學有藥可吃。我認為他的醫德不好，晚上便打開藥櫃私自取藥，把發冷丸分給每一個患瘧疾的同學吃。校長知道後，便說：「你不要以為是我的侄兒，就可以胡作非為，我一樣不給你面子。」於是，我被停學半年，半年後才可復學。

加入青年軍

停學期間，我回到坪石，考入中山大學。當時中山大學文學院和工學院在三星坪，我考入工學院讀土木工程，後來在國立中山大學畢業。和平前一年，國民政府發起「十萬青年十萬軍」。我和很多同學響應，一起投考青年軍，獲編入二〇九師六二五團第三連。我被派到雲南駐守昆明巫家壩機場，那時陳納德將軍的十四航空隊總部就在巫家壩，我也坐過他的飛機。

我們是機場衛兵，責任是保衛機場。那時新一軍分為青城部隊和英城部隊，

我們英城就是地面步兵，而青城則是降傘部隊。我們配備了卡賓槍和美式裝備。[61]
後來日本仔轟炸昆明，我們從雲南騰沖打通史迪威公路，[62] 一路去到緬甸的臘戍，
然後再回到雲南。我曾經帶領一連人去作戰，但最後只剩下七人。那七個人，除了
我，還包括中山大學金曾澄校長的兒子金寶樹和金寶幹。

重回香港

和平後，我們去了福建整編和駐紮，後來一部分人上東北打共產黨，一部分撤
退至台灣。我決定不當兵了，把手上僅餘的四十元大洋券，兌換成二兩七錢金，然
後回去香港。那時父親在廣州的工廠全被解放軍沒收，十四間工廠只剩下利豐糖
廠。利豐糖廠即現在容奇的沙頭糖廠，專售流花牌白砂糖。

1947 年，我回到香港，住在駱克道 131 號。後來那座樓房，因太舊而倒塌
了，導致我失去所有證件。於是，我從地盤工做起，一切重新開始。我從平水做到
助理管工，再升至總管。因為香港政府不承認內地大學的學歷，於是我重新讀了四
年書。書中的知識，我已經讀過，所以我會幫幫同學，教教他們。最後，我拿了一
張文憑，也轉到寫字樓工作。

---

61 卡賓槍（Carbine）即步槍，為戰時美國最普遍使用的武器。
62 抗戰後期，日軍南侵，美國協助中國修建史迪威公路，作為南面的交通動脈，以運送來自越南、緬
　甸等地的戰時物資。後日軍進侵緬甸，中斷補給線；中國派孫立人的新一軍，打通這條大後方的補
　給線，展開了「滇緬大戰」。

楊建墉（2014）

廣東難童
陳貽芳

" 吳菊芳院長收養了一群小孩子，給我
們一個大家庭。大家就像兄弟姊妹，感情
很深厚。如果沒有教養院的教育和照顧，
我現在都不知道變成怎樣了。 "

生平簡介

1931 年生於順德大良。

戰前入讀私塾，廣州淪陷後被送往廣東兒童教養院。1944 年，小學畢業，次年在連州
升讀初中。和平後，回到廣州，入讀廣東省立女子師範學校。1949 年，高中畢業，加入東
江縱隊第一支隊。1950 年，於花東鎮象山墟教小學，工作至退休。

童年生活

　　我是順德大良人，1931 年正月二十七出生。媽媽在我小時候便過身了，爺爺曾任滿清駐舊金山大使，有很多家族親屬。爸爸是長子，但不務正業，要賣田賣地。十歲時，我讀兒教院，父親也過世了。小時候，我過得很苦。原來有兩個哥哥，但其中一個在台兒莊戰役中犧牲。我靠哥哥的撫恤費讀書，生活則由姑姑和叔叔來照顧。叔叔在燕塘軍校讀書。[63] 他是李漢魂將軍的部下，戰時駐在韶關。我的堂哥哥後來也進了黃埔軍校讀書。

　　七八歲時，我住在順德，當時廣州已經淪陷。姑姑在兒童教養院當教師，到戰區收容那些流離失所的、無父無母的或父母無法照顧的小孩。南、番、順一帶原來是富裕之鄉，[64] 但淪陷時成了最貧窮的地方，日本人在那裏也搜刮得很厲害。我們沒錢，又收不到租金。1941 年，姑姑和叔叔在粵北，父親便送我到連縣找姑姑。父親一路帶着我們，穿過蘆包和三水的封鎖線，過程很驚險！到了清遠，我們遇到一家人。那家裏有人患病，爸爸懂一點醫術，便幫忙看病，最後救了那人。於是，他們幫助我們上粵北。

廣東兒童教養院

　　教養院一、二、三院叫做中央院，即由中央直接支援，條件比較好。每院都有上千名學生。除了七個分院，還有實驗中學、實驗小學、力行中學、工農職業學校和師範學校。最初師範叫勸勤師範，後來改名為江村師範。這是配套完善的教學系統，譬如在第一院畢業，如果連縣龍咀的中學接收不了所有學童，他們便可報考曲

63　燕塘軍校即廣東軍事政治學校，隸屬陳濟棠領導的第十二集團軍，陳並兼任校長。全校有學生總隊、軍官總隊、高射炮隊、政治深造班等部門。燕塘軍校由南京國民政府接辦後，改稱為「中央軍校廣州分校」。

64　南、番、順指南海、番禺、順德。

江和韶關的學校。小叔年紀和我一樣大，我們一起進到連縣龍咀的第二院讀書，後來表哥也去了。

記得吳菊芳院長和李漢魂將軍也會過來看一看，很關心我們。李漢魂將軍的公館，就在龍咀附近一條村的山坡上，他休假時便到教養院巡視。他會和大家見見面、說說話，有時候還會和小朋友握握手，非常親切。

我到教養院前，曾經讀過幾年卜卜齋，念過唐詩和古文。那時年紀小，學到的東西不多。教養院是四年制的，跟普通小學一樣。1941 年，我正式入讀，1944 年小學畢業。教養院課程分軍事、經濟、文化、政治四科，軍事科會進行操兵訓練和爬山活動；文化科即語文科，教文化和識字；經濟科教數學。至於圖、工、音、體，也會教授，故學習挺全面的。此外，還有工藝班和農藝班，其中有些是必修課，有些則按個人興趣選擇。

教養院有一年級、二年級、三年級、四年級，我們分班上課。一年級有多少班，就有多少課室。二院有條課室街，課室以松皮搭建，屋頂也以松皮為瓦。記得初時用木作支架，後來爛了便拆除，改用翁竹建造。教養院的辦公室在課室街中間，下面是農科研究所。課室的桌子由四條木條和兩塊木板釘製而成，每張桌子可坐三四人。學生自己拿小凳子上課，下課後，便搬回宿舍，待吃飯時坐。

我大部分時間都用來讀書，但課餘生活也挺精彩。教養院會定期舉辦演講比賽和歌詠比賽。我曾參加院組織的音樂團和粵劇組，也參加過一些演講比賽，還拿過獎。此外，學校有時還會搞什麼墟的，由於我們那裏叫做桐園，所以稱它為桐園墟。晚上，教養院間或有營火會。每個宿舍、每個營社都組織大家一起唱歌、跳舞，做一些當地的客家劇，內容大抵和抗戰有關。有時老師會和我們講述戰事的情況，讓我們了解日本人的動向。

課外活動：音樂團

足球運動

二院共有八個營社，分散在山上。兩個營社為一區，例如三營社、四營社就屬二區。那時姑姑是第一區區長，我們女生住在三區六營社。七、八營社位於坑邊，環境不錯。每個宿舍都很大，全是用松皮搭建成的木屋，四四方方的。每個營社約有一百人，分上、下鋪床，共有四排床。那裏的規矩很嚴格，晚上睡覺時不准說話。

老師住在宿舍裏，他們都很辛苦，既要照顧我們的生活，又要教我們讀書，還要去廚房教我們做飯。那時我們輪流工作，一個小隊煮飯，另一小隊便去買菜，例如明天我負責炊事班，那麼今天就要去三江採購食材。從龍咀到三江有幾公里路。當然年紀小的同學，不用去三江，年紀大的才要去。從三江回來，同學便洗菜和煮飯。兒教院只有一個廚房，那時有首歌是這樣的：「自己燒飯自己吃，我們都是小廚神」。

我們一天吃兩餐，午餐和晚餐。有時我們搞活動，夜晚會煮點粥，吃消夜。如果種了玉米、番薯等，有時也會拿來煮吃。逢年過節，我們便有大塊豬肉吃，那是像手掌那麼大的臘肉，切成長方形，每人一大塊。那天吃得比較豐富，大家都很高興。我們平時沒有什麼肉吃，所以整天想着什麼時候過年，什麼時候雙十節，什麼時候兒童節。初到教養院，我們吃得飽，但後來物資逐漸緊縮，甚至短缺，我們吃得不太飽。於是，我們也會上山摘野果吃。記得剛到教養院時，一些年紀較大的同學，帶我去田裏偷人家的番薯。我不會偷，只幫忙「睇水」，[65] 他們便去挖。

從七、八營社走下去，可以看到一個水池，泉水往上噴，我們經常在那裏喝水。由於山路全是黃泥，所以從山腳挑水上來時很難走。我們把削好的竹子插進黃泥裏，用板壓着，建成簡陋梯級。由於下雨，梯級很濕滑，運水的同學走得很辛苦，特別是走在後面的同學。有時候，前面的同學為了遷就後面的同學，不小心跌

65　睇水為廣東俗語，把風的意思。

倒，結果連同後面的同學都一起滾下山去。從山上滾到山腳，大家弄得一身泥濘。有時上山砍柴，山路崎嶇，草鞋也被弄破，只得光着腳走。冬天也是這樣，所以腳趾會長凍瘡。現在說來很輕鬆，其實很淒慘，生活很苦。

有一年，我們去曲江的實驗小學參加萬人大會，即運動會。那時教養院的師生，均集中在那裏。不料日本戰機突然轟炸，把曲江炸得很厲害。我們只顧跑，跑到韶關市的郊外，老師教我們趴在山上。那時有些人因為吃不飽，也沒穿的，就去拿那些死傷者的物品，如鞋子等，但我不想拿。當時情況很淒慘！至今，我仍然印象深刻。幸好我的同學沒有死，也沒有傷，大家及時逃了出來。

大撤退

不久，我們回到連縣二院。大撤退時，我們像一群小鴨子，跟隨二院的隊伍離開。我們沿途走路，經過星子、坪石，一直北上。我們翻山越嶺，夜裏就在村鎮的民居或祠堂裏借宿，吃飯方面由學校安排，不用擔心。那一年下大雪，老師和教導

院童穿上自己編織的
草鞋，踏上崎嶇山路。

員都很慘，他們先去黑山、煤山，再回到連州。

1945 年，我們終於回到連州，住在南海會館，那時我升讀初中班。南海會館對面有一些祠堂，小學部就在那裏。我們在南海會館住了整整一年，其間曾到各地演出，記得去過青年會和一些基督教會會堂。我們曾演過《戚繼光》、《鄭成功》等粵劇。我扮演老太婆，就是戚繼光的老婆，還有鄭經的媽媽。這個劇團在我們讀初中前就成立了，已有三四年，主要在院裏表演。觀看戲劇，算是同學們的文娛節目。

抗戰勝利時，我在連州。當時很熱鬧，我們在沙灘聚會慶祝。我知道可以回家了，相當高興。抗戰八年，我整天跟着姑姑，那時堂大嫂也在教養院教書，堂哥哥是國民黨司長和黃埔軍校秘書長，經常騎馬來教養院視察。這八年來，我有親人在身邊陪伴，學校也照顧得很好。吳菊芳院長收養了一群小孩子，給我們一個大家庭。大家就像兄弟姊妹，感情很深厚。如果沒有教養院的教育和照顧，我現在都不知道變成怎樣了。

戰後生活

1946、1947 年左右，我讀完初中回廣州。河南的鳳凰村有一個屬於殘廢軍人的軍營，[66] 叫做舊鳳凰。[67] 當時廣東省女子師範學校秋季招生，我們全班同學均去投考，結果有八個同學考上，我是其中一個。那時抗戰勝利，四面八方的人均來報考，結果學校開了八個班。1949 年，我畢業了。

66　河南指廣州市珠江南岸。
67　按廣東兒童教養院院史記載：「二分院首先在佛山疊滘鄉找到院址，這裏是一處祠堂群，環境很好，但居住過於分散，非長久之計，後經吳院長介紹，在廣州鳳凰村找到一處軍營中心，這裏一共有六座大兵營。因為另一些單位也爭相進駐，二院聞訊，立刻從疊滘遷入。兩天後，一分院也進駐了。」見廣東兒童教養院院史編輯組：《烽火歲月的豐碑：廣東兒童教養院院史回憶錄》，頁 131。

那時廣州處於戰後的交接時期，有點混亂。我沒有相熟的人，很難找工作。姐夫在公安局太平分局工作，介紹我去做戶籍員，負責登記戶口。半年後，有些同學參加了東江縱隊第一支隊。當初我就說去考公學，怎知道考試已經結束，結果就分配我到東一支的衛生隊當衛生員。他們說我是師範生，就把我調往參謀處教小鬼隊。其實那些小鬼很厲害，都經過鍛鍊。我又調去番禺石碁支前工作隊，[68] 參與了幾個月的退租退額工作，又搞婦女工作，逐漸有些群眾基礎。後來他們又說師範生要歸隊。與其要別人分配工作，倒不如自己找。這樣我便在廣州坐火車去花縣。當時我心裏很亂，很淒涼！我不熟悉那地方，乘車去花山鎮坪山，再步行到花東鎮象山，在獅嶺找到一個同學，便在那裏代課。1950 年又回象山教小學，從此一直在教育界工作。

---

68 支前，即支援解放海南島的意思。

廣東難童
秦大我

> 66
>
> 要麼不學，要學就要學通……這種意志力，歸根結底是在兒教院當小孩子時，從集體生活中鍛鍊出來的。
>
> 99

生平簡介

1924 年生於惠州。

6 歲時，入讀家鄉昌明小學，後轉讀到市立第七十小學和第六十六小學。12 歲，日軍來襲，逃回家鄉，於惠州縣一中讀初中一年級。

1938 年，廣州淪陷，隨母親到韶關投靠父親，後被送往兒童訓練團，並先後於實驗中學、志銳中學及國立第三華僑中學讀書。在第三僑中，因舉辦讀書會，被國民黨關進韶關帽子峰監倉。獲釋後，報考黃埔軍校。1942 年，被編入第十九期炮兵科。後逃到重慶，考入交通大學造船系。1943 年底，獲選拔到重慶江北魚雷營訓練，並赴英國學習維修雷達。1947 年，回到中國，任李漢魂副官。1949 年後，曾入英德勞改場。秦先生師承父親秦咢生的書法篆刻，創秦體字。2014 年在廣州逝世，享年 91 歲。

童年生活

1924 年，我在惠州出生。6 歲時，入讀家鄉昌明小學。7 歲負笈廣州，先後入讀市立第七十小學和第六十六小學。畢業前，日本仔來襲。那時我逃回鄉下，後在惠州縣一中讀初中一年級。那年我 12 歲。

我從小就是愛冒險的人。記得讀第七十小學時，我經常和同學捉迷藏。有一次，七八個同學追着我，我跑上二樓，他們又來包圍我。於是，我爬上陽台花几，對他們說：「來啊，追上來算你叻。」[69] 大家都是小孩子，沒頭沒腦，人家說追，他們便追。最後，趕狗入窮巷，我無路可退，就從二樓跳下去，卻不幸撞上柱子。砰的一聲，我便頭破血流。當時爸爸在七十小學當老師，他和校長、老師、校醫得悉後趕來。「不得了！」他們看我的樣子，似乎命不久矣，便趕緊送我去搶救。不過，我總算命大，一個月不夠就痊癒了，還可以上學，和同學玩耍。還有一次，我跟體育老師去游泳。我蹲在欄杆上，看同學高興地玩耍。那位體育老師可真膽大，竟在後面用力踢我的屁股，害得我掉進水裏。想不到，我就這樣學會了游泳。

兒童訓練團

1938 年廣州淪陷，我跟隨母親避難。那時我們在惠州有生計問題，決定遷到韶關投靠父親。父親當時是抗日戰爭動員委員會科長，經常忙於抗日動員工作，無法照顧我和母親，故將我們安置在風度路的動員書店。於是，我們就寄居在書店樓上的小閣樓裏。由於家裏兄弟姊妹多，生活非常困難。後來爸爸得悉廣東省政府組織了一個戰時兒童訓練團，縱使我已 12 歲，他也迫於無奈，在得到局方同意後，便把我送去訓練團。

---

69 叻為廣東俗語，厲害的意思。

當時訓練團的團長吳菊芳、中隊長達瑞如，還有張潔芳，她們均把我們這些小孩子照顧得很好。例如會教我們抗日知識和民族英雄事跡，又介紹相關書籍，還提供初級軍事訓練。由於時局變化迅速，加上難童日益增多，院長吳菊芳徵得中央振濟委員會同意後，將訓練團改組為兒童教養院，把我們這批訓練團的孩子全部撥進兒教院。當時人數不多，沒有分第一院和第二院。後來人數逐漸多了，才相繼成立一院、二院、三院等，最後開設七間教養院。我入住一院，後來時局緊張，便隨一院遷到星子去。

那時政府為了宣傳抗日，在我們中間召集了 28 名少年兒童，成立戰地服務委員會的少年兒童隊。我們由星子出發，一路坐船到英德、清遠、花縣等地，進行戰地服務。我們 28 人坐着小木船，男同學在一邊，女同學在另一邊，大家腳撐着腳，在船上睡覺。澤麗璋擔任領隊老師，他後來成了畫家，並在香港創辦了「五十年代劇社」。上岸後，澤老師每天晨呼，領我們起床排隊，在外面喊口號，唱革命歌曲，並動員當地群眾抗日。記得他喊道：「不要渙散，一定要團結，不怕犧牲，為國家、為自己家鄉的安全，起來抗日！」中午時，我們經常做街頭劇和唱革命歌曲。我最記得演過一齣劇，叫《放下你的鞭子》。[70] 我演兒子，劇中的母親拿着藤鞭，強迫我參加戰爭，故事很悲慘！我們演得很逼真，一邊演一邊流淚，觀眾在旁邊吆喝道：「不要打他啊！」後來，我從兒教院轉到實驗中學去。

實驗中學

實驗中學時，我們這十幾名訓練班的同學，可算是兒教院的招牌。每逢有政府中央人士或華僑參觀兒教院，我們都會出來表演。其他同學沒有肥皂，我們每人則有一塊；別人沒有鞋子，我們卻有。我們也很爭氣，所以吳菊芳院長間或在操場講話時，也提及我們：「這些是我的得意弟子，跟自己兒子一樣。」那時李禎才十歲

---

70 《放下你的鞭子》原為田漢據德國作家歌德小說改編的獨幕劇。1931 年，陳鯉庭再改編為抗戰街頭劇，為戰時廣受歡迎的話劇。

八歲，我們比她大十歲左右，整天帶着她到處玩。後來我覺得實驗中學不是很理想，所以決定停學幾個月。

那時爸爸看我東不成西不就，便跟志銳中學聯繫，[71] 結果志銳中學取錄了我。不過，我並非正規學生，而是唯一的「工讀生」。我一邊讀書，一邊在學校幫忙。我在學校寄宿，負責兩項工作：第一，為學校上課、下課和起居膳食搖鈴。那時我掛着鬧鐘，拿着搖鈴，坐在課室最後一排，對着門口，方便出入。下課時，我走出門口，圍繞學校搖鈴，記得那鈴聲很響亮。第二，每天約五點起床，打掃校務處，又煮開水，給每位老師斟茶；晚上休息時，我才做作業。那時的生活，較為艱苦。

記得有一次，我幫老師油印試卷。學校印試卷很嚴謹，一定要有老師在場檢查，才能啟封油印，印好一疊，便立刻封存。那時人手不夠，老師問我：「你會不會油印？」我說會，於是幫他油印試題，怎料考試結束後就發生問題。學校教務主任問我如何處理試題，我交代後，他說有人檢舉我，說我偷賣試題。我否認這事，說自己只管操作，而且當時有老師在場監督封存工作，全部試卷封存好才可帶走，所以根本不可能偷試題給同學。我跟他爭論，校長楊瑜要捉我去禁閉和寫反省書。我不服，大家吵得很厲害，後來他說要我停學。我想，反正是工讀生，生活那麼艱苦，不讀也罷。結果我主動停學回家，回家後卻無所事事。父親拿我沒法，不明白我想怎麼樣，讀這讀那都不成。

第三華僑中學

後來父親請求國立第三華僑中學的校長，[72] 讓我做插班生。僑三中在樂昌縣楊

---

71 志銳中學原稱建國中學。1931 年由張天爵先生在廣州創辦。1937 年，更名為志銳中學，以紀念國民革命軍第四軍師長許志銳。1938 年，廣州淪陷，學校解散。1939 年 12 月 15 日，張發奎在始興縣復校，出任名譽董事長，李漢魂將軍任副董事長，張天爵則任校長。

72 抗戰時華僑陸續回國，並集中在廣東。1942 年 4 月，教育部籌辦國立第三華僑中學。原以樂昌縣楊溪安口村益昌油坊為校舍，後因戰事遷往連縣。

溪村，學生大多是港澳子弟。他們經常講英語，搞到我們本地同學一頭霧水，後來接觸多了，大家才能溝通，我也學會一些英語會話技巧。

說起來，爸爸的誼子、我的誼兄陳原，在中山大學外語系畢業，通曉六國文字。誼兄特別欣賞蘇聯文學，又是一名中國共產黨地下組織成員。他和音樂學院畢業的妻子翻譯了許多蘇聯歌曲。那時他經常送我進步書籍、報紙及歌曲，我就拿它們回學校閱讀和歌唱。同學很感興趣，與我組織了一個讀書會，共有二十多人參加，學習材料則由誼兄提供。課餘時辦的讀書會，怎料被國民黨第十二集團軍余漢謀的部隊發現。他們說學校裏有中國共產黨外圍組織，結果包圍學校進行搜查。那時我們睡上、下層床，上床的同學告訴我：「好好注意啊，人家來搜查學校，說要通緝學校中的異黨分子。」我們懷疑此事可能與讀書會有關，便疏散所有同學。我要處理讀書會的文件和報紙，結果走得較遲，被捉住了。我被關進韶關帽子峰的特別監倉，一關就十個月。當時我才十五六歲。

監倉採用封閉式管理，監禁期間曾開庭審問過我數次。其實沒有正式開庭，只是關我在一間房間裏，審問我組織的情況，例如誰是後台、成立源起、會員情況等等。我說是在書攤看見一些刊物，覺得有趣，便買回來看而已。那時我撇開一切有關聯的人，獨自承擔。三個月後，我偷偷拿了支鉛筆頭，在卷煙紙上寫了幾個字，交給監獄員。我說：「無論如何，千方百計，請幫我送給父親。」父親真的收到了，那時他才明白一切。原來父親曾去學校，問我為何幾個月沒有回家，可是學校封閉了消息，直到收到我的紙條後才明白。後來他拜託第十二集團軍政治部主任林楚君，到監倉了解我的情況。父親在紙上寫了一句話贈我——有文天祥之正氣，神鬼不能欺也！他叫我好好體會這句話。這句話對我的人生影響很大，從此我深信有文天祥的正氣，便不會做損害國家和人民利益的事，任何歪風邪氣也打不倒我。

獨立監倉的條件很差，每天只提供一口盅的開水，漱口、洗臉、飲用全是這盅水了。那時我經常沒水喝，十分口渴。飯是一大碗，但上面只鋪了幾塊蘿蔔乾，又

沒有鹽，飽不飽也沒有人管。我沒有放風的機會，見不到陽光，且天天如此，害得我全身長滿蝨子，臉又黃又腫。但是，我在那裏卻學會下象棋。在獨立監倉，住在我隔壁的是一名國民黨海軍司令。他撿起瓦片，叫我磨成圓形，然後在地上畫一個棋盤。就這樣，我在這邊，他在那邊，大家便下棋來。

我堅持了十個月，國民黨仍未落案，最後唯有釋放我。當時他們讓我在判決書上簽名了事，判決書很荒謬，只寫了八個字——年幼無知，輕舉妄動。

黃埔軍校

離開監獄時，父親來接我。出來後，我剃光頭髮，把爬滿蝨子的衣服換掉，休息了近兩個月。那時適逢黃埔軍校招生，所謂「國家興亡，匹夫有責」，國家正值多難，我希望投筆從戎，當一名真正的軍人，保衛國家。招生要求年滿 18 歲，且高中畢業。我當時才 17 歲，還不夠年齡，又不是高中畢業，於是回到僑三中。由於校長和我爸爸相熟，通過私人關係，我拿到高中肄業證書。我拿着證書，報大一歲，便去報考黃埔軍校。真奇怪，檢查體格時，我竟然過關。也許因我休息了兩個月，身體慢慢恢復，加上我個子高，身材又好，所以合格了。然後是口試和筆試，筆試考語文、英語、數學。記得英文考試，須把孫中山先生遺囑翻譯為英文。我剛好在學校譯過，所以很快就完成了。同時，我愛寫散文、小品等，所以語文考試又通關。數學也基本合格，所以我最後獲取錄了。

1942 年，我被編入黃埔軍校第十九期炮兵科，[73] 這期共有二百多名學員，全部送往貴州獨山集訓。我們先從韶關坐火車到桂林，再轉乘汽車去獨山，花了許多天時間才到達。在黃埔軍校時，我帶領一個班九位同學上山砍竹、砍柴，用以建設校舍，用了三個月時間。回來後中隊長召我去問話，說有人告發我帶了一班學員去偷

73　秦先生回憶時說 1940 年考入黃埔軍校，應為誤記。黃埔軍校十九期學生實於 1942 年 5 月入伍，分
　　為步兵、騎兵、炮兵、工兵、特別班、輜重兵和特別兵七個科。編者此處把年份更正為 1942 年。

老百姓的雞。我否認此事，說我們在山上很守規矩，老百姓對我們很熱情，用不着去偷，更請他上山調查，以得出真相。但是他不相信，指有人證物證。如是，又捉我去禁閉，結果關了三個月。他要我反省和寫檢討書。我非常不服，極力反抗。最後分隊長到禁閉室拉我出來，當着炮兵連的戰士和同學，要我跪着被審問。營房門口剛好有一枝擔竿，我出來時拿起那枝擔竿就和分隊長打起來，他被我打斷了腰骨。結果他指我行兇，毆打軍官，我得了這個罪名，就被勒令退學。

我在獨山無親無故，不知如何是好。剛好遇到一位廣東語文教官鄒堅白，他那時也是單身漢，便對我說：「大我，你這麼艱難，不如到我那裏幫忙煮飯。」我答應了，想這樣也好，有飯吃有地方落腳，以後有機會的時候，再打算吧。我在那裏逗留了一個星期，替他煮飯、洗衣服及做家務等。後來我想這樣下去不是辦法，須另謀出路。於是，他又介紹我去當地的民生醬油店打工。我在醬油店工作，每天擔一缸醬油到處派送，哪間要貨，便送去那裏。除了送醬油，師傅也教我製醬油。後來有個湖南綢緞布匹店老闆，是大戶人家，逃亡到獨山，住在醬油店不多遠的地方。他的女兒讀初中，沒人輔導，知道我有文化，就希望我幫忙。我答應他，說互相學習吧。這樣我一邊在醬油店工作，一面輔導學生，一邊又看書學習科學和文化。一段時間後，知識增長了，自己也獲益良多。

後來過年，我的鞋子剛好破了，便跟醬油店的老闆說：「過年了，我想支些錢，買一雙鞋子。」但老闆非常刻薄，竟然跟我說有飯吃就好，還想穿鞋？那時我血氣方剛，受不了這氣，便跟他說：「我辛辛苦苦為你服務，替你賺錢，只想支錢買雙鞋子過年，你卻說風涼話。」於是無名火起，便拿着秤砣和老闆打起來，結果醬油店的缸瓦被我們打破了。打架過後，我收拾包袱便走。這時我又回去找鄒教官，他收留我暫住一會兒。他待我不薄，非常信任我。

搜索連

天無絕人之路，此話非虛。那時政府開始號召青年加入遠征軍，即「十萬青年十萬軍。」我想這也是出路，也是抗日，於是便去報考。填寫履歷後，負責人叫我明天報到。我想我完全符合要求，所以才馬上獲錄取。第二天，我去報到，被分配到二〇二師六〇五團搜索連。那天之後，便開始訓練，學養馬和馬術。那些馬全是山東野馬。開始時，我常被馬踢。記得從前在樂昌，叔叔是軍訓團的政治指導員。他那裏有馬，我也曾騎過，但那時有人牽着馬，跟現在不同。

在搜索連一兩個月後，我碰到了兩位僑三中的同學，一位叫做彭仲文。聊天時，他說有個親戚在重慶，有點地位，而在這裏當兵，是出不了頭的；既然前途渺茫，不如想辦法去重慶。大家商量好了，決定荷槍實彈，全副武裝，夜半三更當逃兵。如果別人問起，我們就說去執行特殊任務。這樣我們在馬房各自挑了一匹好馬，背着衝鋒槍，連夜開始「搜索任務」。我們大多數時間是在夜裏趕路，走的是山道，依靠指南針辨別方向。由貴陽經陳家崗到重慶，我們足足跑了五天。

重慶

我們到達重慶邊界綦江，剛好碰上趕集。我們想，既然不能牽着馬進重慶，不如趁趕集把三匹馬賣掉。但是軍馬的大腿上有火印，若被人發現，知道那是軍用馬，決不會買。所以我們借來筆墨，在大塊的白布和白紙上寫着「良馬出售」，將它貼在火印的位置。街上的人見到，也說是好馬。我們開價三千大洋一匹，討價還價後，每匹以一千大洋成交，那時一千大洋約等於現在的一萬元。那衝鋒槍、子彈和軍服又怎樣處理呢？我們把槍、子彈等扔進農村的魚塘，再拿賣馬的錢買套老百姓的衣服，把脫下來的軍服捆起來，然後扔掉。這樣我們變成了老百姓，進入重慶。

豈料我們用了兩天也找不到那同學的親戚，原來他已調離重慶。我們三人頓時變得無親無故。因為錢來之不易，我們也捨不得住旅店，就在公園的六角亭過夜，總之能省則省。公園的六角亭雖有石桌和石凳，但刮風下雨卻無處可避，只好在那裏淋雨。唉！風涼水冷，可真淒涼。那時重慶有很多報紙欄，我們每天一早便到街頭看報紙，看哪裏招工和招生，想找出路。雖說國民黨腐敗，但它有一個優點，就是在重慶市成立了一個失學失業青年救濟委員會。我們拿着那張肄業證書，就像得到護身符一樣，到青年救濟委員會那裏了解情況，希望得到照顧。那裏的人給我們一些表格，要我們填寫。有個姓吳的主任，看過我的資料後，說：「惠州姓秦沒幾個，我在惠州女子師範讀書的時候，有個同學姓秦，不知和你有沒有關係？」我問叫什麼名字，她說叫做秦佩濃，我說是我親姑姑。她說：「原來是你姑姑啊，那麼不要叫我主任，叫我『姑姑』好了。」那真是異地遇故人！她立刻派發棉被、衣服給我們，又每個月給我十二元生活費。這樣我住進宿舍，逗留了差不多兩個星期。

交通大學

不久，她問我想升學還是想就業，我說若有機會就升學，如果確實無法升學，那只好就業。她知道我想升學，就建議我去她丈夫那裏的大學進修班。我同意去進修，那兩個同學就選擇就業，於是我們分開了。

我在大學進修班讀了三個月，剛好大學招考，但要有保證人。我找姑姑幫忙，她找了丈夫當我的保證人。姑丈在教育部裏當科長，有資格擔保我。那時候我認為機會很渺茫，因為我初中、高中還未畢業，卻要考大學，真是破天荒的事情。我報了三所大學，一是中央政治大學，一是重慶大學，最後是重慶的交通大學。報考中央政治大學，是因為它百分之九十的畢業生都能當上縣長。如果畢業後，我能當上縣長，一定會做個模範清官，把這個縣治理好，治安和民生都會有所改善。然而，放榜時收到通知書，叫我到交通大學報到和註冊。那時我想，不管什麼大學，總算考上了。交通大學在重慶陳家崗。到了選科的時候，覺得自己的物理、數學還算過

關，而投身造船業，改革國家的海上交通，還是有一定前途的。所以，我就選擇了造船系。

怎知好事接踵而來。過了一個學期，即 1943 年底，中央政府到造船系選拔一批知識青年加入「護英接艦參戰海軍大隊」，以遠赴英國接收軍艦。當時政府要求學員樣貌端正、身材好，走路儀態又要端方，最後還要通過體力試驗、文化考試和口試，方能獲選。當時有三四名學員獲選，我是其中一位。考取後，我們到重慶江北魚雷營報到，我被編進第一中隊。全隊共 300 人，來自全國各地，大家集中起來等消息。學員日間進行軍事操練，又上軍事常識課，還要學習吃西餐的禮儀。我素常最「反動」，教官說吃西餐一定要左手拿叉、右手拿刀，說這是規矩。我反說不一定，有許多人是左撇子，左手拿刀的。教官卻說不對，一定要我照規定去做。我又反駁說常規是這樣，但不能框住別人，若剛好有人是左撇子，那怎麼辦呢？由此，那些教官認為我太「反動」。

在海軍期間，我曾遇上一次驚險的意外。那天北風呼呼，我穿着棉衣棉褲，戴着棉帽子，從江北坐搖櫓船到重慶。我仗着自己懂游泳，不怕死，竟然站在船邊。上船的人很多，他們擠擠撞撞，結果不小心把我碰倒，害我掉進長江。長江水急，我身上的棉質衣物一沾水就變重，導致身體迅速往下沉。我一邊游泳，一邊脫衣服，最後只剩下內衣。水流把我從揚子江沖到嘉陵江，在交匯處剛好有個漩渦，把我拉進水底。我還算醒目，在水底時兩腳一蹬，就浮上水面，然後趕緊吸氣。但水流湍急，我疾旋幾圈後，便暈過去了。最後隨着水流，漂到一個沙灘上。剛好有個農民到河邊挑水，看見有個小伙子赤條條地伏在沙灘上，就上前一摸，發現仍有氣息，便連水也不挑，背着我回家去。他為我熬薑湯，蓋棉被。後來我甦醒過來，他就問我情況，又通知海軍部隊把我領回去。那次死裏逃生，真是感謝那位恩人！

英國受訓

經過三個月的訓練，我成為第一批出國的海軍學員。那次是我第一次離開中國。我們先從重慶機場飛往加爾各答，再坐船經紅海、蘇伊士運河，到英國的普利茅斯軍港，前後花了 20 天。抵達後，我們就集中訓練和分班，英國中士擔任領班，即我們的班長。我在英國仍用 Tai-o（大我）這個名字。英國教官給我們上課，先教機器內部操作，後教維修。雖然在學校有機會讀英語和練習會話，但因為不適應英國的地方語言，「聾啞」了差不多一個月。其實英國跟中國一樣，有不同方言，故此發音也要慢慢掌握。記得當時教官以英語教學，但有一名專員幫忙翻譯。因為我們已有海軍訓練的基礎，不少內容已經學過，後來選科時，我在槍炮科、魚雷科、輪機科和雷達科中，選了輪機科。除了學輪機，我也兼學雷達、通訊、槍炮的知識。

當時中國水手到英國，華僑表現得很熱情，非常關照我們。他們帶我們到處參觀，了解風土人情，讓我們慢慢熟悉環境。我們的待遇很好，每月有 40 英鎊，國內另有 60 元津貼，由家屬領取。但我沒有餘錢，因為我想學雷達，但那個教雷達的教官非常保守，只教我們使用，不教維修。如果要學維修，只得靠他，不然就只有「半桶水」。那時我想了一個策略，就是投其所好，每逢星期六、日，他喜歡做什麼，我就陪他做什麼，費用全由我承擔。於是，我和教官做了好朋友。我常把雷達弄壞，然後請他教我修理。後來，我更把機器拆開，然後學懂維修的方法。於是，每個月 40 英鎊就全用來「交學費」，但我就學到了一套本領。由此可見，我的人生觀就是「要麼不學，要學就要學通」。

一年多的訓練，終於結束。1947 年，我們乘「重慶號」回中國。[74] 這艘軍艦由英國製造，排水量達 5,500 噸，全長 150 多公尺，在第一次世界大戰時曾受過戰火

---

74 重慶號，原名為阿羅拉號。1948 年 5 月，英國贈送此軍艦給國民政府，亦為國民黨當時最強大的主力戰艦。

洗禮。修好後，剛好中國要擴大海軍和加強海軍力量，英國便送出「重慶號」和「靈浦號」兩艘軍艦給中國政府。

　　蔣介石計劃讓這艘軍艦參加淮海戰役，但我們認為中國人打中國人，完全沒意思。如果打日本仔，我義不容辭，但是打內戰，兄弟打兄弟，我們就不願意。於是，我們偷偷向北駛向葫蘆島，國民黨認為我們是策動起義，要把軍艦給共產黨，結果就派飛機來炸軍艦。當時重慶號尾部一角被炸損了，由於怕它全部被炸毀，鄧兆祥艦長下令拔開水閥，讓船身注水，最後重慶號在葫蘆島附近的碼頭沉沒了。1953 年，它被打撈上來，當年蘇聯老大哥說我們沒有能力修理，要幫忙維修，但其實他出賣我們，將船上所有的精密儀器都搬回蘇聯，最後只剩下空殼。這樣沒辦法再用，船艦只好拿來做倉庫。唉！一艘如此先進的軍艦，就變成倉庫，大躍進時期，還被拆去大煉鋼呢。至於「靈浦號」，英國怕也被國民黨炸毀，就把它收回，沒有給國民黨。

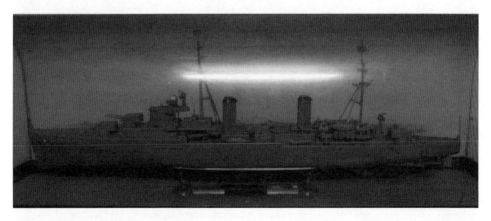

秦先生珍藏的「重慶號」巡洋艦模型

回到廣東

　　戰後李漢魂將軍閒居上海，我剛好也在上海，每個禮拜都去探望他。他家經常辦宴會，邀請李宗仁、陳濟棠、鄧同來等人物去吃飯和喝酒，而我也當上陪客。客人在座的時候，他搭着我肩膀向人介紹，說我是他的得意學生，又是他契仔。[75] 所以，很多人認為我就是李漢魂將軍的契仔。我覺得很光榮，有這麼好的父親。後來我離開上海，他也離開了上海。我回廣東後，知道他也回廣州，當上廣州市內政部部長。身為「兒子」，我當然去探望他。他問我現在做什麼工作，我說當上了海軍炮艇艇長。誰知第二天，他跟我說不要再當炮艇艇長，回來跟他就好。我跟他說是

1947 年夏留影於黃浦江光強炮艇，時秦先生任職艇長。

75　契仔為廣東俗語，指誼子或義子。

否當他的勤務兵，每日倒茶倒水，李漢魂將軍說已有武裝副官，卻沒有文職副官，叫我回來幫他。我說如是便要整天跟着他，開會要去，睡覺時又要守着。沒想到，他說：「我身邊還有什麼人可以信任呢？」既然如此，他一定要我回來幫他，我就辭去炮艇的工作，留在李漢魂將軍身邊。

於是，我住進他東山新河浦的別墅。那所別墅有一堵大圍牆，裏面有三座洋房。他睡那邊的房間，我睡這邊的房間，他的起居飲食，差不多由我安排。我曾問李湞：「你知不知道你老爸最喜歡吃什麼？」她說不是很了解。我說：「你老爸最愛吃蟛蜞醬。」它的製法是把蟛蜞捉回來，連殼連腳攪碎，然後以油、鹽、薑、醋醃製，放進罐子裏，然後挖一個洞，把它藏起來，兩三個月後挖出來開封。那股香味啊，香噴噴的！這種蟛蜞醬能清油膩，化油很厲害。李將軍每一頓飯都要吃，有時我沒有準備，他就會問為什麼這頓飯沒有蟛蜞醬。李將軍很瘦，飯菜都是鹹魚、青菜、豆腐、魚、肉等。

我一直當他的副官，直到他去美國。送他到香港時，他就跟我說：「我在香港落腳後，就接你來。」後來，他派武裝副官鄧貴南來廣州找我，鄧副官跟他的日子很長，在李將軍當師長的時候就開始當他的副官，和他很親密。當時我考慮父母還在，整天在外始終沒有家庭溫暖，就決定留在國內，沒有跟隨他去了。

1982 年，李將軍離國後第一次從美國回來，住在廣東迎賓館。我聽到消息立刻去見他，他說：「我沒有幫你做些什麼，給你一百元買東西吃吧。」那時候，一百元美金價值很高。他第二次回來，我寫了一兩幅字贈他。

1947 年元月 8 日，李漢魂將軍全家離開香港赴美前合照。

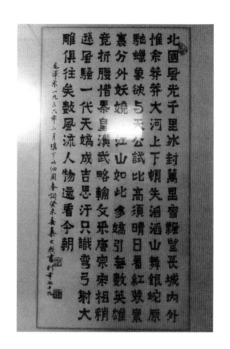

秦體字

書法藝術

從小我就練書法，父親常說字如衣冠，[76] 寫一手好字，等於穿上一套好衣服。如果連字也寫不好，就等於衣服歪歪斜斜，見不得人；別人沒心情看你的字，你也得不到預期結果。所以，他要我一定練好書法。他還說從前科舉的主考官，不是看你的文章，而是先看你的字；拿試卷一看，如果字能吸引他，他就會從頭到尾把文章看一遍，如果字寫得不好，他就把試卷扔到一旁，即使文章寫得字字珠璣、精彩絕倫，但字吸引不了他，還是被棄掉。故此，他要我一定要寫好字，這樣謀生也更容易。

開始練字時，是描紅和填格。筆劃寫歪了，爸爸便要我重新寫過。於是，從小時候便培養了寫書法的興趣，後來一點一滴積累經驗。書法不能靠三個月速成班，要以整個人生來學習和修煉。戰爭那幾年，我在軍校寫黑板報、大字報。文革期間，我在鄉下被監督勞動，報稱自己是文盲，平日不敢公開看報和讀書；別人在黑板上寫的文章，從不敢看；別人做報告，我也不參與。有一次，我被趕到水上運輸社當船工，運輸社要寫一幅大橫額「歡送知識青年上山下鄉」，請一位醫生幫忙。那位醫生和我投緣，知道我的底細。他就請我代寫。我怕被識穿，不敢寫，他便叫我回家寫，完成後偷偷拿回來，就當他寫。我看在友誼份上，便在一塊大紅布上揮筆書寫，第二天交給他，後來掛了出來。大家說那個醫生的字，原來這麼漂亮！最後，書記還是發現了。廠長叫我到辦公室，要我老老實實，坦白交代。又說我隱瞞歷史，原來是高級知識分子，字寫得好，卻說是醫生寫的。結果他不要我做船工，調我回來辦公室幫忙寫東西，又叫我以後不要亂報歷史。這次，我因禍得福了。

---

76 秦先生父親秦咢生（1900－1990）為中國著名書法家和秦派書法創始人，歷任廣東文史館副館長、中國書法家協會廣東分會主席。秦先生自幼隨父習書法和篆刻，並鑽研歷代名家碑帖和秦漢印譜，在爨寶子碑、大小篆及天發神讖碑等基礎上，開創自己的特點和風格的字體。秦先生並以其獨有的秦體字，為「秦咢生故居」題名。

解放後，我受到運動衝擊，因為自己太忠厚、直率，對政府提出許多意見，得到「右派」、「極右分子」的帽子。他們說我反黨、反社會主義、反人民。我在英德勞改場，勞改了 20 年。那時我有個看法，就是整個社會是一個舞台，掌握權力的人是導演，下面的人全是演員。導演要你扮演什麼角色，你就扮演什麼角色；要你扮乞丐，你就成了乞丐的樣子；要你扮當官的，你就扮成官；要你扮勞改犯，你就像勞改犯。當時我被調派去運礦，每星期開會評表現，我必被評為下游。因為要挑擔 150 斤以上的礦石才能達到上游，而我只能承擔 60 斤。不過，這種評核也激發了我。我不甘落後，每天早上 5 點起床，拿兩個籮筐裝上幾塊大石，然後稱重，夠 100 斤了，就送回來。就這樣，我來來回回地走，從中鍛鍊自己，籮筐裏的石頭也愈加沉重。幾個月後，我就挑到 220 斤，遠超 150 斤了。後來，我被調去燒石灰。最初只做徒工，但我很認真，學懂如何掌握火候、如何在結窯的時候擺石頭、如何留下火爐……後來我研究通透，就當上了石灰師傅。

在勞改場被人監督勞動，我失去自由，但可以體會到許多書本上沒有的社會知識。譬如榨糖，本來 100 斤的蔗可以榨出 10 斤糖，但我有辦法把 100 斤的蔗榨出 11 斤糖，比原來多了 1 斤。那麼，1 萬斤蔗，我就可以榨出 1,100 斤糖，絕對超產。當時那裏有什麼事，人家就來找秦大我。在勞改場，我不過是勞改犯的角色，是整個社會上的一員。但如果演好他，我就是第一了。憑着這種信念，我今天成為了書法家。我從沒打算做書法家，但父親是世界著名的書法家，我當他兒子，就不能丟父親的臉，所以我也拼命去學，最後也學通了。

總的來說，這種意志力，歸根結底是在兒教院當小孩子時，從集體生活中鍛鍊出來的。在戰地服務時沒水喝，我們就撿拾日本仔的鋼盔，拿沙洗乾淨，然後在下面放磚頭燒水。這種從小培養的獨立生活精神，現在一般家庭的兒童是沒有的。我們這些從戰爭走出來的孩子，卻有股獨立強毅的生命力。

秦大我（2009，廣州）

　　　　　　　第三章　弦歌不輟　戰火人生：兒教院師生口述史

廣東難童
黃光漢

> 直到抗戰勝利後兩年，……我離家已經八年，想那該是回去的時候了。……回到家的時候，感嘆小時候大到可以打筋斗的地方，怎麼一下子變得那麼窄小。

生平簡介

1925 年生於廣州，原籍江西。

6 歲念私塾，11 歲入讀廣州五十五小學及廣州大學附中。

1938 年，加入少年連。廣州淪陷後，隨搶救隊加入兒教院的直屬大隊，為兒教院第一批院童。後加入政工隊，在五十五師當通訊兵，曾到雲南及緬甸作戰。1947 年回到廣州，1948 年移居香港。抗戰 70 週年紀念，獲頒老兵紀念獎章。

童年生活

1925 年，我在廣州出生，住在今天的海珠區。我原籍江西，爸爸年輕時從江西到廣州工作，廣州話說得不錯。在廣州生活後，再沒有回江西了。那時爸爸在藥材莊當廚師，江西、湖南、湖北和福建各省的客商，到廣州採購藥材時，多住在藥材莊，就像住公寓一樣。

我有十三兄弟姊妹，為同一位母親所生。我排十一。由於死亡率高，在懂事的時候，就只剩下六兄弟姊妹。兄弟的年齡差距很大，大哥較六哥年長十年，六哥又比我大十年，我又較妹妹年長數年。因為孩子多，我們不可能一起念書。

六歲時，我入讀卜卜齋。當時大部分人都讀私塾。我念了五年，但已記不起學校的名字，只記得上課的地點是一個大廳，裏面有些椅子和板凳。卜卜齋沒有開學禮，開學時，大家帶些芹菜和韭菜回校。芹菜喻意勤勤力力，韭菜喻意長長久久，以此寄望讀書能讀久一點。卜卜齋只有一位老師，總是穿長衫，頗嚴格的。同學不聽話時，他便用戒尺打手掌，我也曾經被打。那時共有二三十位同學，一起上課，沒有分級，也沒有分班。我們全天上課，中午時便回家吃飯。

我在學校讀過一點四書五經和古文，不過無心向學，總覺得卜卜齋教的東西很深奧。那時以毛筆寫字，沒有鉛筆。小時候，我很頑皮，寫字時把紙撕成像被蟲蛀的樣子，佈滿小洞，這樣便可少寫一點。現在回想起來，花在撕紙的時間，其實可以用來寫好字。說真的，那時對卜卜齋也沒有所謂喜歡或不喜歡，因為我只是被迫上學去。

或許父親認為讀卜卜齋沒有前途，加上我對卜卜齋沒有興趣，他決定讓我轉到離家不遠的廣州五十五小學讀書。小學和卜卜齋有很大分別，小學要穿校服。媽媽

特別為我縫製，還神秘兮兮的。校服褲是卡其布的西短褲，[77] 上衣就不記得了。小學沒有卜卜齋那麼嚴肅，不用整天讀書，我覺得很好玩。當時的科目有中文拼音、算術、音樂、體育和社會，但沒有英文和童軍課。

我在廣州五十五小學念了一年，爸爸帶我去廣州國民大學附中考初一。因為我沒有學過英文，數學程度又低，所以考不上。最後爸爸以行賄方式，安排我入讀廣州大學附中。但讀了不足一個學期，我就離開，去了社訓總隊。[78]

在廣州的時候，由於卜卜齋教的東西不多，老爸特別讓我晚上補習英文。當時大哥懂英文，在打響館做類似會計的工作，[79] 他也叫我補習英文。於是，我學了幾個月英語拼音。這對我後來學習無線電，很有幫助。

廣州少年連

在廣州大學附中讀了不到一個學期，廣州開始打仗。那時抗日宣傳很熱鬧，到處都有演講和街頭劇，我印象最深刻的就是《放下你的鞭子》。[80] 我看了後，對抗日戰爭印象深刻。那時抗日戰爭進行得如火如荼，廣州市政府組織了「社訓總隊」，其中有成人模範團，也有少年模範團。少年模範團是少年連，也就是軍、師、旅、團、連、排、班的連，每個連約有 144 人。當時在廣州大學附中，同學們互相傳達社訓總隊的消息。你傳給我，我傳給你，從中得知相關訊息。那時我非常羨慕軍人，也喜歡軍裝，加上有個親戚，就是大嫂的弟弟，在黃埔軍校畢業，回來時雄赳赳的，身上佩劍，十分威風！我很羨慕他，也希望能成為那樣的軍人，所以聽到消息後，就決定參加少年連。

77　卡其布（Khaki）是由棉、毛、化學纖維混紡而成的淺褐色織品，波斯語原文有大地顏色、土色之意。
78　社訓總隊全稱為「社會訓練總隊模範團」。
79　打響館為廣東俗語，指替客戶報關稅的機構。
80　《放下你的鞭子》原為田漢據德國作家歌德小說改編的獨幕劇。1931 年，陳鯉庭再改編為抗戰街頭劇，為戰時廣受歡迎的話劇。

當時加入少年連不需什麼資格，年齡不超過 17 歲便可。我很想入營接受軍事訓練，但家人不同意，尤其是大哥。大哥是家中的話事人，[81] 我去遊說他，說參加模範團可以接受軍事訓練。但大哥說槍比我還高，不讓我去。但我不理會，決定先報名；報名後，我仍然決定要去。這樣我便參加了少年營。當時什麼也沒有帶，其他人各自帶了行李，而我是入營後一個星期才回家拿東西的。不過回家的時候，姐姐已經幫我準備行李了。

　　1938 年夏天，我入營了。模範團營地在廣州郊區，好像是小北那裏。[82] 當時少年連的生活就如軍隊，吹喇叭作起床號。起床後，便洗面，然後吃早餐、上課和出操。夜晚好像八九點休息。連的生活很有規律，和正規軍隊訓練沒有什麼分別。我進去的時候，分成三個排，每個排有 48 人，三個排為一連。每個排長管 48 人，排長是女的，有好幾個，我只記得一個叫彭麗君，一個叫沈靈。連長叫雷凱聯，是女的，台山人，體格威猛，很厲害。雷凱聯主要負責連的訓練和讀書，而「三操兩講」的兩講，則由排長輪流負責。所謂「三操兩講」，操就是練兵和操兵，講就是教官講解軍事知識。軍操的內容，主要是步操，但也會練槍和學瞄準。練習時，我們會用真槍。至於講課內容，除了有軍事知識，還有關於抗戰情況和當時形勢的分析。我們每天要操練數次，上午要操，下午也要操。操得不好，或者不聽話，就要受罰。頑皮和不聽話的學員，會被禁閉，情況就如軍隊。被罰的人，要像青蛙那樣彎腳站立 10 分鐘或 20 分鐘。總之不聽話，如吵架和以大欺小等，均會被罰。一般來說，排長負責懲罰學員。

　　當時我們穿的軍服，和國民黨軍隊一樣，只是小一點。襯衫和褲子是草綠色的，沒有皮帶，只有褲頭帶。鞋是布鞋，軍帽是尖尖的欖士帽。伙食方面不是很好，還可以吧，一日三餐，可以吃飽。當時家人怕我沒菜吃，就用小瓶裝豉油，[83]

81　話事人為廣東俗語，指對事情有決定權的人。

82　小北即現今廣州市越秀區。

83　豉油為廣東俗語，指醬油，四川、福建等地又稱豆油。

再弄點豬油給我撈飯。[84] 在營中吃飯有時間限制,五分鐘便要吃完。對我來說,很困難,但我覺得少年營的生活還是很好玩的。

少年營有男有女,男的較多。男女一起訓練,但宿舍是分開的。我們睡兩層的碌架床,[85] 很多人擠在一個房間裏。營內發給我們草蓆和氈子,每天起床必須把床鋪整理妥當,將氈子摺好,規格和軍隊完全一樣。

一般而言,我每週回家一次。當時家在廣州海珠區,從小北回家,要坐巴士和走路,約兩小時才到家。週末回家,星期一回營,有時星期天晚上便回去。由於不允許探訪,家人也沒有來過營地。

我們整個連有 144 人,同學大約 12 至 17 歲。我最好的同學盧佩蘭,後來也同樣是兒教院的同學,至今認識 70 多年了。盧佩蘭還健在,現居多倫多,至於其他好朋友,大多不在了。我和盧佩蘭相熟,並非在廣州的時候,而是在少年連退出廣州之後。那時大家一起生活,她當我是弟弟般照顧。如是,我並不覺得少年營生活很辛苦,因為我喜歡。

然而,受訓不夠半年,1938 年八至九月,廣州快告淪陷,我便跟隨少年營離開廣州。當時連長告訴我們廣州快淪陷,我們必須撤退。我們可以跟着撤退,也可以不跟,自己決定。我想既然來了,有幸受訓,大家相處又好,不如一起走吧。家人原本不批准,說離開很危險。我說會跟着大隊一起走,家人才准我離開。離開廣州時,母親準備了一條褲頭帶,內藏一點銀元,給我傍身。原本少年連有 144 人,最後只有數十人跟着走。

---

84 撈飯為廣東俗語,指伴飯。
85 碌架床為廣東俗語,指雙層床。

少年營撤離廣州後，首先乘坐廣三鐵路列車，[86] 經三水到四會，在廣寧、懷集等候命令。當時由連長雷凱聯和排長帶隊撤離，除連、排長外，還有一位教練叫趙輝。我記得在懷集，日軍飛機白天轟炸，趙輝不幸被炸死。那時沒有防空洞，我們也沒有特別保護自己。在懷集，我們駐紮在祠堂裏，睡竹製的碌架床。在懷集停留了數月，沒有什麼特別，基本上就是學習和操練，仍然保持「三操兩講」。伙夫負責膳食，不過食物很簡單。

數月後，我們獲安排去連縣。從懷集去連縣，是走路的。記得我當時感冒發燒，大家以擔架床抬我走，印象中走了幾天才到連縣。在連縣停留約一個月，才去韶關。我記得連縣在粵北那邊，有少數民族。我們席地而睡，沿途自己背着行李走。所謂行李，不過是裝些衣物的簡單包袱。那時還有「三操兩講」，但不是很正規。

離開時，我們從連縣乘車去韶關，那種車既不像巴士，又不像貨車。記得我們在某個地方翻了車，掉到十幾米的深處，再往下掉就是山溝了。幸好水沒有淹到我們，也沒有人喪命，不過車上有幾個客人咬到舌頭，幸好沒有大礙。

沙園兒教院

到了曲江，我們就去沙園，那是兒教院的校址。我們是兒教院第一批院童，約數十人。後來陸續收留不少來自淪陷區的小孩，我也曾參與接收工作。說真的，我們這些從淪陷區走出來的小孩，身無分文，大家來自五湖四海，真是什麼人都有。那時沒有「難童」這個稱呼，我想後來所謂的「難童」，是指落難的兒童，就是從淪陷區搶救出來的小孩。在兒教院，大家稱呼名字，沒有「院童」、「難童」的說法。

86　廣三鐵路即廣州至三水的鐵路。

1938 年少年連北撤路線圖

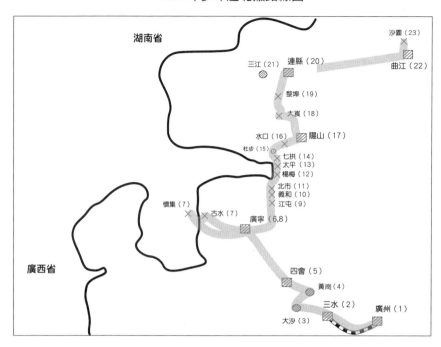

圖例：

路線：廣州—三水—大沙—黃崗—四會—廣寧—古水、懷集—廣寧—江屯—

義和—北市—楊梅—太平—七拱—杜步—水口—陽山—大崀—黎埠—

連縣—三江—曲江沙園

━━━━━━━ 省界

▨ 縣　◉ 要鎮　✕ 待定　⊙ 郵政所到之處

資料來源[87][88][89][90]：

　　廣東省地圖，台灣總督府文教局學務課，昭和 13 年（1938），香港科技大學圖書館藏。（本圖按

原圖比例尺 1：900000 放大 13%）

87　黃光漢訪問稿，2013 年 12 月 06 日。

88　雷潤培：〈廣州市的少年兵——回憶廣州淪陷前後的歲月〉，載李滇：《幸餘生——抗日時期難童人
　　生紀實》，2009 年，頁 67–70。

89　趙家舜，1940 年，頁 15–21。

90　廣州市黃埔區政協編：《黃埔文史》黃埔第 15 輯，2012 年。（編撰來源為《逝水留痕——徐佩珩回
　　憶錄》，手稿存廣東省檔案館）。

我在 1939 年左右到沙園，1941 年離開，住了一年多時間。到兒教院不久，院方便根據學業程度甄別分班。那時兒教院還沒有分院，集中在沙園一地。那時沙園是鄉村，房屋以竹子搭建，屋頂則由松樹皮蓋成。沙園的生活比少年連的艱苦，我們睡碌架床，有飯吃，但菜較差。由於兒教院是由政府開辦的，所以膳食是免費的。我們經常只有蔬菜和豆腐渣吃，豆腐渣即製豆漿後的剩餘豆渣。至於蔬菜，多是南瓜。在生活方面，宿舍供應水電，我們不用挑水，只管讀書便可。兒教院沒有軍服穿，物資較短缺，很多同學都營養不足，甚或患上「發冷病」，即「瘧疾」，外省人叫「打擺子」。病發的時候，患者蓋上很多張棉被仍感到寒冷。又有些同學患上「發雞盲」，[91] 情況很普遍。

沙園兒教院就如學校，每天上課，學習國文、常識和算術等科目，但沒有英文、古文、童軍，也沒有尺牘和軍事訓練。早上起床，集合排隊，再吃早餐。因為不是軍隊，不須操練。我們吃完早餐便上課。當時有人負責打鐘，他用一塊吊着的鐵，敲打鐘身一下，我們聽到鐘聲便下課。學校實施全日制，中午吃飯，下午再上課。下課後，沒有什麼活動，自己只在那兒自由活動。

記得蔣經國和他的蘇聯夫人，1939 年曾參觀兒教院。當時負責人告訴我們蔣經國來參觀訪問，同學就把消息傳出去。蔣經國到來的時候，有記者同行。記得當時我在吃飯，被那個記者拍了一張照片，不過我自己從未看過。蔣經國參觀那天，我們只像平常一樣上課，也沒有特別表演。印象中除了蔣經國，宋美齡也曾到訪兒教院，但具體時間已經記不清了，大概在 1940 至 1941 年間。[92]

91　發雞盲為廣東俗語，指雀目病，症狀為在暗處或夜間視物不清。

92　根據黃光漢先生回憶，蔣經國夫婦及宋美齡女士曾到訪兒教院，惟日子未敢確定。按「廣東兒童教養院大事記」，1940 至 1941 年間，蔣經國夫婦及宋美齡女士均未有訪問兒教院。見廣東兒童教養院院史編輯組：《烽火歲月的豐碑：廣東兒童教養院院史回憶錄》，頁 138－148。然而，1940 年夏粵北大捷時，蔣經國曾指示贛縣黨政軍及工商界，籌組贛南各界慶祝粵北大捷勞軍慰問團，中央社亦派宗有幹為隨團記者，攜帶錦旗和大批慰勞品，到韶關慰問戰區官兵，並在七戰區長官部大禮堂舉行慰問大會。黃先生有關蔣經國夫婦到訪的憶述，或與此事有關。參考徐浩然：《蔣經國章若亞在贛南的日子》，頁 167－168，（欠出版社及年份）。

黃崗直屬大隊

後來院長成立了一個直屬大隊，直屬大隊好像屬於省政府什麼的，在曲江的黃崗。直屬大隊就是選一些較有天分和精靈的同學，教他們話劇、魔術和粵劇。我記得那時院長為了向中央拿錢，或向人募捐，需要學生表演，所以組織直屬大隊。直屬大隊有話劇組、粵劇組和魔術組，大家排好節目就出去表演。當時多在韶關表演，觀眾也是當地人，算是籌款表演吧。直屬大隊不是報名參加的，而是要選拔的。我不記得誰負責選拔，但我獲選了。當時院長來到，一方面看看誰比較聰明，另一方面詢問導師的意見，獲選的同學搬往直屬大隊，也就是轉到黃崗那裏去。

當時省府主席的公館就在黃崗，我們則住在主席公館隔壁。那間房子不小，可以容納數十人。當時直屬大隊大概有二三十人，全是精英，有男有女。我們分為三組，即話劇、粵劇和魔術三組。[93] 我獲分配到話劇和魔術組。話劇組有十數人，導師是導演晉楓。[94] 魔術導師叫鄭兆洛，[95] 約六七十歲。最後，教粵劇的導師是吳熾森。[96]

我前前後後演過幾套戲，一是《岳飛》，我演岳飛；一是《小英雄》，我也演小英雄，都是主角。還有一套講黑死病，但忘記了戲名。劇本是導師給的，我們只是演員。當時學話劇，會學演技、念對白和讀劇本。記得我們曾經在韶關禮堂演出籌款，那天我當主角，演岳飛，在背上寫着「精忠報國」幾個字。這是我第一次表

---

93 直屬大隊初成立時有話劇組、歌詠組和雜技組，後增設粵劇組。參考先文：〈實驗小學〉，載廣東兒童教養院校友會：《慶祝廣東兒童教養院建院 70 周年紀念專刊》，廣東：廣東兒童教養院校友會，2009 年。

94 除晉楓外，兒教院話劇組亦聘著名導演江楓為戲劇總指導。見廣東兒童教養院院史編輯組：《烽火歲月的豐碑：廣東兒童教養院院史回憶錄》，頁 162。

95 訪談時黃光漢先生記不起魔術老師的姓名，後翻查資料得知應為鄭兆洛老師，黃先生已確認。見廣東兒童教養院院史編輯組：《烽火歲月的豐碑：廣東兒童教養院院史回憶錄》，頁 165。

96 訪談時黃先生不記得吳老師姓名，後翻查資料確定為吳熾森先生。見廣東兒童教養院院史編輯組：《烽火歲月的豐碑：廣東兒童教養院院史回憶錄》，頁 163。

演，心情很興奮！戲長約一小時，角色除了岳飛，還有秦檜和岳母。記得當天觀眾很多，禮堂很大。演出的道具由大隊提供，服裝則由學校負責，演出前大家要化妝。排練時，我們要背好台詞。演出當天從黃崗坐車去韶關。表演結束時，我很興奮，然後大家乘車回去黃崗。

第二次演出，也是在韶關禮堂，那次是魔術表演。表演的魔術是把人放進一個櫃子裏，然後那人在櫃子裏消失，再從後台走出來。我負責演那個消失的人，而魔術師就是魔術組導師。雖然我們演出機會不多，但還是不時排練。簡單來說，直屬大隊跟沙園不同，沙園學的是一般學校教的知識，直屬大隊則學表演的知識。

此外，直屬大隊吃的和用的，均比沙園好，例如直屬大隊有肉吃。那時和我比較要好的朋友是江克明，同學在我的紀念冊上寫我「鶴立雞群」，唯有江克明的看法不同。他認為我身為領導，須要謙虛，所以我對他印象比較深刻。而老師方面，我印象最深刻的是導師晉楓。他是藝術家，為人隨意，不修邊幅，那時他五十多歲。還有吳菊芳院長，她當時住在直屬大隊隔壁，大家差不多每天見面。我們稱她吳菊芳院長，她來的時候，戴金絲眼鏡，穿長衫，打扮得很斯文，很慈祥。她也會穿軍服，但不常穿。

我們在直屬大隊沒待多長時間，就遷回沙園。那時候我知道沙園有實驗小學，但我記不起自己是否實驗小學的學生。回沙園後，也在從前的校址上課。當時老師用廣東話教書，不用普通話。院長吳菊芳和主席李漢魂發表講話時，也用廣東話。兒教院沒有什麼學生組織，功課也不是很多，放學後大多自己活動。平時我們用鉛筆和毛筆寫字，紙則由學校提供。那時我算是模範生，學習很出色，可惜沒有成績單。

那時黃友棣先生還未寫院歌，但我見過黃友棣和何巴栖，也記得他們的樣子。當時我已知道何巴栖是藝術家。記得兒教院很早便有粵劇團，由吳老師帶領，但我

沒有見過關德興師傅，只知道他後來到兒教院教授粵劇。

總的來說，兒教院給我們吃和住，但沒有零用錢。離開廣州時，媽媽曾給我銀元，我沒有用過，但後來不見了，不知道是否被人偷了。

政工隊

兒教院有一位老師叫李健行，他去了第六軍五十五師一個補充團組織政工隊。他是隊長，想招攬年輕人參加政工隊，即「政治工作宣傳隊」。它專門為新兵唱歌和演戲，宣傳當兵好的信息。李健行後來回到兒教院，找我們三個同學。我們全是兒教院表現較突出的同學。他想把我們招攬過去，當他的隊員。他跟我們說參加後便可當准尉，[97] 准尉是國民黨編制中最低的官階。准尉之後是少尉、中尉和上尉。當時我決定離開，因為考慮到兒教院的生活比較艱苦，同時聽到可以當准尉，也就是當官了，所以決定跟他去。那時我沒有通知家人，是自己決定去的。於是，我不辭而別，就這樣離開兒教院。記得我抵達沙園的時候，兒教院只有數十個小朋友，但在我離開之時，卻有很多同學，兒教院也加建了不少茅屋。

和我一起參加政工隊的同學，一個叫駱昌洪，一個是江守仁。我們三人，只有我是直屬大隊的。因為大家來自同一所學校，所以認識。記得走的時候天氣有點冷。臨走前，我沒有什麼準備，畢竟當時家當很少，而自己又是偷走出來的，根本沒有機會跟同學和老師道別。忘記了是 1940 年還是 1941 年底，[98] 我們三人在學校會合，再坐火車去樂昌，李健行在那裏等我們。我們已經不記得是否坐「霸王車」去樂昌了。

97　准尉為軍人職銜，地位介乎於軍官與士官之間。
98　黃光漢先生前文提到 1941 年離開兒教院。

會合後，我們便跟着李健行在政工隊唱歌。李健行的政工隊，主要工作是安撫和教導新兵。學了唱歌，就去新兵連唱，所以他想招攬有表演能力的學生。當時我們唱《大刀進行曲》，還有其他歌曲，不過已經記不起歌名了。當時正值抗日戰爭，有專人教我們唱抗日歌曲。那時政工隊大概有十幾人。有位隊長帶着一個新兵團到貴州受訓，其間不能坐車，只能走路。那些新兵負責搬運東西，但伙食不好。早飯吃粥，但水比粥還要多，還有幾盒黃豆。相對來說，我們政工隊的伙食稍為好一點。記得有一個新兵，半路上走不動，便坐在地上。我親眼看見一個排長在他耳邊開槍嚇他，說走不動便要開槍，最後那個新兵只得跟着部隊走。當時的新兵真的很淒慘！那時我們剛加入，當上了准尉，自覺很威風。記得當時有一個笑話，我們隊伍抵達貴州安定下來後，穿上軍服，佩戴了准尉的領章。然而，師長卻對我們說：「你們能不能不戴准尉領章，改當上士，因為衛兵不服氣，不願向你們幾個小伙子敬禮。」我們三人哭着哀求要當准尉，因為上士是兵，准尉或以上才是官。

從樂昌開始，我們一路坐火車到貴州興仁縣，火車由貨車卡組成，沒有座位，我們一幫人睡在一塊兒。有一次，火車晚上抵達都勻，停了下來。大家早上下車洗臉漱口時，竟然看見隊長和其中一個女隊員搞在一起，他作風不好，搞不清楚男女關係。因此，我們的團就這樣在貴州被解散了。

五十五師的通訊兵

團隊解散後，由於缺乏無線電技術人才，我們三個小伙子也比較機靈，上頭便調我們去五十五師當無線電見習生，職級是准尉，學習收發無線電報，且有工資。我們的師長是陳勉吾，師部駐在貴州興仁縣。而教我們的是兵線電排排長。我們在大後方學習並不緊張，但其實只有我有興趣，其他兩人可能不太懂英文，興趣不大，所以不久就離隊了。無線電是那時最先進的通訊設備，通常只有團和師才有無

線電。而無線電器材是背在身上的，發電機則是手搖的，發出去的是摩斯密碼。[99]

在貴州待了一年，我被調到第六軍，跟隨部隊到雲南作戰。當時我已升為報務員，不再是見習生了，故可上機收發電報，負責師、團間或軍、師間的聯繫工作。每個師和團都有一個電台，最少有四個報務員每天當班。由於部隊要到各處去，只能間中跟家人寫信，聯絡很少。1946年，美國幫助國民黨，把很多物資運來大後方，除武器外，還送了一批最新型的通訊設備。相比之下，我們的通訊設備較原始和落後。我們慣用的收發報機很大型，高兩尺左右，美國用的也是膽機，但只須裝在車子上，而且收發能力很高。發電機是一個用電油的拖卡，機身很大。車上可坐四個人，四個報務員就在上面操作。因為要學會操作這些新器材，上頭在昆明成立了中美訓練團，由美軍派人教授。

我所屬的連隊，決定派我去那裏受訓，因此我晉升很快，不到兩三個月，便升了一級，成為少尉報務員，領章上就是一條桿加一顆星。我學了一兩個月，教我們的是一位名叫普魯士的沙展，訓練時用英文，但是也有翻譯員在場協助。我學會了，便回到部隊工作。回到部隊時，他們還沒有新設備，而我便升了當台長，官階為中尉，在部隊裏叫做無線電班班長，負責帶領十幾個通訊兵。

遠征軍

回到昆明，部隊重整。我們的部隊被編為中國遠征軍五十五師，派往緬甸作戰。我也不知道為何會選我們，只知這是中央的決定。我們很歡喜，以為不會很艱辛，因為通訊部隊整天只在後方跟師部一起，與身處前線的團部不同。

---

99 摩斯密碼即摩斯電碼（Morse Code），1836年由美國人薩繆爾・摩斯發明，以一種或續或斷的訊號代碼，加上不同的排列順序，代表不同的英文字母、數字或標點符號。它是戰時機密通訊的主要方法。

黃先生參加遠征軍時攝

約在 1942 或 1943 年，我從昆明到騰沖高黎貢山，[100] 跟着部隊與日本人打仗。高黎貢山接近緬甸，當時飛虎隊在印度作戰。[101] 我們通訊兵留在後方，不用上前線，只是在高山上看他們打炮戰，沒有埋身肉搏。[102] 記得從昆明坐車到騰沖，有一輛車爆炸了。後來查出是一名新入伍的步兵不慎把背包及手榴彈當椅子坐，把手榴彈的手柄坐斷了，導致爆炸。那時美國提供的手榴彈是手柄式的，稱為「菠蘿式」，引爆時拉開手柄投擲出去，所以新兵坐斷了手柄，整輛車便發生爆炸了。

此外，部隊經過高黎貢山下的惠通橋時，剛好是夏天，天氣很熱。但在緬甸，日子過得還好，米又香又滑。發薪時以「kyat」計算，[103] 貨幣不同，感覺是兩種東西。到達緬甸不久，有一個士兵強姦了當地的女人。當時軍長是陳明仁，[104] 他立刻下令把那名士兵槍斃，殺一儆百。這也難怪的，畢竟緬甸風俗跟我們的不同。我們去臘戍時，看見當地婦女洗澡也穿「紗籠」，但在郊野，卻發現村莊裏的女孩子在河邊挑水時，打了水便脫衣服跳進水裏，兵大哥看得睜大眼睛。我想可能因為習俗不同，才發生那種事情。

在緬甸不足半年，我們便打敗仗了。起初遠征軍雄赳赳的，不料很快便被打敗。日軍來勢洶洶，前線要求師部給山炮，以擋日軍，但全師只有三門山炮，全都

---

100 高黎貢山位於中國和緬甸邊界，長約 500 公里，是怒江和伊洛瓦底江的分水嶺。
101 飛虎隊全名為「中華民國空軍美籍志願大隊」（American Volunteer Group），二戰期間由美國退休飛行教官陳納德創立。大隊分成三個中隊，共有 90 架飛機，在中國、緬甸等地與日軍作戰。
102 埋身肉搏為廣東俗語，指近身搏擊。
103 「kyat」為緬甸貨幣單位。
104 陳明仁，湖南醴陵人。1944 年率七十一軍入雲南，負責攻打滇緬邊境的日軍，打通中印的出路。他在騰沖、松山、龍陵、回龍山等地作戰，屢立戰功。

運過去。但還沒運到，日軍已經來了。我們是通訊兵，消息比較靈通。有一些從前線打回來給軍長的告急電話，說已經抵不住日軍了，問應該怎麼辦。我們回答：「師長正在睡覺，叫他們問副師長。」結果大家你推我讓，推了還不夠半小時，日軍坦克和裝甲車就開過來了。公路口那些衛兵不知道是什麼一回事，將車截下來檢查，剛剛爬到炮口時，便「砰」一聲被轟中了。日軍知道有部隊駐紮，便向我們開槍和開炮，我們立刻趴在地上，機槍子彈打到竹子上砰砰作響，竹子倒在我們身旁。剛好我旁邊有位士兵發抖，我說不用怕。打了 10 分鐘，師部未有作戰，也沒有反攻，我們便向山邊撤退。那時我們只背着一袋米，士兵負責背通訊器材和槍枝，走到半路大家已經很疲累。休息時，發現前面沒有什麼動靜，再下去一看，嚇了一驚，原來全是樹頭和草叢，這才知道已經和部隊失散了。當時我們害怕得不得了，急忙地找部隊，幸好最後找回了。那時已天亮，竟然見到師長穿着內衣褲出來，非常有趣！因為來不及撤退，這個有關陳勉吾師長的笑話，便出來了。

在緬甸撤退時，還有一個笑話。話說國民黨軍隊走進當地的廟宇，想撈點甜頭，因為緬甸的廟宇十分有錢，什麼寶物都放在寺廟裏。大家看看能不能發洋財，怎料入廟後發現什麼也沒有，只有一些包棉的紗布，如口罩般，後來才知那是婦女用品。此外，在雲南邊境，當地人的生活跟緬甸很接近，婦女都在河邊大、小便。我們撤退時不走原路，而是走中印邊境，再退回雲南思茅，即今天的普洱，然後回到寶山休整。當時我們住在一條鄉村的大宅裏。房主是姓黃的兩兄弟，可能是大地主。行軍時，我們沒有固定駐紮地方，一般都住在別人的家裏。大宅地下是房廳，樓上是穀倉，我們住在二樓穀倉。房主兄弟沒有兒子，只有女兒。當時大哥看中我，希望我入贅，叫他兩位女兒整天陪着我。當地很流行入贅，但我很年輕，只有二十多歲，對這種事情沒有什麼想法。

我們駐守寶山時，日本人便投降了。當時全城很高興，但沒有特別慶祝，畢竟消息也不很清楚。一個多月後，我們去昆明休整，接着回到重慶，後來又調去上海。其實，我上戰場不足半個月，時間很短，但印象很深刻。雖然我們不用作戰，但看到日軍勢如破竹衝過來時，我真的很害怕。

日軍投降後不久，國共內戰爆發。我被調到上海，然後坐美國軍艦到遼寧的葫蘆島。在軍艦上，我第一次吃到美國麵包和午餐肉罐頭。接着我被調去瀋陽，加入通訊兵團。回想起來，自從少年連解散後，我到了兒教院，便沒有想過回家。直到抗戰勝利後兩年，即 1947 年，我離家已經八年，想那該是回去的時候了。於是，我開小差走了，[105] 回到廣州。幸好家人沒有搬走。回到家的時候，感嘆小時候大到可以打筋斗的地方，怎麼一下子變得那麼窄小。

在廣州，我不能從事電報工作，便坐太古船到香港謀生。[106] 但我不在香港出生，英文程度又不高，不能當報務員，所以便回到廣州。在朋友介紹下，我到了巴士公司任職售票員，那時是 1948 年，國共內戰還未結束。後來，我再次來港，投靠哥哥。

總的來說，我已忘記很多兒教院的事情，也沒有保留什麼照片或資料，現在想起的就是當年被記者拍到的那張兒教院照片。

黃光漢先生因口述史訪談，聯絡上兒教院校友，並在網上尋找到當年同學。2014 年，獲頒 IT 耆星。

105　開小差為廣東俗語，指借故偷走。
106　太古船即由太古集團運營的船。

廣東難童
高伯球

　　日本仔來的時候,我八歲,還沒有讀書。當時日本仔先到花縣,再經廣州前往獅嶺。當時我們很淒涼,沒有吃的。

生平簡介

　　1928 年生於廣東花縣。

　　八歲隨搶救隊到韶關,加入兒童團,後入讀兒教院第二院和第四院。約兩年後,入讀培德小學,不久離校,暫居樂昌。和平後,赴港尋親,後再回樂昌生活。1949 年後,回港生活。

童年生活

日本仔來的時候，我八歲，還沒有讀書。當時日本仔先到花縣，再經廣州前往獅嶺。當時我們很淒涼，沒有吃的。花縣很窮，村子又大，有幾百人。後來搶救隊到白石村，他們問村長：「日本人打來了，你們村子裏的兒童要不要疏散去韶關？」當時我沒有問母親，便跟着搶救隊走了。弟弟留在家裏，沒有和我一起走。家人晚上找我的時候，村裏人告知我已跟搶救隊去了韶關。小時候，我膽子真大，六七歲就到處走，如替家人送禮給親戚。那時鄉下人很有禮貌，每年都要送餅和鹹肉粽給外婆。

隨搶救隊到韶關

記得那時我們村裏有數十人去了兒教院，以我年紀最小。因為年紀太小，搶救隊起初不讓我去，但我一路跟着，後來就讓我跟着去。那時候，我不知道去韶關做什麼，只知道那裏有飯吃。搶救隊的姑娘，多為中專生或大學生，一路帶着我們從花縣走到韶關。

我們一路坐船，從國泰、清遠到石角，花了七天才到韶關。那些船是用人拉的，北江水很急，五六個船家就用大纜來拉船。我們沿途有飯吃，三餐都吃魚。晚上睡在船上。我年紀最小，有時候會哭，搶救隊的大姐姐便哄我，叫我不要哭。離開家鄉時，我沒有回家收拾行李，什麼都沒有帶，也沒有和小朋友們道別，便隻身跟着搶救隊走了。

到了韶關，我們先在西河壩上岸，記得那裏有間西河醫院；然後便去省政府，在那裏逗留一晚。第二天早上，我們出發去犁市墟仁村。那時的兒教院，叫兒童團，還未正名為兒童教養院。我們花縣去兒教院的小朋友最多，約有一百多人，四會則排第二。[107]

107　四會位於廣東省西部，為肇慶市下屬的一個縣級市。

兒童團

初到兒教院，我加入了兒童團。香港有些華僑來到韶關，見到我們便說：「訓練這些小朋友沒有什麼用，應該讓他們讀書。」於是找了老師來教我們，那些老師是廣州中專生和大學生。我們在戶外搭起樹皮屋，每人一張凳子，老師教我們唱歌、寫字。早上六點院方吹號，我們起床後便去河邊洗臉，那時洗澡也在河邊，當然沒有熱水，只有冷水。洗臉後，我們便吃粥和做早操，接着背書包去樹林讀書和唱歌。記得第一期的學生，戴着童軍帽，上面還有兒童團的徽章。我們也繫領帶，小腿上綁上帶子，就像軍人那樣。那時藥物非常缺乏，我和部分同學試過「發雞盲」，晚上看不見東西。醫生讓染病的同學吃豬肝，一人一碟，那時候我們營養不足，豬肝較有營養。

我在兒童團的時候，吳菊芳院長的女兒李湞還很小，和我年紀差不多吧。有一次，吳院長身穿長衫，來兒童團看我們，她見到李湞和我們一起，便對她說：「湞，回來吧，別和那些小朋友玩。」當時她們家外面，有兩個衛兵駐守。至於兒童團的同學，我記得高奇，他跟我們同期，曾任民政廳廳長，現居廣州。

第二院

我們在兒童團的時間很短，第一期只有幾十人，後來人漸多，便遷去連縣新成立的第二院。第二院位於連縣三江墟的龍咀。我們從韶關乘車，一路往坪石走，再從坪石向西步行至連縣，最後到達三江墟的龍咀。第二院的院主任是黎英女士，他弟弟叫黎傑，是第四院的院主任。當時兒教院很多導師都是女性，我還記得第二院有個女導師叫司徒英。

在二院的時候，我們六點起床，去河邊洗面，然後吃粥、做體操和上課。中午十二時吃午飯，由伙夫負責煮飯。飯後，我們午睡一小時，然後上學。晚上聽講

座，大約九時關燈睡覺，生活很有規律。二院的讀書環境很好，比較安靜。在樹皮屋裏，每人都有一本教科書。上課時，和同桌一起頂着一塊板當書桌。我們在上面看書和做功課，那時我們紀律不錯，很有禮貌，東西也擺放得很整齊。此外，我們每個禮拜都要報數，不可以出錯。報數是這樣的，我們按高度，從高至矮的順序排隊，每排有 14 人，我們輪流叫出一、二、三、四……這樣就知道人是否到齊了。禮拜一是紀念週，導師長官都會講話，教訓我們，說：「將來你們是國家的主人翁和國家的棟樑……」那時老師真的很用心教書。到了禮拜日便放假，同學會弄點野果一起吃。

我在二院住了一年多，有一段時間腦膜炎肆虐，情況非常嚴重，有百多個小朋友死了。那時我們停課，老師要我們戴口罩，在地上撒石灰粉，但藥物卻很缺乏。

第四院

我後來轉去連縣保安福山寺的第四院，轉院的原因，我已不太清楚了。記得是老師叫我們去，我們就去了。那時是走路去的，我先把一塊布摺成包袱，後將一個軍用袋、一個漱口盅和一支牙刷裝在裏面。我背着包袱便去四院了，那時轉去四院的，約有數百個小孩。

四院不太大，周圍都是樹林，空氣很好，環境優美。我們去四院時，那裏已經有學生，約數百人，我們是新加入的。四院和二院的作息時間也差不多，不過伙食較差。在讀書方面，四院的科目有政治科、文化科等，課本跟二院不同。四院教科書的文字也變成橫排，而二院實施舊制度，有國語科，課本也是線裝的。

我在四院住了約兩年，和雷啟添最熟。我平時叫他「雷小姐」，這是同學為他起的別名。幾十年後，我們再聯絡，每次打電話給他，他說：「高伯球，你還記得我的名字，你還記得我是『雷小姐』。」退休前，他當老師，現居開平，時常邀請

我去玩。至於其他同學，很多已經忘記了。至於導師，一個叫宋麗芳，一個叫范志良，教體育的。我在四院時，見過吳菊芳院長。那次她來福山巡視四院，同學們為了歡迎她，等了幾小時，她身邊還有幾個衛兵跟着。

培德小學

我不久又從四院被調到坪石的培德小學。當時培德小學的同學，一般較頑皮和難管教，大多讀書不成，由老師選出來轉過去的。那時我比較頑皮，經常滿山跑，又去捉魚和打架。鄉下的番薯長在河邊，我們就去挖沙堆來煨番薯吃。鄉下人見到就罵我們「打靶仔」，[108] 幸好鄉長幫我們開脫，說：「你們不要打小朋友，他們是難區來的小朋友，千萬不要打他們。」於是，村民便放過我們。

那時老師選我去培德，一起去的還有四五十位同學。那時培德小學在羅家渡，我們一起從連縣走路去，走了幾天才到。培德校舍由一位有錢人的房屋改建而成，聽說有鬼，於是有錢人一家不敢住，便把它給了兒教院。培德小學學生不多，約有二百人，沒有女生。這間學校和二院、四院不同，不用讀書，只須勞動，還要自己當伙夫做飯。所以，培德的生活很艱苦，我和同學也不大熟，所以很快便想離開。

數月後，我便逃走了。當時我和另一位小朋友一起坐霸王車，從羅家渡回到韶關。韶關公安局收留了我們幾天，把我們照顧得很好。但我們不敢回兒教院，就再坐霸王車返回樂昌，在樂昌替人做幫工。後來當地的王老太收養了我，我住在那裏差不多十年。至於另一位同學，他去了馬壩，當了別人的養子。

樂昌

在樂昌的時候，主要幫王老太看牛和耕田，有地方住，也有飯吃。廖承志曾在樂昌北鄉上松村的山邊興建學校，建得很漂亮。學校是樹皮屋，廣州的有錢人逃到

108　打靶仔為廣東俗語，即咒人該死。

樂昌時，就在那裏讀書。後來日本人打到樂昌，學校就疏散學生去重慶。學生走了，當地人問我是否離開，我說不走。老人家很好，收留了我，於是我便留在樂昌生活。

和平後，我重遇范志良老師，那時他替人畫年畫。他幫我寫了一封信，寄回鄉下。後來我回到家鄉，打聽家人的消息，得知他們原來已經去了香港。有人給了我一個地址，叫我去找找。於是，我到了香港，聯絡上大哥、媽媽和弟弟。

數個月後，我沒有工作，於是母親給我十多塊錢，我又回到樂昌。直到 1949年，解放後的三個月，我才重回香港。解放後，收養我的那兩位老奶奶，被政府沒收了田地。她們是中農，有幾畝田。那時她們的田地已經沒有了，我也離開樂昌。現在我還不時寄東西回樂昌，並幫助當地的教育發展和開辦老人院。

高先生珍藏 1941 年兒教院照片

高伯球先生（2014）

廣東難童
李桐森

❝ 我還記得李漢魂將軍對我們說：『你們
不要貪圖做大官，最重要是做大事。』❞

生平簡介

1928 年生於廣東南海西樵。

少時在家鄉念私塾，1940 年隨搶救隊到韶關，入讀廣東兒童教養院，為第四院首批學生。1944 年，轉讀第七院。日軍來襲，隨學校撤至彭寨。和平後，返回家鄉。1946 年，赴港投靠親戚，後定居香港。

搶救隊

1928 年，我在廣東南海西樵出生。入兒教院前，我在祠堂讀過一兩年卜卜齋。日本人打來時，大家沒有飯吃，父母不想我餓死，就讓我們跟着搶救隊走。當時搶救隊在鄉公所招收兒童去兒教院讀書，我便去報名。雖然是家中獨子，但母親認為我離開總比餓死或炸死好。1940 年，我大約十一二歲，便去了兒教院。

翌日，我們便從南海西樵出發，走路去曲江。首先我們到西樵鄉公所報到，在那裏吃一頓飯，中午十二時左右啟程，全程走山路和小路。我們一路走到江頭，找些船家佬撐船，載我們一隊約四五十人過西海。過海後，我們走夜路。那時南海政府辦公室已遷到高明，我們就去高明找南海政府人員。途經大塘，在那裏住了一個多星期，然後從大塘走路去高明城，在那裏又住了一日。路經白土墟時，剛好有人在合作飯店工作，他就請我們這班難童吃飯，讓我們吃飽才上路。

第二天，我們走路到水口，在那裏坐船去肇慶。在肇慶碼頭上岸後，便去方便醫院，在那裏住了一個多星期。那時我們還去了公園避飛機，因為害怕被日本仔轟炸。後來我們走路到廣寧縣，在那裏過一晚，再走路到蓮塘過夜。當時蓮塘歸三水管，我們從蓮塘走路到蘆苞，途中留在長岸等消息，住了近一兩個星期。後來等不到消息，唯有起程，在長岸坐船去蘆苞。當時對面便是西江河。我們坐船到蘆苞後，就走路去清遠、石角，到石角後，又坐大一點的木船去韶關。當時的船是要人拉的，我們坐了十多天船，才到韶關。

第四院

到韶關後，沒有人來接收我們，我們便留在救濟隊。那時韶關市風度路那些祠堂沒有人住，我們就在那裏住了十多天，等人來接收。後來我們又去了韶關東河壩那邊的幹訓班宿舍，住了一個多星期。最後，接收的人終於來了。

我們是四院第一批學生，那時候四院還沒有成立，院主任黎英接收我們後，就帶我們從韶關走路去轉水，即婦女生產工作團的所在地。我們在那裏住了幾個月，又坐船去南雄修仁，在那裏又住了幾個月。那時因為幹部訓練班還沒畢業，未能騰出地方來給我們。在南雄修仁住了幾個月，我們也沒有辦法待下去，只好離開。於是，我們又坐船回到韶關，再搭火車去坪石，在坪石住一兩晚後，便走路去湖南。第一站是宜章的六元寶，中山大學農學院就在那裏，院長吳菊芳也在那裏讀書。第二站是紅廟，我們在那裏住了一晚便起行，經黃沙堡，再回廣東，在連縣大路旁睡了一晚。接着從連縣走到星子，再從星子前往保安，就這樣，四院終於在保安墟安頓下來。

我們在保安墟，住在祠堂裏面，不用上課。三個月後，福山古寺裝修完畢，我們便住進去，並在那裏進行編班考試，那時我們才有書讀。考試後，我們分級，分成一、二、三、四年級，四年級為最高年級。我被編入二年級，一直讀到四年級。1944 年，我調到七院。

四院的環境相當好，分前、後座，後座是福山古寺，前座是靜福翰林。上面兩座是學生宿舍，面積很大，下面是辦公廳和老師宿舍，還有一個操場。我們睡的是碌架床，四個人一張床。當時每院規定要收一千名學生，但四院是否有一千人，我不太清楚。同學有男有女，女生較多。四院實行編隊機制，同學初到時要分隊，後來又分區，均按班分配。但我記不清楚自己屬第幾隊了。梁一岳主任在四院時，還把四院分為忠、孝、仁、愛四區。

在四院上課，我們每人都有一本教材，二年級的內容是「我國現在與前瞻」，三年級是「我國民族的過去」，四年級是「我國與世界」。我沒有讀過一年級，所以不清楚一年級的內容。四院有幾位老師，第一位是個軍校生，叫江永丹；第二位叫陳韻紅，是女老師；第三位叫周滔泉，周老師教的時候我被調去七院，那時我成績一般，最怕數學。

四院的校服是童軍制服，天冷時穿長袖衫和長褲。天熱時，則穿短袖衫和短褲。我們還戴藍領巾和童軍帽。學校會教我們唱歌，如《新生兒童大合唱》，由黃友棣作曲、何巴栖作詞。我們也唱過《廣東兒童教養院歌》、《我們少年兵》、《媽媽在家的時候》等歌曲，但最重要的是院歌。我們最初進去時，學會了唱院歌，是一位音樂家教我們唱的。記得所有學生均由她教唱院歌。四院的課外活動很少，但有合唱團，我也曾參加。

當時每院均有「生產隊」，負責勞動工作，如種菜、種瓜等。我們獲分配了一個區域，在那裏種地。我種過菜，還會打草鞋，但主要勞動還是種菜。那時有不少同學因吃不飽和缺乏醫藥，出現營養不良情況，有些甚至病死或餓死。我們吃飯的時候，六人一桌。每天吃的是一碗糙米飯，還有一些菜。當時由隊長分飯，每人一碗，但不夠吃，而食物也不夠營養。後來我和同學患上「發雞盲」，在晚上集合時，什麼也看不見。後來有個善心的隊長，買了些豬肝回來，蒸給我們吃，我們吃了才痊癒。有些同學患上了其他疾病，例如瘧疾。戰時醫藥缺乏，我們也無計可施，患病時我曾在醫療所住了一個星期，其間也只是飲鹽水，沒有什麼藥物吃。

在四院時，我見過吳菊芳院長。她來各院參觀視察，李漢魂將軍也曾前來視察，並對同學講話。我還記得李漢魂將軍對我們說：「你們不要貪圖做大官，最重要是做大事。」

第七院

1944 年，四院院主任換成梁一岳。他把年紀大一些的同學調去七院，共有四五十人。那時有位老師帶我們從四院遷到七院，我被編入七院四年班。初到七院時，區導師是盧少玲。四院和七院的生活和教學差不多，但七院要求更嚴格。星期一有紀念週活動，我們先會升旗，再聽老師講話。星期六晚上，我們在操場上開晚會，學唱歌，其間還有同學表演唱歌。

我在七院念四年級，卻升不上中學，因為日本人打來了。那時我們忙於撤退，七院的老師帶着我們走。我們從沙園經始興、南雄，再經江西撤到和平和河源。七院院主任徐蕙儀是河源人，她父親是河源縣縣長，有些地位，所以她帶我們去河源。

後來日本人打到河源，我們又要離開，逃到靠近福建的彭寨去。當時六院、七院都在撤退，一、二、三院在連縣，則不用走。日本仔來了又走，沒多久就和平了，我們也復員回廣州，繼續讀書。因為我掛念母親，所以就離開了兒教院。

和平後，我決定回鄉。回家後，我沒有事情做。幾個月後，由於堂大哥在香港，1946年我便來到香港，在他店子工作。以後的五十多年，我留在香港工作和生活，直至退休。

李桐森先生（2014 年）

廣東難童
邢鴻明

"
1944 年 9 月,老師宣佈日本人打來
了,說我們一定要走,於是我們便離開修
仁。那是我人生中最悲慘的時候!
"

生平簡介

1934 年生於廣東揭陽。

抗戰時,隨搶救隊到興寧,加入兒童團第四團,後入住南雄兒教院,為第六院第一批學生。和平後,隨兒教院回到廣州。1947 年,經同學介紹,到工廠打工。次年隨老闆赴港工作,自此定居香港。

從搶救隊到兒教院

1934 年，我在廣東揭陽縣出生，不過我的香港身份證卻寫 1936 年，少了兩年。我在家裏排第七，還有一個弟弟和一個妹妹。五歲多時，搶救隊來到我們縣城，我和大伙兒一起報名去兒教院。當時約有二十多人，有大有小，大的有十幾歲。魏素華是當中最大的，而我是最小的。魏素華和她弟弟及表弟一起去兒教院。我對她的印象很深。後來她從台灣來港，向我提及兒教院同學會，我才知道它已成立。去兒教院前，我沒有讀過書。當時我和五哥邢鴻科、六哥邢鴻章一起去兒教院。其實那時我很小，也不知道家人想不想我們跟搶救隊去兒教院，我只知道爸爸是敗家仔，敗了爺爺的家產，養不起我們。

兒童團第四團

那時我們從揭陽坐船出發。船是靠人力推進的，而非機動的。我們首個到達的地方是興寧縣，那時候張發奎將軍的部隊就駐紮在那裏。我們在興寧縣的山區大概住了半年，但具體地點我已忘記了。

當初到興寧，我不知道該如何照顧自己。記得半夜要起來撒尿，我當時只有五六歲，真的不知道怎麼辦，幸好那時得到五哥照顧。雖然我很小，但也明白在集體生活中，就要和別人融合，所以我很快便融入了那裏的生活。在興寧的時候，我們屬兒童團第四團，即兒教院早期的一個分支，後來也成為兒教六院第一批學生。因為旱災，我們後來逼着遷去曲江。

到了韶關沒多久，我們就碰上了日軍第一次飛機轟炸。那次大家都很恐慌。過了十幾天，我們就調到南雄修仁縣。那裏離珠璣巷很近，只有三四公里。

兒教院第六院

我們坐車去南雄。到南雄後，我們這班學生被幹訓團接收，幹訓團有好多營

房在那裏。我們到的時候，雷主任還沒上班，[109] 所以我們第四團算是六院第一批學生，見證了六院成立的歷史時刻。我們這批學生有三四十個人，而當時六院只有一百多人。過了差不多一個月，雷主任便到職了。我記得她當時坐一輛黑色私家車到六院，很有氣勢。我們到南雄不久，就開始下雪了，我們就在那裏堆雪球。

此外，我還記得營房的房頂是用杉皮做成的。每條竹片都有十尺八尺長，上面有很多塊杉皮。六院有很多座營房，每個區都有好幾座，一個營房能容納一二百人，面積頗大。我們睡的是雙層床，每兩個人睡一張。我們在睡覺時會「一字排開」。夏天會有跳蚤，冬天會有蝨子，幾年來的情況都是如此。小朋友不會捉跳蚤和木蝨，只得白白地被牠咬。女同學比較慘，有些蝨子蛋會藏在她們的頭髮裏，但她們也無計可施。

有個號兵負責吹號，我們每天早上聽到吹號聲就起床。一至五區的同學無論起床、集合還是吃飯，都要聽從號令指揮。早上大概七點，我們就要起床，接着洗臉、刷牙、整理毛巾。那時的生活比較艱苦，我們的日常用水要從河邊挑回來。而在天冷時，洗臉盆的盆邊還會結冰。我們梳洗完畢便直接上課，沒有早餐吃，直到中午才有。那時我們吃的是糙米，沒有白米吃。我們上課主要學習跟抗日戰爭有關的內容，有時也會唱抗戰歌曲。1943 年，我們開始學唱院歌，也學唱《新生兒童大合唱》。無論以前還是現在，我都很喜歡唱歌。我認為唱歌可以自娛，讓自己更健康。其實我現在都很健康，連一顆藥也不用吃。

午飯後便是午睡時間。當時我們很頑皮，有時沒有睡覺，就在那裏聊天或者做自己的事情。午睡後便繼續上課，那時我們把老師講課的內容當作耳邊風──坦白講，在那種環境下，孩子們怎能夠好好地讀書？就算和平後回到廣州，我們的生活依然艱難，只要有飯吃就可以了。下午放學後，便是自由時間，但我們沒有玩具

109　雷主任指第六院主任雷礪瓊。見廣東兒童教養院院史編輯組：《烽火歲月的豐碑：廣東兒童教養院院史回憶錄》，頁 165。

玩，也沒有什麼課外活動可以參加，所以同學們自己就想想辦法，女生們就玩抓豆袋，或者拾幾顆小石頭來玩，而男生們就玩得比較粗野。冬天時，大家就圍着一起曬太陽，有些女生就在那裏抓蝨子。

每逢週一早上九點，雷主任就跟我們訓話，一直到十一點左右。大家就像進行軍訓一樣打着腳綁，站在操場上，所以我們那時被稱為「童子軍」。每逢週六晚上，六院都有話劇和晚會。那時我只有五六歲，一到晚上便想睡覺，所以我一邊開晚會一邊打瞌睡。最記得丁佩玉老師說要拿煙來熏醒我們，但這樣做哪會有用？我醒後便重新入睡，不過這樣挺辛苦的。晚會主要由年紀較大的同學負責，他們會唱歌表演。最初的兩年一切都很齊備，但後來由於受到日本飛機轟炸的影響，晚會的安排就亂了，沒有以前那麼好。

六院的人漸漸多了，約有六七百人，分成五區。一區、二區、三區、四區和五區，每個區約有一百多人，我住在第五區。分區主要以學生的年齡和讀書程度為依據。那時兒教院實行四年制，一區是四年班，所以它就是最高年班。二區就是三年班，而程度稍遜的人就在第三區和第四區。那裏的學生良莠不齊，有些人年紀很大但沒讀過書，就被分配到第三、四區。他們要勞動，例如到河邊把糧食搬回來。那時我們六院有句流行話：「一區豬，二區牛，三、四區是賊頭，五區呢？我們最小，是大飯斗。」一區的大哥哥讀書程度高，我們覺得很厲害，所以很尊敬他們。但對於三、四區的人，我們就不尊敬了。這是當時很普遍的心理現象。

我們五區的孩子年紀最小，當年雷主任保姆的子女也是我們的同學，一個叫余頭，一個叫余女，大概都是六七歲。我知道余頭現於廣西省天文台工作，至於余女就不知道了。我還有很多死黨，例如江流芳，她比我大一兩歲；又如梁道珍，她小時候很愛吵架和惹事，到現在也差不多。又有個叫王鳳，她不喜歡江流芳，認為江流芳「牙擦擦」。[110] 王鳳那時候長得醜，不過她嫁得很好，丈夫是葉劍英兒子的同學，算是

110　牙擦擦為廣東俗語，好勝、逞強的意思。

高幹子弟。我還有個女同學，叫江萬養，她在南雄的時候，一六○師師長把她當作契女，送了一對高跟鞋給她，所以她有鞋子穿。那時候我們大多沒有鞋子穿呢。

此外，我還記得南雄當時有個飛機場，比籃球場大些，有一條非常原始的跑道，但它的設備不及現在的機場。那時在飛機起航前，機場人員就燒一堆火，以火光來協助飛機起航。因為當年經常遇上轟炸，所以要「走飛機」。[111] 不久，六院的人逐漸多了，加上戰亂的緣故，所以物資供應變得更困難。我們沒有菜吃，只有油鹽水伴白飯，有時更只有白飯吃，後來甚至連糧食都要減少。我記得後來沒有肉吃，不少同學就吃死豬，但由於豬肉沒有完全煮熟，很多同學都染上霍亂，當中有些因此而病死，大部分是三、四區的。記得當時我們都不敢走出營房門口，一些大哥哥在房門外撒白灰，叫我們不要外出。後來，因為營養不夠，又有很多同學患上「發雞盲」，那時候醫治「發雞盲」的方法就「食鑊燶」。[112] 最初生病的同學還有藥吃，但後來連藥都沒有了，情況非常困難。當年六院死了很多同學。還記得有個「兒童山」，是院方專門用來埋葬病死的同學的。

我們六院還有一個特色。1943 年，老師抽籤「認契仔」，即在班中找一些合格的同學，再經老師抽籤，成為他們的「契仔」。當時每名老師會認一兩個「契仔」，照顧他們的食用。這個辦法現在看來不大合理，但在當時來講，卻是個很好的辦法，畢竟當時的糧食不足，很多同學（尤其是我們五區）都患上「發雞盲」病，因此學校提出「認契仔」的方法，讓老師照顧一些同學，把飯後的剩菜給他們吃。由於老師的飯菜始終豐富一點，那些獲抽中的同學當然非常高興，而「發雞盲」的學生人數也的確減少了。不過只有我們六院五區才有這個措施。

我記得吳菊芳院長也來過。為了歡迎她，我們事前做了一些準備，例如練歌。那時我們在門口列隊，一起唱歌，又歡呼：「歡迎，歡迎！」院長離開的時候，我

111　走飛機指戰時逃避空襲。
112　食鑊燶為廣東俗語，指吃煮飯後留在飯煲底飯焦，當時以為食飯焦有助醫治雀目病。

們也唱歌，場面很隆重呢。至於李漢魂將軍，我們卻沒有見過。在兒教院的那幾年，我沒有錢，也沒有和家人聯絡，生活全靠兒教院。對我來說，六院就像大家庭，它是我第二個家了。

大撤退的日子

1944 年 9 月，老師宣佈日本人打來了，說我們一定要走，於是我們便離開修仁。那是我人生中最悲慘的時候！我們沒有什麼行李，只有一個漱口盅和衣服，也沒有棉被。我們在冬天時只有一件外套和一條短褲，真的很難受啊！

1944 年冬天，我們大撤退。當時雨雪霏霏，我們沒有足夠的衣服，也沒有鞋子。我們應該從南雄出發，經梅嶺古道走去江西。[113] 起初我不知道目的地在哪裏，只跟着大家一起走，由陳永恆導師和劉惠歡老師帶隊。幾年前我在廣州參加聚會時有機會見到他們。有的同學在剛開始走的時候，知道路途艱難，就跑去當別人的兒子，學校也管不了。那時候真的很艱苦，大家各自各求生，走一個就少管一個。那時候，兩個哥哥已經去了北職升學，只有我還留在六院。我一個人很孤單，但知道要跟着同學走，不然一旦落伍就糟糕了。

在撤退的時候，我在途中遇見六哥。他原來離開了北職，走去參軍。後來我再也沒有見過他了，聽說他在抗美援朝時犧牲了。那時候生活很艱難，現在想起，我也不知道日子是怎樣熬過來的。當時只知道求生，沿途沒有什麼可以吃的。我記得早上吃點東西，到晚上方可再吃，吃完便睡覺。那時我們甚至睡過棺材呢，到了村莊，看到村裏的棺材，大家都爭着要睡，因為外面很冷，而棺材裏面比較暖。我們走過南嶺一帶，便到江西，然後走江西三南——龍南、全南、定南，再走到一座橋，那橋的橋心就是廣東省和江西省的交界。記得我和幾個同學走到橋中心，笑着說我們一腳踏兩省。那該是撤退時最快樂的時刻了。到了江西，我們知道要有規

113　梅嶺古道位於廣東省南雄市和江西省大余縣交界處的梅嶺上。

矩，畢竟那不是廣東，而是人家的地方。經過江西三南後，我們又回到廣東省的和平縣，在那裏住了一整年，直到和平後才回到廣州。

在和平縣的時候，因為當地環境衞生很差，五區區長就規定同學每人每天都要打五十隻蒼蠅。剛開始時，不到半小時我就能夠達標，但過了半個月，就不容易達標了。在和平縣讀書時，我們用三塊泥磚疊成一張桌子。其實那時候讀書也是象徵式的，因為什麼都需要錢，但我們又沒有錢，所以只能用最原始的方法去學習，把泥磚疊成桌子。縱使如此，我們在和平縣的生活，依然很有規律。那時就算是當地的有錢人，吃飯時也只有番薯乾而已。我們到和平縣的時候，剛好是春耕，那裏有很多土狗，專吃禾根，對農作物造成很大破壞，導致收成不好，所以當地人的糧食也不夠。回想起來，當時的生活真的很艱難！

離開和平縣的時候，我們坐着船，沿着河，從龍川、老隆、河源到惠州，最後在石龍上岸。在石龍的時候，我們沒有上課，只想坐火車回廣州。在那裏，我見過當地李朝、李英的偽軍，後來在學校門口又看見他們被新一軍剿滅。在石龍住了半年，我們就乘火車回廣州。我們可以乘火車，是靠雷主任的幫忙，因為在撤退的時候，雷主任一路跟着我們，沿途的住宿和伙食問題，全由她來解決。雷主任為人很和藹，她來香港後就在順寧道辦學校。

離開兒教院

到廣州後，我們去了大沙頭，[114] 獲安排住在一幢五層高的樓房裏。二沙頭是陸軍醫院，大沙頭的四周都是河，過了河就是火車站，也就是當時的東站。我們住的地方以前是一家紡織廠，我在那裏住了差不多兩年，就決定離開。1947 年，兒教院院長已不是吳菊芳，而是羅卓英。院方的經費出現問題，情況很亂。有家的同學就想回家，沒有家的同學就住在那裏。不過當時大家都很鬆散，包括老師。那時我已經十幾歲了，覺得留在那裏已經沒有希望，就決定離開。

114　大沙頭位於廣州老城區東南部，因它過去為島嶼，故又名「大沙頭島」。

我是在夜晚偷走的，想出來做點事，但其實沒有想過要做什麼。我沒有想過回家，因為家在潮州，離廣州太遠，而我也沒有錢寄信回家。離開兒教院後，我就要面對現實，去了找舊同學黃耀。他大我一些，是六哥的同學。黃耀住在廣州，和六哥很熟。他說可以安排工作給我做，我很高興。我的工作是做電筒膽，沒有工資，只有伙食。幾個月後，由於物價太高，通貨膨脹，工廠維持不了，要搬來香港。當時老闆問伙計去不去香港，我想我不去可以去哪裏呢？於是，我就這樣跟他們來了香港。記得在1948農曆年的初五、初六，我早上六七時就上火車來香港。不過我沒有買票，那時候的票價是八塊半。我上了裝雞的火車卡，坐在雞籠旁，當自己是小雞，全程沒有離開過。深夜兩點多，火車到了油麻地，我終於下車了。一整天在車卡內，又臭又餓，非常艱苦！

來到香港，我先去九龍城寨，就是在現今九龍城聖家女校那裏。[115] 我們隔壁有個做燒酒的酒廠。我在那裏住了大概十天，就轉到牛池灣廠房工作，但由於物價很高，不到六個月，那工廠也結束了。剛來到香港的時候，我的生活很艱苦的，也沒有鞋子穿。我曾經背着十斤米，從九龍城街市，沿着彩虹道衙前圍村走去牛池灣。記得那時牛池灣山邊有一種像青色雲耳的土特產，是可以吃的，但現在當然沒有了。唉，滄海桑田，人和地方都不同了！

邢鴻明先生（2014）

115　聖家女校即嘉諾撒聖家書院，位於九龍城延文禮士道。1972年，由意大利嘉諾撒仁愛修會創辦。

廣東難童
盧佩琼

" 我們經過日本仔轟炸的時期，又經過疫症肆虐的歲月，都死不去。如是同學的關係非常密切，……師生關係也很好，……無分彼此。 "

生平簡介

1926 年生於廣州，祖籍佛山三水。

少時就讀四十四小學。父親去世後，跟母親回鄉。後隨搶救隊到南雄，入讀廣東兒童教養院第六院。小學畢業後，升讀力行中學。初二時，參加青年軍，任職救護隊。和平後，第一批復員回廣州，並於廣州女子師範繼續求學。1949 年，師範畢業。

童年生活

我叫盧佩琼，名字是牧師起的。1926 年，在廣州市海珠路普濟街的家出生，三水范湖墟是老家。在我出生的時候，家人均住在廣州。

小時候，我對海珠橋印象非常深刻。它建於民國 23 年（1934 年）。我聽說那時有人擄走一些小孩，用他們來建海珠橋的橋躉，說這樣能保護整座橋，讓橋耐用一點。我覺得這樣很殘忍，也怕得不敢踏出家門口。

六七歲時，我開始讀書。我沒有讀過所謂的「卜卜齋」或幼稚園，一開始就讀小學。第一間學校是大新街的四十四小學，它是一間男女混合、頗全面的市立小學。那時四十四小學除了有國文科，還有算術、音樂、圖畫、常識和體育，但好像沒有尺牘科。上學時，我們要穿校服，天熱時男同學穿白衫，女同學穿黑裙。上童軍課時，要穿童子軍裝，不過童軍課好像四年級才有，我也曾上過。

那時早上起床，母親給我們一兩仙去買番薯吃，或者在街上隨便買一些小食當早餐。小學四年級時，日本仔打到廣州。廣州淪陷後，我便沒有讀書了。

廣州淪陷

1938 年，日本仔轟炸廣州，炸彈像一個大冬瓜。當時我們看見炸彈從日軍飛機掉下來。我年紀很小，只有十歲左右，看到轟炸，也不知所措。轟炸時，警報會「砵、砵」地響，大家便走到防空壕和防空洞避難。那時我只知道那些是政府挖的洞，不清楚是什麼地方。敵機來時，大家拖男帶女地走，我梳着兩條馬尾辮，也跟着大人走。如果你在吃飯，別以為可以吃完飯才走，那時必須馬上就走。我有多次逃難的經驗，每次都很驚慌。聽大人說走啊、走啊，我就跟着走。那時我養了一條狗，還帶着牠走，好像大家生死與共，不過有些大人罵我，說：「連自己都無法好

好照顧，還要照顧一條狗？」但我確實捨不得，於是就帶着牠一起走。但是大人堅持走難不准帶狗，認為很礙事。最後，我只好流着眼淚把牠遺棄，從此再沒有見過牠。

廣州淪陷時，父親去世了。他原來很有錢，是西土藥材行的行長，有私家車，那時有私家車是件很不簡單的事。好花不常開，好景不常在！日本仔轟炸廣州時，父親在店裏被炸死了。那時年紀很小，我只記得母親把所有首飾拿到中華中路的老字號「周生生」變賣了，「周生生」就在中華戲院附近。媽媽隨後帶着我和兩個哥哥回去鄉下三水，姐姐比我們大六年，去讀護士，沒有跟我們回鄉。

家鄉三水

小學二年級遇上廣州淪陷，我跟着家人回三水老家去。那是我第一次回鄉。我們不懂耕田，生活貧困，只靠變賣家當維生。那時生活真的很艱苦，我們不時等那些種番薯的農民挖完番薯後，就去挖餘下的小番薯。下雨後，番薯苗長出來，我們就在番薯苗下挖番薯。此外，花生也是在雨後長芽的，現在說那些芽有毒，但當時誰會理會它是否有毒？總之吃飽就是。母親常說：「窮在路邊無人問，富在深山有遠親」，接着便哭起來。她是爸爸的第四妾侍，其他姊妹已經雞飛狗走。我們全靠母親，才能長大成人。

逃亡的時候，日本侵略者拿着鞭子指揮我們，當時我們像牛，鞭子在那裏，我們就走到那裏。那時候，我很淒慘，沒有吃的，也沒有穿的，而且患了瘧疾和痢疾，頭髮全掉了。我病得快死時，家人捨不得吃，卻用幾個仙買來牛肉，煮成牛肉羹給我吃。那時我們一家很困苦，真是飢寒交迫，奄奄一息。

後來日本仔來到我們家鄉中巷村，到處姦淫擄掠。他們見到年輕婦女就強姦，見到雞就捉，見到豬就刺死，見到牛就拉走，這些事情我全目睹過。他們用槍頭到處

亂刺，不當我們是人。我那時還小，見他們來了，就躲在床底。大哥已是青年，很難找藏身之所，只好躲在禾稈草堆裏。有一次，有一隻雞突然走進草堆裏，日本仔用槍頭刺，幸好大哥很快地把雞捉起，恭恭敬敬地把雞奉送給日本兵，這樣他才逃過一劫。這可是真人真事！

日本仔到處姦淫擄掠，作惡多端。有些老婆婆逃不了，日本仔竟用一對鞋打腫她們的下陰，然後強姦，非常殘忍！他們什麼也不管，到處蹂躪，弄得鄉下滿目瘡痍，一片荒涼。我們家被日本仔破壞，只剩下兩個廚房，我們吃飯和睡覺，都在那裏。

不久，搶救隊來了我們村。他們是中國共產黨派來的，中國共產黨在那時的確立了功。當時我不知道他們是搶救隊，因為他們沒有表露身份，我們只知有些老師和大姐姐來了，準備幫我們這些淪陷區的孩子找學校讀書。鄉下人看見有些衣着光鮮的人來了，就當他們是老師，到處說：「老師來了，老師來了。有幾個老師，有男有女，很年輕的，準備帶淪陷區的孩子去讀書，還有飯有粥吃呢。」他們逐家逐戶宣傳，如果有孩子願意去，就會登門拜訪，跟他家長商量。

當時大哥盧世雄已去了少年營。少年營是教養院的前身，由吳菊芳院長創辦。哥哥在少年營和盧佩蘭在一起，後來他們一個讀智銳中學，另一個讀力行中學，因此就分開了。二哥在鄉下不懂耕田，家中只有母親一個寡婦撫養我們幾兄妹。母親聽到宣傳後，便答應讓我去教養院。當時大家不知道搶救隊還會不會來，能送走一個就一個。

搶救隊很快便離開，村裏只有我這個小孩跟他們走。那時家裏沒錢，母親聽見有書讀，就做了一套新衣給我，說讀書人不能衣衫襤褸。她將僅有的一籮穀賣給賣魚佬阿地，並用得來的錢買了一塊布，連夜給我縫製衣服。離開時，母親一把眼淚、一把鼻涕地送我走。她給我一套新衣，又給我一些毛背心，怕我着涼。她還給

我一些零用錢，但搶救隊說教養院照顧衣食住行，不用花錢。

離開時，搶救隊跟母親說，會去三水蘆包對面的掌岸，掌岸對面好像還有一個三水馬房。當時還有一些嶺南大學教會孤兒院的孤兒同行，一起前往掌岸。搶救隊安慰我們說：「我帶你們去一些比較安全的地方，免得你們被日本仔嚇壞。那裏有書讀，也有衣服穿。」或許他們是地下黨員，所以沒有交代具體地點，也不敢說那裏的物資由政府提供，只說是善長捐贈的。

沿途我們要衝破日本的封鎖線，不能讓太多孩子一起走。他們叫我跟着鄰村幾個小孩一起走，但我們彼此不認識。第二天早上，天還未亮，便到掌岸。原來母親走路到那裏送我上船，好像來看我最後一面那樣。起初我不知母親會來，後來聽到有人說：「有位老人家在那兒。」我一看，是母親。她在岸邊揮手，聲淚俱下，捨不得我們走，或是因為不知道以後還有沒有機會再見，也不知道此行是福是禍。

那時船是用竹篙撐的，船夫用力一撐，船就前進一步，船夫好不容易才把我們送到目的地。船上食物不多，有些人吃得較快，說吃完了，接着就隨手搶其他人的食物吃。我們花了數天，沿北江去南雄，在南雄集合。那時教養院全名是「廣東戰時兒童教養院」，我去的是第六院。孔姑娘送我們到教養院後，就走了。她好像是教會的人，也可能是為了掩護我們，才親自送我們去教養院。孔姑娘眼大大，短頭髮，為人和藹可親，沿途非常照顧我們。

教養院第六院

我在第六院時，丁老師負責教導低年級的班別。[116] 初到時，我很掛念家人，常常哭，有些入住時間較長的同學，便安慰我說：「不要哭，我陪你玩，以後我們會

116　丁老師指丁佩玉老師。

回家的。」那時我很不習慣過離鄉別井的生活。

六院靠近河邊，山上有很多松樹，我們就是住在用松樹皮搭建的茅棚內。六院的房屋用瓦片搭建，有點像教堂。要知道，基督無處不往，偏僻的地方也有主與我們同在。每院原則上有一千個兒童，但有時有些兒童過世了，而新院童尚未來到，所以人數會不足一千。教養院有甲、乙、丙、丁班，每班分別住一個茅棚。它又分區，有一、二、三、四、五區，分別在不同地方。院方根據孩子的學歷及年齡分班、分區。我在廣州市曾讀一、二年級，院方把我編入三區二年級，二年級的兒童比較年長。五區孩子則較年幼，他們經常撒尿。那些孩子從五區逐漸升上去，升至一區，一區就是畢業班。

我們睡覺的時候，同學全部睡在一起。那時大家天真無邪，睡覺時不會「你摸我、我摸你」。我們的床很特別，院方把竹子一分為二，然後以棉花把它們綁在一起，做成竹排，也就成了我們的床。我們睡上面，就像睡在地面上──冷冷的、硬硬的。睡覺前，我們要由高至矮排隊，最矮小的男生排在女生隊伍前面，然後依次上竹排睡覺，男的一邊，女的一邊。記得睡在年紀最小的男生旁邊就是女生，他們隔着一條隙縫，稍為分開一點。老師晚上會來巡視，看看有沒有人撒尿。

教養院設有班主任。初到教養院時，有位女老師叫何仁信，一些俏皮的男孩叫她「無人信」。因為「何人信」，即沒有人相信你。我又記得教古文的老師叫湯伯賢。當時我們用毛筆寫字，紙張、筆墨由教養院提供。記得當時的紙，好像現在的原稿紙，如果寫大字的話，就用那些像宣紙的白紙，然後套一個字格練字。教科書也由教養院提供，書中全是一些恭維國民黨的內容，因為當時是由國民黨統治。他們講三民主義，教科書內容均帶有革命性質。

教養院生活很有規律，每天都有步操和體操等訓練。早上六時，有人吹號提示我們起床。我們要迅速起床和集合，再去河邊洗臉，如果遇上大風大雨，就去井

邊洗臉。洗臉後，會吃早餐，吃完早餐便正式上課。那時我們有很多科目，除了古文、算術、國文、三民主義、中國命運（這科好像中學才有），還有童子軍、音樂、美術、勞動。我沒有特別喜歡的科目，有時上課會睡覺，有時又掛念家人，成績不是很理想。當時院方會公佈成績，這對成績好的同學有鼓勵作用。

中午，我們會午睡。大概二時，又再上課。下午的課多是術科，如勞動、體操、童子軍等。上勞動課，我們會種菜、理髮、縫紉或打草鞋，記得我參加了理髮組。當時我們均穿草鞋，需要自己找麻繩來編織。有些同學不喜歡穿草鞋，就乾脆赤腳。我有時也會赤腳，但在軍訓時，我們必須綁上腳綁，不能赤腳。那時姐姐在曲江當護士，曾郵寄一雙涼鞋給我。有些同學見到，就說我很威風，有一雙鞋子。我不想標奇立異，人無我有，只得把鞋子穿至破爛，又叫姐姐不要破費再寄鞋子來。

下午四時左右，便是我們的自由活動時間。女生利用這段時間來縫補別人的破衣，或去散步、唱歌。我們多在晚飯前洗澡，因為晚飯後天氣很冷，有時還會下雪。那時我們去河邊洗澡，男的一邊，女的一邊。一些年紀小的同學，因怕身體支持不了，便先跑步熱身，再迅速跳進河中，有些同學則一邊唱歌，一邊洗澡。當時的集體生活，無論是否習慣，也要適應。當時我年紀很小，又天真，以為人們做得到的事，我也做到。有一次，我在河邊洗衣服，當時山洪暴發，同學魏素華被洪水沖到河裏，差點一命嗚呼。後來我們數人合力，才把她救回來。真是駭人！那時我也幾乎被浸死，身體浮在水中，幸好抓緊岸邊的樹枝，才慢慢爬回岸上。此事發生在坪石，該是稍後一點的事了。

此外，所有學生均參加童子軍，童軍服由教養院派發。當時的童軍服，男女相同，只穿短褲，下雪時也是一樣。至於髮型，女生要理「西裝頭」，即短髮，男生多是「和尚頭」，這樣比較方便、乾淨和衛生。當時我屬理髮組，要為同學們理髮。記得有些同學對我說：「給我剪一個陸軍裝便可，不要剪得太短，否則就像和

尚了。」

晚上，教養院沒有電，要點油燈。晚上飯堂人不多，自由活動時我多在那裏溫習。當時一位姓陳的男老師很照顧我。他用自己的錢，給我買了一盞油燈，又給我一些買燈油的錢，叫我好好溫習。油燈其實很暗，只有數隻螢火蟲的光度，但勉強可以供我閱讀。

南雄的日子，雖然挺艱苦，但還是有飯吃。我們在飯堂用膳，逢星期六才有豬肉吃，平時多吃素。那時我們會這樣唱：「禮拜六是我們大活動。」因為每逢週六，我們便有大活動。那天除了有豬肉吃，晚上八九時還有晚會。晚會時，我們會自彈、自唱、自演。如果有親屬在南雄附近，星期日還可以外出。當時若想外出，只要事前告知老師目的地便可。我們由第六院步行去南雄，至少兩小時。同學多結伴同行，走起來也不覺時間長。現在回想起來，會覺得很辛苦，當時卻不覺得。

教養院的糧食，由廣東省振濟會提供。它由船隻運來，但一旦發生洪災，船隻停航，白米運不來，我們便沒飯吃了。那時候科技不發達，沒有引擎，船靠人力推動。所以遇上急流和山洪，我們就要斷糧。但我們很天真，沒有飯吃，便在床上唱聖詩。有些年紀稍大的女同學，沒有飯吃，讀書也不成，就跟當地農民結婚，當人家媳婦去了。同學因為糧食不足，也去找些番薯之類的食物吃，坦白說，即去偷農民的番薯。通常是男生去偷，女生怕死，不敢去。同學偷東西時，會用暗號，偷不同東西，就用不同暗號。例如偷茄子是「捉日本仔」，因為日本人身材比較矮小，像茄子；偷花生是「去找痘皮佬」，因為花生是一粒一粒的，像疙瘩一樣；偷番薯則是「挖地雷」。這些事不能讓老師知道，但女生很愛打聽是非，很容易就知道是什麼一回事。如果農民發現同學偷東西，會以粗言穢語罵他們，還向學校投訴，讓學校懲罰他們。男同學多在星期六、日，去偷東西吃。

雖然吳菊芳院長立了大功，把我們搶救回來，讓我們不用死於日本仔的屠刀

下，但那時天花肆虐，有些同學因此而死。例如有三個同學生病住院，很多時只得一個能回來。教養院雖有校醫室，但醫療水平很低，藥物又不足，只有一些成藥而已。那時不少同學死於痢疾，有些死於瘧疾，還有些死於天花。我幸好未被傳染。記得那時有一個地方，叫「死仔洞」，洞很深。院方把病逝的同學推下「死仔洞」，撒灰撒粉再埋葬。那時教養院照顧的孩童太多，每院一千人，七院共七千人，要防止疫症蔓延，又要處理病死的人，非常困難。在那個非常時期，儀式只能從簡。

我們經過日本仔轟炸的時期，又經過疫症肆虐的歲月，都死不去。如是同學的關係非常密切，常常聚在一起。師生關係也很好，老師和我們一起生活，無分彼此。最記得是班主任湯伯賢，他有嚴重的腳臭病，但竟要我和另一位同學侯次璋，幫他洗那塊裹腳布，真是難忘！我想因為我們是女生，他就找我們幫他。十隻手指有長短，有些老師就是這樣子的。

我在六院時，曾與家人通信，不過次數不多。在曲江時，我收到母親的消息。有一次，我頸上生了毒瘡，告知姐姐，姐姐叫我去見她的同學鍾秀如，她在南雄醫院當護士。我徒步到南雄縣城求醫。那時幸好有些同學有空，願意與我結伴同行。醫生給我一種顏色很黑的藥，我用了藥，星期日還要回去覆診，直至痊癒。

記得六院曾組織一個兒童劇團，我在三年級時也參加了。我曾演出《古廟鐘聲》，故事內容反映我們教養院的生活及淪陷區兒童的情況，我演一位姐姐。四年級畢業時，教導主任陳主任給我一根拐杖，稱是「授杖留念」，最後讓我代表應屆同學放下那根拐杖，象徵我們學業有成。

力行中學

我在院住了兩三年，完成一區的學習後，便升上力行中學。當時能入讀力中，是比較威風的事。同學按志願排列學校，每人有三個選擇，第一是力行中學，院長

會親自選拔學生；第二是北江師範，簡稱江師；第三是北江職業學校，簡稱北職。我選了力中為第一志願，因為它比較出名。

那時院長會親自挑選學生。考試時，我們在試場裏集體考試，好像考中國命運、三民主義等政治科，還要考數學、地理、國語等。考試地點在黃崗，我們先集訓四五日，其間要進行辯論，看看你的儀態、口才，要求十分嚴格。集訓就好像軍訓一樣，我們在那裏住宿和做功課，到最後兩三天，就考試了。考完試，差不多即時知道自己的成績，因為有老師在場。吳菊芳院長不會與我們談話，因為學生很多，她平時在辯論會和晚會，都大概了解同學的表現。放榜後，老師會通知我們。我這一屆有七個院約幾百人報考力中，最後取錄了約一百五十人。他們被編入甲、乙、丙三班，王才全在丙班，我在乙班。當知道自己考上力中時，真的非常高興，我對自己說：「我讀上中學了，又長一歲了！」這樣我便離開六院，前往曲江。那時力中在黎市，後來在黃崗興建新校舍。

力中的生活跟從前差不多，身邊的同學都是從教養院進去的，初時女生不是很多。如果與六院的校舍作比較，力中確實好一些，畢竟它是中學。那時女生住一個宿舍，男生住另一個宿舍，從初中到高中，我都住同一宿舍。宿舍比較正規，是磚瓦建築，不再是棚屋了。

在力中，最記得梁楓老師。他教我們演戲唱歌，也是地下黨員。他從不稱呼我們為學生，而稱為弟兄姊妹。他教我們「舉頭望明月，低頭思故鄉」，不過那時有些同學默書時卻寫成「舉頭望明月，低頭思豬肉」。他見到就說：「這反映現實。」後來有人來捉他，他離開後，我才知道他是地下黨員。離開前，他在房門上貼了一句說話——弟兄姊妹們，我要離開了，祝你們身體健康。

1940 年代是抗日戰爭的高潮，力中又有些地下黨員，我多少受到影響，產生了民族感情和抗日愛國情緒。我回來讀女師時，因為懂得一些與中國共產黨有關的

東西，幾乎也被捉拿。至於力行中學的老師，當時都受到影響。記得當時老師教我們動的邏輯、靜的邏輯，又教我們唱愛國抗戰歌曲，如《我們都是神槍手》、《游擊隊之歌》、《太行山上》、《四萬萬同胞》等。現在的國歌《義勇軍進行曲》，亦曾唱過。我很難說自己是不是力行中學裏思想進步的同學，我認為自己只是一般同學而已。我只管讀書，沒有參加進步組織，也沒有參加過宣傳隊那類的組織。

在力行中學時，我受到老師看重，曾獲得一條紅絲帶繡帶。在紀念週會上，我負責說「紀念週開始，全體肅立。」同學便跟隨我的指揮，全體肅立。1944 或 1945 年，我讀初中二年級，學校情況非常困難。為了避開日本仔，我們徒步進入農村，負責運輸的人就坐船，沿着江水走，不料途中遭到大刀隊搶劫。那些大刀隊又叫「自衛隊」、「插死隊」，他們截停我們的船，搶光我們的公款和公糧。當總務的梁主任被殺死，他的女兒才剛滿月。他太太的哭聲，非常淒慘，我至今難忘。那時我的衣袖較長，便剪了一些布，造了一頂帽子給他女兒。經此一劫，金錢財物全被搶走，我們都吃不飽。後來我在黃崗參加了「一寸山河一寸血，十萬青年十萬軍」的知識青年從軍運動。

加入軍隊

當時學校的情況十分艱難，國家又需要我們，加上學校也動員同學從軍，於是我和很多同學決定投筆從戎。那時我十七八歲，年紀不算大，但「人去我亦去」，而且感到從軍是很威風的事，加上當時又有紀念週，所以大家便去參軍。我們應該有三四十人，報名參加了「十萬青年十萬軍」。

我在體格檢查時，不達標，但都獲准參加。參加青年軍後，我離開了力中。在軍隊裏，有「三操四講」的訓練，訓練的地方好像在蕉嶺。訓練完畢，我們加入了救護隊，當時教養院的老師周謙潔、陳致一也參加了。我們高中的同學當了排長，而我就當上第七班的上士班長。訓練時我學護理，後來因為軍需之職懸空無人，我

被編去軍需保管物資，大概是當總務吧。其實我算不上很能幹，只屬「紙上談兵」的那類人。

復員

我沒有親身上過戰場。1945 年和平後，我們便復員了。我是第一批復員的。我們聚集在廣州市廣大路的集中營，在那裏等待遣散。那時愛讀書的便去讀書，要工作的便去工作。我選擇讀書，去了廣州女子師範學校繼續升學。[117]

回到廣州後，媽媽已經來了香港，想申請我到香港定居，和家人團聚。但因為內戰，申請截止了。1949 年畢業時，我想來香港，但中國共產黨又到，成立了中華人民共和國，我已經不能申請了。畢業後，因工作需要，我曾去市幹校學習。我的先生不是青年軍，而是國民黨軍隊的，但他也是教養院第六院的同學，因此彼此相識時間很長。我去力行中學的時候，他在少年軍校從軍。我們在香港參加同學聚會時重遇，後來我們一同返回廣州。我的人生也算曲吧！

盧佩琼女士（2008）

---

117 廣東省立廣州女子師範學校，原名官立女子初級師範學堂，1907 年創辦。抗戰勝利後，學校為黃埔中正中學佔駐，故遷往登峰路越秀山麓原省立女中復校。

廣東難童
黎培根

> ❝ 1944 年冬天，從力行中學撤退時，……我們三個同學一起睡覺，一起蓋一張毛氈。早上起來，我說要走了。但旁邊的同學沒有反應，我以為他賴床，原來他已經死了。❞

生平簡介

1929 年生於廣東順德。

兒時入讀私塾，1939 年隨搶救隊到韶關，加入直屬大隊，曾參加粵劇班及參與演出。1944 年，升讀力行中學，後隨學校撤退。和平後，返回廣州。1946 年，兒教院解散後，回韶關工作及生活。

童年生活

我是黎培根，1929 年生於廣東順德。幼時在家鄉讀過一年多卜卜齋，1939 年為了躲避日本仔，跟隨搶救隊去了韶關。我家是務農的，媽媽很早便去世，家中只有爸爸和我們兩兄弟。弟弟在日本仔來的時候，被賣到蘆包去。

隨搶救隊入兒教院

1939 年前，日本人已經打到順德。那時候沒有飯吃，我跟着叔叔去蘆包。我在蘆包大概住了半年，便跟着搶救隊走了。那時蘆包有個大祠堂，搶救隊就在那裏收留小朋友，由於沒有飯吃，我決定跟他們走。

走的時候，大概有 100 人。我們坐三艘大船，小朋友全擠在一起。現在有些在韶關的兒教院同學，當年曾和我一起從蘆包出發。路線是這樣的，我們從蘆包啟程，一路經過馬房、三水、清遠和英德。我們坐的是木船，不是機動的，要靠人撐。當時搶救隊的人負責帶隊，所以我並不害怕，只想着有飯吃、有書讀就好。最後，我們到了韶關，在韶關河西橋頭上岸，附近就是西河醫院。上岸後，我們看到一個大祠堂，便在那裏逗留了一個多星期，然後就去沙園蓮塘總院。在沙園逗留了一個星期後，吳菊芳院長就來挑選學生，最後挑選了我去直屬大隊，那時是1939 年。

直屬大隊

直屬大隊在十里亭，當時婦女生產工作團也在十里亭附近。我去的時候，直屬大隊已經成立，約有二百多人。我在那裏認識了黃光漢，他讀的年級比我高。直屬大隊有好多組，如歌詠組、粵劇組、話劇組、繪畫組等。

直屬大隊有宿舍，每個宿舍住二三十人，大家睡雙層床。我們在直屬大隊，也要上課和讀三民主義。早上六點多便起床，去河邊洗臉和刷牙，回來後參加升旗儀式，接着吃早餐，早餐有番薯、芋頭等。吃完早餐便上課，課室在宿舍旁邊，裏面有黑板，但沒有桌子和凳子。我們要自己拿凳子去課室，如果要寫字，就寫在石頭上。我還記得那時候訓導主任叫林堃，軍訓老師叫左榕生。

　　我不大記得當時有什麼科目，大概跟一般小學差不多吧，有算術、國文、童子軍操等，老師以廣東話授課。不過我在兒教院主要不是讀書，而是排戲。我屬於粵劇組，後來粵劇組更名為粵劇團。我是吳菊芳院長親自挑出來的，她很喜歡靚仔和靚女，[118] 也很照顧粵劇團，又很關心我。當時李漢魂將軍和長官余漢謀的寓所，就在力行中學附近，而吳院長的寓所離直屬大隊很近，就在黃崗。我去過她家吃飯，與她相熟。有一次在連縣，我弄斷手，吳院長就去找醫生醫治。相反，何巴栖對我們非常嚴格，我曾經生病，即使是患了發冷、瘧疾，他仍要我排練，也曾經罰我。

　　在粵劇組，吳教官教我們一些基本動作，但並不難學。我們先學基礎知識，如怎麼拉腔、食線，怎麼走台步和做手。學了不久，我就開始表演。1940 年 3 月 8日，即三八婦女節當天，在現今韶關市市委那裏，有個互勵社的同學突然病了，吳院長就找我頂上，還說表演結束後會獎勵我一隻雞。表演那天，我們從十里亭走路去韶關中山公園的互勵社，準備在大禮堂表演《風波亭》。當天有很多觀眾，我表演了一個多小時，觀眾反應很好。表演結束後，我們走了數小時的路，回到十里亭的時候，已經是晚上了。

　　演完《風波亭》，我回到直屬大隊，繼續訓練。後來長沙大捷，總院帶我們去長沙做慰問演出。我們表演了很多劇目，如《岳飛》、《荊軻》、《梁紅玉》等。那次在長沙待了一個多星期，演了五晚，我們還見過薛岳。當時他請我們吃西餐，我

118　靚仔和靚女為廣東俗語，指漂亮好看的年輕男女。

們看到饅頭，以為只有饅頭，沒有其他東西吃，還以為西餐就是吃饅頭。想不到大家吃了很多饅頭後，侍應生送來牛扒、豬扒等，那時我們已經飽得吃不下了。那是我第一次吃西餐，大家也不懂用刀叉。如今想來，也覺有趣！那也是我第一次去長沙，我們從韶關坐車到株洲，然後乘船到長沙。回去的時候，也是乘船先到株洲，再轉乘火車。回程時，我們的火車卻遇上轟炸，幸好兒教院的人都沒有受傷，大家都平安無事。

除了長沙，我們還去了粵北各縣表演，如連縣、南雄、始興、樂昌、坪石等。所以很多兒教院的分院，我都去過，同學們也很喜歡我們的表演。那時候，我們主要的責任是演出，沒有其他娛樂活動。

粵曲的曲譜有點艱深難懂。當時有些有文化的人教我們了解曲譜，但我們想只要背就可以了。那時我還未變聲，聲音比較尖。記得我去樂昌表演時，中山大學的師生還請我們吃消夜和飲茶，教我如何保護聲帶，所以我比其他同學懂得保護聲帶。演出時，我扮演正派角色較多，沒有演過丑生或其他。我們幾乎是全能的，除了表演粵劇，還懂得彈奏樂器，敲鑼打鼓我也懂呢。

直屬大隊後來改名為實驗小學，但我的主業還是排戲，很少讀書。那時候，陳嘉庚和司徒美堂來兒教院，看了我們的演出後，決定組織我們出國演出及籌款。當時一切準備妥當，計劃在 1941 年年底出國，不料香港淪陷，我們只好取消行程。若然那次可以出國演出，我的人生很可能會有些不同。香港淪陷後，吳院長邀請關德興來指導我們，他教了一個多月，過程很辛苦，我也很怕他。

總的來看，兒教院的粵劇團很成功，去過不少地方演出，很受歡迎。兒教院老師對粵劇團的印象也很好，我們的生活條件都比其他兒教院同學好。那時候，我們算是「特權階級」，因為要有健康身體演出，所以我們每天會吃一隻雞蛋。那時有很多同學生病，我也試過患瘧疾和發冷，幸好兒教院有醫療所，所以不久就治癒了。

1945 年，兒童粵劇團演員（後排左起：黎培根、周炳熹、譚衍蔣、冼政光、麥光詀）和童軍教練許教乾（前排左）、力行中學會計周錫儒（前排右）合影。

力行中學

我在粵劇團過了一段頗長的時間。1944 年，升入力行中學。那時因為演戲，我不小心摔斷手，吳院長就不用我考試，直接讓我入讀力行中學。我和譚志堅一起入學，因為我的手還沒有痊癒，所以他還幫我拿行李。

初到力行中學，我也演過戲，但過了沒多久，兒教院便開始大撤退。我們先從韶關走到始興，抵達羅壩後，又前往江西和廣東的分水界線。然後下山，到江西的定南、平南、龍南這的「三南之地」。後來，我們又從和平、五華走到梅縣，那時也差不多光復了。

1944 年冬天，從力行中學撤退時，我只帶了衣服、毛巾和漱口盅，沿途靠當地人施捨食物。那時候，我們跟不上大隊，就三三兩兩一起走，沿途留意大隊留下來的標記，如刻箭頭在樹上。我同譚志堅一起走，他很照顧我。我們一般是走到哪裏就睡在那裏，在定南時，我們三個同學一起睡覺，一起蓋一張毛氈。早上起來，我說要走了。但旁邊的同學沒有反應，我以為他賴床，原來他已經死了。

　　在撤退的時候，即使同學病了，也沒有辦法。日常飲食，我們也只能靠農民照顧，有些農民會施捨食物。最辛苦的路程，莫過於從江西三南走到和平。那時剛好下大雪，非常艱辛！我們走到梅縣的時候，天氣已經熱了，師生們都在那裏集合。我們住在地主的大屋裏，不久就聽到和平的消息。

　　和平後，我回到廣州，力行中學在番禺學宮復校，那時約有一百多名學生，還有自費生。1946 年，李漢魂不再擔任廣東省府主席，學校便解散了，我也回到韶關打工和生活，直到解放。

廣東難童
關爾強

> 昔日來自五湖四海的赤足小孩，同生
> 活，同學習，同勞動⋯⋯所謂患難心相
> 連，所以無論在何時、何日、何地，我經
> 常追憶那段難忘的歷史。

生平簡介

1937 年生於廣東九江。

抗戰時，因家貧被送往保育院。戰後，入讀廣州第二育幼院。1949 年，二院解散，回到家鄉，後來港加入公會組織。1957 年，回國從事教育工作。文革後來港定居，並積極參與公益事業。

童年生活

1938 年 12 月 3 日，日軍侵佔了我家鄉九江。為避戰禍，我家逃往香港西營盤，住在親戚九姨家裏，一家六口暫居一室。內地其他親戚也陸續逃到她家，九姨家裏一時成了臨時收容所。1941 年 12 月 25 日，日軍又侵佔了香港，此後香港遭受了三年零八個月的苦難。日佔時期，在香港生活苦不堪言，不少人因此要逃離香港。

我們全家在香港暫避了一段時期，生活上不無困擾。得悉已淪陷的九江略為平靜後，便舉家返回故土。災後的家園，一切盡毀，大部分墟上的店舖仍緊閉着。父親失業，母親則做點小買賣，年僅十二歲的姐姐也不得不到工廠當學徒。全家十分彷徨。

入保育院

在兵荒馬亂的日子裏，母親不想眼看兒子挨飢忍餓，最後將我和哥哥交託給在鄉間務農的「十家叔」。阿叔把我們和堂兄姐攜帶至九江河畔，再乘坐小舟，把我們四人送去鄰縣的一間保育院。那時我只有七歲。保育院是一間舊祠堂，四面環山，草林滿目，環境頗差。來自各地的百多個小孩在那裏擠在一起，食的是糙米稀粥，睡的是禾草地墊。因天氣較潮濕，那裏的環境衛生很差，又缺乏醫藥。很多兒童染上疾病，大部分患的是腳腫、痢疾或傷寒。由於營養不足，每月都有兒童不幸病死。我目睹院方用麻包或草蓆把死去的小童捲起來，再送到附近的小山丘埋葬。憶想在那段艱苦的日子裏，無數兒童都在生死邊緣上掙扎。

1945 年 8 月，日軍宣佈無條件投降。在全國上下萬民歡慶的時候，母親希望兒子歸來團聚，因而催促阿叔到保育院把我們接回家。大家希望往後的日子會逐步好轉，生活會有所改善，可是八年戰爭給中國人民帶來的創傷，仍未能痊癒，老百

姓的生活仍在水深火熱之中，戰後大批苦難兒童仍須等候國家和社會的安排和救援。1945 年 12 月，也是抗日戰爭勝利後的四個月，父親因無錢就醫而病逝。他去世後，我們亦無錢收殮，我和母親天濛亮將父親死後蓋着的兩張毛氈拿到鎮上市場變賣，並找人湊了些錢，才可把父親收殮，草草地抬到山邊埋葬。往事如煙，可是有些往事並非一去不返。雖然摸不到，但那些童年留下的往事卻深入腦際，永遠難以忘懷。

育幼院

父親去世後，我和哥哥及同鄉共六個小孩子，經外公介紹，獲家鄉九江慈善機構「九江萬善堂」的人，送到廣州市河南鳳凰新村的「社會部廣東第二育幼院」，當時人們稱它為孤兒院。第二育幼院的前身是廣東兒童教養院第二院，院主任是李耀綜，院長是李漢魂將軍夫人吳菊芳女士。她於抗日戰爭期間創辦了兒童教養院，共有七個分院，還有兩間小學和三間中學。第二分院原設在曲江連縣龍咀，於抗日戰爭勝利後逐漸遷回廣州，同時改屬中央社會部管理。那時兒童教養院改稱為育幼院。

在我院相距幾百米處，還設有一院和三院，但我們二院兒童人數最多，規模較大，設備亦比兩院好。數百兒童按年齡大小分佈於六幢磚瓦房宿舍，其中女孩子佔一幢，每幢宿舍可容納百多人。室內四周和中間都是固定的上、下層碌架床，每層住兩人，上下共住四人。當時以兩人為一鋪，老師則在宿舍兩端的板間房裏作息，以便管理及照顧兒童的起居生活。

育幼院每天的作息安排、學習和工作制度猶如軍隊，老師對我們的要求很高。在那裏，我們接受嚴格的培訓，過集體生活，據知這些都是沿於育幼院的前身，即廣東兒童教養院的規例和作風，我們只不過現成地把它承襲下來而已。在育幼院裏，兒童每天會吃早午晚三餐。早餐每人喝一碗奶粉，吃一個饅頭，有時會吃稀

宿舍的木製碌架床，每張上下各睡四人，以兩人為一鋪。

粥。午晚兩餐每人有一碟菜，食的是糙米飯。吃飯前，席上組長會給每人分配半湯匙魚肝油。每逢週末，院方會加菜，我們有肉類吃，也有湯水喝。兒童們在此環境下都變得精神飽滿，有很強的上進心。

由於兒童人數眾多，居住環境較為擁擠，所以很多兒童都患上了紅眼病和皮膚病。為了解決醫療問題，在離育幼院不遠的五鳳村便設有兒童小醫院，利用村裏的舊祠堂作為留醫部，兒童有病可到醫療部診治。醫療部裏有多位醫護人員，亦有多間病房和數十張病床。若兒童患有一般疾病，便可利用中午休息時間到此求醫，輕病者可憑醫生證明書留在宿舍休息，不須出席軍訓操練，重病者就在醫療部留醫。為了防止疾病散播，醫院平時沒有空置病床，有時甚至因病床不足，患輕病者須提前出院。我也曾因患紅眼病，雙眼睜不開，結果須入院留醫。

育幼院的生活很有規律，天濛亮，軍號響，兒童們就立即起床，迅速處理房間內務，如摺蚊帳、摺被褥、把床上用品收疊整齊。毛巾、漱口盅、食具、鞋履等物品也要按規定位置擺放。被褥還要用木板壓成九十度稜角，各床間的用品要排列成一線，左右對齊。這旨在訓練兒童的集體精神。

兒童們在生活上養成獨立的能力

我們要穿校服。春夏統一穿黃斜短袖衫褲，戴三角欖形帽；在秋冬季則統一穿上黃布長袖軍裝，戴軍帽。起床後，每個小孩子都穿好校服，靜靜地坐在床前，等候值日導師前來檢查床鋪。哨子一響，就迅速跑到門外的空地上，按原定列隊的位置站好，待教官檢查人數後就散隊。散隊後，孩子們回到宿舍拿毛巾和漱口盅，到「漱珠崗」山下的河邊洗臉。回宿舍後，人人自覺地按照編定的席號入席（每席十人），等候分配早餐。值日導師吹響哨子，並叫「開動」後，才可進食。

軍號響起後，各宿舍的兒童都穿着整齊的制服，在老師帶領下列隊到大操場參加升旗儀式和做早操。及後，大家排着整齊的隊伍，在軍訓老師的帶領下進行操練。我們每天都會學習軍事常識，又會進行軍事操練。我們會進行隊列操、慢步操，又會練習跑步、臥倒、在地上爬行和掩蔽等，有時還會把被褥打成背包，背着它去進行軍事操練。此外，我們還學習包紮。由於紀律嚴明，孩子們都專心認真。八百多名孩子列隊整齊，呼聲和答號聲都十分嘹亮。我們的操練與軍隊的沒有什麼區別，且天天如常，風雨無間。有時老師還在中午陽光猛烈時進行突擊操練，以培養兒童刻苦耐勞的精神。

午飯後可稍作休息，下午其餘時間會學習編織藤器，或分組到菜園勞動，或做些打掃衛生的工作。日落黃昏，軍號響起，我們又要列隊到大操場參加降旗儀式。

晚膳後，我們結束緊張的生活，可以放鬆下來，三五成群漫步到「漱珠崗」下的石榴江小河嬉泳，有時甚至約三兩知己，在繁星月色下，坐在山崗或小溪旁，思憶家鄉，細談國事，展望將來。我們年紀雖小，但在群體生活中，人人意志堅強，都懷有一種將來報國的遠大理想。夜晚十點會集合點名，然後睡覺。我們很自覺地遵守院規，哨子一響，宿舍內外即無人聲，只有聽到四周的蟋蟀聲和看到螢火蟲在窗前飛過。

隔週星期六，各宿舍就進行衛生大掃除，孩子們分工合作，打掃環境，清洗床

板、蚊帳和被褥，並放到陽光下晾曬。我們從中養成互助互愛的精神，相處如兄弟姊妹一樣，一人有事眾人幫。年紀大的孩子，總是爭先報名，勇於承擔種菜、鋤地、澆水、施肥等工作。

1947年，廣東第二育幼院在國家及社會人士的關懷下，興建了三座建築物，中間的是大禮堂，而左右兩座是「愛國堂」和「力學堂」，內設多間課室和圖書閱覽室。這三座建築物落成後，我們從此就歡天喜地手執書本，踏進新教室接受文化教育。每逢節日，師生雲集大禮堂，各班級分別登上舞台表演文藝歌劇和舞蹈。我們有時會雄亮地歌唱《義勇軍進行曲》和《大刀進行曲》，有時會在晚上觀看愛國教育電影。那時的生活可謂多姿多彩。

在兒教院——育幼院的施教過程中，貫徹「管、教、養、衛」與「家、校、場、營」兼施的方針，將兒教院打造成難童的大家庭、大學校、大工廠、大軍營，使難童得到嚴格的、艱苦的鍛鍊，在整體素質上得到全面發展與提高。

彈指間，七十年過去了，兒童教養院在國難中誕生，在戰火中不斷成長。我們自小在這個大家庭裏受到「家、校、場、營」的培養教育，因此懂得自立、刻苦、勤儉和自強不息。昔日來自五湖四海的赤足小孩，同生活，同學習，同勞動，同軍訓，同歡笑，所謂患難心相連，所以無論在何時、何日、何地，我經常追憶那段難忘的歷史。

關爾強先生（2014）

晚飯後，兒童們自由活動。

國旗高豎的是二院大禮堂，左邊是課室「愛國堂」，右邊的是圖書閱覽室「力學堂」。

兒教院教師
丁佩玉

> " 記得我們幾個人輪流穿一件棉袍,十
> 分可憐!山上又沒有水,我們就靠吃雪解
> 渴,⋯⋯ 幸好那時年輕,我們還能撐得
> 住。 "

生平簡介

1919 年生於廣州,祖籍潮州豐順。

少時就讀廣州市市立六十九小學,初中升讀遠東中學。畢業後,考進廣州市婦女幹訓
班,並加入幹部訓練班,接受軍事及師資培訓。19 歲被派往兒教院第六院執教。1944 年結
婚,次年隨一六〇師回廣州,與丈夫在大登當教員。1950 年,赴港生活。

童年生活

1919 年，我在廣州出生，鄉下在潮州豐順，後落籍廣州市番禺。小時候，住在小北登峰路，房子很大，有三廳兩廊。由於爸爸三兄弟沒有分家，我們三十多人住在一起，非常熱鬧。我有三個大哥、兩個弟弟，還有一個妹妹，共七兄弟姊妹。

我開始讀書，就是念小學，沒有上過私塾。少時我跟爸爸說：「老竇，我想讀書。」[119] 父親說我想讀就讀吧。他既然同意了，我就可以上學。當時家裏姊妹多，姐姐沒有讀書，如果只有我能讀書，則不太公道。後來爸爸決定我跟姐姐一起讀書，不料姐姐認為自己年紀大，不能再上小學，所以放棄了。最後，我就和弟弟一起讀，那年我十一二歲，念到約十六歲才畢業。

小學

我在廣州市市立六十九小學念書。學校位於小北，是六年制的男女校，很出名的。我們不穿校服，平時只穿便服，及家裏自製的布鞋。同學皆有一個藍色的布書包，用來攜帶日常所需，我們也可以在教室的抽屜裏放置自己的物件。至於文具，我們多數會用鉛筆，有時也用毛筆，但沒有墨水筆。

讀完小學一年級，就直接升上三年級，因為老師說我程度不錯，可以跳班，所以我只讀了五年小學。小學科目有古文、算術、國語、音樂和尺牘等。我最喜歡算術，後來也成為了算術老師。六年級時，我讀過英文，學過 26 個字母，中學時又讀過一遍。上體育課時，我們會打球，多是排球。我活潑好動，擅於運動，喜歡打排球、乒乓球和踢毽子。人家說我身體好，皆因我運動好。大概六年級時，我們在廣州市運動場進行排球比賽。人家要拿票才可進場，而我們是運動員，不用拿票，

119　老竇為廣東俗語，指父親。

非常威風。那次經歷十分難忘，記得評判員王先生很偏心，對方犯規，他不處罰，反而罰沒有犯規的我隊。最後，我們輸了，很不服氣。當時對方一起喊口號，感謝王先生偏幫他們——一、二、三，多謝王先生！我們聽到後，十分憤怒。

小學時，我對潘老師和盧老師印象深刻。潘老師教自然科，盧老師則是三年級班主任。我平時叫盧老師為「肥佬」，但他對我們很好。有一次，我們打乒乓球，我打贏了他，他對我說：「丁佩玉，我真失禮，打乒乓球輸零蛋給你。」[120] 六年級時，潘老師帶我們全班同學去殯儀館。那是我小學時最難忘的經歷！我們到了殯儀館，便說：「走了，走了！」潘老師卻說我們要認識自然，也要知道人體是怎樣的。我看見臥在棺材的屍體，嚇得要死！潘老師很有學問，他兒子也在我們學校讀書。他兒子很喜歡我，大家曾有兩次書信來往，不過後來失去聯絡。當時每位老師對我都很好，學習生活很愉快。1935 年，我小學畢業。我們有畢業典禮，也獲發畢業證書，可惜後來遺失了。

小學畢業後，我跟父親說想繼續讀書。父親說不行，因為不能偏心。母親卻說不用父親給錢，她會供我讀書。小時候，母親和大哥在廣州市沙河掛牌行醫，賺了很多錢，然後把錢到處掉，母親拾起後，把錢存起來。所以，母親給錢我，讓我到遠東中學讀初中一年級。學校是男女校，位於小北。中學時，我學會英文，也認識更多更深的知識。但我在那裏讀書時間不長，對學校感情也不深。

婦女幹訓班

中一暑假時，我得悉婦女領袖陳明淑的廣州市婦女幹訓班招生。陳明淑是陸宗騏的太太，而陸宗騏是第四科科長。我們考試後，便可加入幹訓班。那時天還沒亮，父親就陪我去小北的北院考試，然後在茶居等我。我不記得考試的內容了，只

120　此處未能確定是盧老師或潘老師，按上文應為盧老師，受訪者的記憶是潘老師。

記得考官在面試時問我一些生活問題。最後，我獲取錄了。我當時大喊：「有了，我有名呀。」父親就說可以了，到時入班就是。

加入幹訓班的頭兩個星期，我不習慣離家和在外留宿，因而經常哭。至於培訓方面，就是操練和軍訓，一般我們要穿制服，戴軍帽。到了第三個星期，我們放假回家。一天後，又回到幹訓班。有一次訓練時，日本仔忽然來了，隊長說：「你們誰跟我北上從軍？」那一年，我十七歲，滿腔熱血，想為國家、為民族出力。回家後，我把此事告訴父母，父親主張我去，母親則捨不得我走。大哥說：「對，很辛苦才把你養育成人，現在說走就走。」大哥這樣說，是因為他疼我，捨不得我離開。

北上從軍那天，我挽着書包一邊走，一邊回望家人，大家依依不捨。陸宗騏夫婦倆帶着我們十幾人離開廣州，前往蘆包、英德。幹訓班大概有五六百人，北上的只有十幾人，畢竟她們都離不開家。

在蘆包，我們坐船去韶關。我們的關係很好，那時跟着陳明淑，她吃什麼我就吃什麼，她吃雞我就吃雞，她吃鴨我就吃鴨。記得大家還一起吃過果子貍呢。說起來，幹訓班每月有十塊零五毛的生活津貼，那時候十塊錢已經很多了。

在連縣，我們跟着陸宗騏訓練。記得當地村民喜歡拿着煙斗「咚咚咚」地抽水煙，我們到村民家裏，一進門就嗅到那陣煙味。那時我只知道日本仔侵略我們，但具體戰況並不清楚，大家都說日本仔很壞，經常抓「花姑娘」。[121] 戰後我回到家中，姐姐跟我說，很多婦女都被日本人侮辱過，如果我沒有走，恐怕也會遭害。

我們後來在連縣坐貨車，由於人多，車內非常擁擠，我們只好把行李放在貨車上面。怎知途中被日軍飛機追擊，貨車左閃右避，如有閃失，就會掉到山坑去。幸

---

121 花姑娘，指年輕漂亮的小姑娘。

好司機技術了得，貨車終於駛離山坑邊，我們總算逃過大劫，但是貨車不小心撞到公路另一邊的圍牆，有些乘客的頭部受傷了，要到醫院治理。我比較幸運，不用入院。

往韶關途中，我認識了社會音樂家黃友棣，那時他還沒進兒教院。[122] 黃友棣與趙輝都是音樂家，彼此很要好。那時，我們和黃友棣一起前往英德，在差不多到達英德的時候，日本飛機突然投放炸彈，把趙輝炸到粉身碎骨，肢體支離斷折。黃友棣看見他死得那麼慘，整整一個星期不沖涼、不洗臉。我們可真命大！

我是幹訓班中班的，畢業後，廣東省李漢魂主席幹部訓練班在韶關舉行招生考試，陳淑明鼓勵我們去應考。她叫我們離開婦女隊，因為她想訓練新一批婦女。於是，我們分成三隊，第一隊報考婦女生產組，我們第二隊報考幹部訓練班。那時只要稍為識字便可應考，工作主要是訓練婦女，教她們手工和一些婦女工作。當時婦女並不識字，故要我們教導。

我們考進幹部訓練班後，知道第一中隊是燕塘畢業的女同學。考試時，我們要考常識，考完就等放榜。放榜時，我們看街上的通告，便知道自己是否獲取錄。那時取錄的，大學生一隊，我們中學生一隊，還可以按個人興趣，選醫學訓練班或軍事訓練班。我喜歡軍事，就選了軍事訓練班。那時我離開陸忠祺，到了幹部訓練班。

幹部訓練班

我們每班約有一百人，幹部訓練班的生活很有規律。早上天還未亮，就有人吹哨子叫我們起床，起床後要馬上穿鞋子、打腳綁和摺好被子。吃飯前，要聽哨子的

122　受訪者表示黃友棣先生在連縣做兒教院音樂老師的時候，她還在李漢魂將軍的幹部訓練班。

指揮——聽見哨子響，便吃飯；哨子再響，就趕緊收拾碗碟，不管吃飽沒有。經此訓練，我們逐漸培養了自律和自理能力，所以日後在兒教院的比賽中，我們總拿第一名。

膳食方面，我們通常會吃大芥菜和米飯。訓練班的糧食還是足夠的，反而兒童教養院的不足夠。我們要進行軍事訓練，從中認識戰爭和了解日本仔侵略的情況。我們整天在營裏，一個禮拜放一天假，生活非常沉悶。訓練不算太辛苦，但洗澡問題則令人十分困擾。我們幾天才洗一次澡，水是冷冰冰的，平日只用毛巾洗臉就算。但我對此很不習慣，有些人不怕冷，就「咚」的一聲跳進水裏，然後擦身洗澡。當時的日子，就這樣一天一天熬過去。

在幹部訓練班，我對阮戈印象比較深。她是來自上海的女強人，以國語授課，還要我們速記。最初我不會，就向那些學問好的同學借筆記來抄。那時侯，生活很好玩，也開心！我們又會到不同的地方訓練，記得有一次在樂昌，最後那次就在連縣，每個地方的訓練都不同。阮戈是我們在樂昌時的隊長，像她那種主任級和隊長級的人，還要接受訓練。記得她每次去重慶訓練，都會遲到。阮戈說：「我不能穿裙子，要穿褲子，否則我就會拉肚子啊！」她騙那些人，讓他們給她穿褲子，但實情是她穿不慣裙子。她長得高高的，而且為人堅強，沒有半點女人氣質。人家說行軍辛苦，但她還可以拿一塊大石頭，一邊行軍，一邊打拍子給我們唱歌，真厲害！我們很佩服她，她對我們要求都很嚴格。那時我們把槍放在肩膀上，經常會不知不覺地掉下來，一旦掉到地上，我們就會被罰。

在訓練過程中，最難忘的經歷是我們經常要把一些人送去打靶。在吹號聲響起後，「嘀嗒——嘀嗒——」，我們十分害怕。當時不知道為什麼那些人要被拉去打靶，聽說有些好像因為抽煙，大膽的同學會走去看打靶，但我不敢看，單是聽到「打靶」二字，就已經嚇死了。別人回來說給我聽，得知那些人活活地被打死，然後被堆在地上，讓人心寒！

我們離開阮戈的訓練班後，被派下鄉訓練婦女，後來再考進李漢魂將軍的幹部訓練班，接受第二次訓練。一年後，我畢業了，剛好十九歲。李漢魂將軍便派我們去廣東兒教院，過去有很多同學都被派去那裏，我們算是較遲去的。畢業前，我們接受了一些師資培訓，到了兒教院後，我們再跟有經驗的老師學習。

兒教院

我和謝嘉兒一起到兒教院，接手原來由別人負責的工作。我在那裏教了差不多六年書，李漢魂將軍的太太吳菊芳是兒教院院長，辦了十多個規模很小的嬰兒班和幼稚班。當時兒教院有七間分院，一間在韶關，我則住在南雄的六院。吳菊芳院長身材瘦小，曾與我們見面，但沒有參與培訓工作。李漢魂將軍曾給我們訓話，他個子小小的，當時身上綁着橫帶，[123] 不綁直帶，因為他說不到戰爭勝利，不綁直帶。李將軍很厲害，我挺尊敬他！吳菊芳院長說兒教院遵行四個字——家、校、營、場。它像學校，又像家庭；有營、場，即是軍事之地，又有工廠，可以織草鞋之類的東西。兒教院有院歌，是吳院長創作、黃友棣老師填詞。[124] 我們早上一定唱院歌。另外，兒教院的粵劇團都很著名，由我們的同事陳魂主理。

我們有五個區，我進了第四區。我教小學二年級，當班主任，專教算術。因為我是新人，初時要請教其他教學經驗較豐富的老師。我和謝嘉兒很要好，但離開兒教院後，大家便失去聯絡。她為人斯文，與我不同，不過我們相處得很好，住同一間房間。我們還把床鋪整理得很漂亮，謝嘉兒在那兩三個來自香港的教員面前，誇獎我整理床鋪的技巧很高，其他人是學不來的。她既有學問，頭髮又燙得很漂亮，我們都很羨慕她。我們在軍事訓練時，要剪男生的短髮，雷主任每次演講，都拉我

123　這裏指將軍繫橫帶於腰，見《戰國策・齊策六》：「當今將軍東有夜邑之奉，西有菑上之虞，黃金橫帶，而馳乎淄、澠之間。」

124　此處該為丁女士誤記。兒教院院歌為黃友棣作曲，何巴栖作詞。參考關爾強：《難忘的歲月》，隔頁。

上台，對同學說：「你們看看丁老師的髮型，你們要學學她呢。」

　　兩三年後，我被編去教入伍班，共教了三班，對其中兩班印象特別深刻。第一班是來自香港的兒童。他們有些被遺棄在街上，沒有人管，後來被兒教院收留；有些因為家裏沒有能力照料，被父親送過來。我們有專人保護他們，大半年後便把他們送去韶關，不過這樣做很不容易，因為路途遙遠。那些香港來的學生，年紀有大有小，大的約十幾歲，小的只有幾歲。他們年紀相差較大，但我們也沒辦法。一年班時，有兩個老師負責教他們，讓他們先認識一下兒教院的生活，稍後再教課本內容。學生雖然講廣東話，但帶有不同的方言口音，例如台山人把吃豬說成「肴」音。

　　那時院方說我有訓練的知識，便派我去教他們。但我不懂方言，有些學生又常說粗口，[125] 所以我教得很辛苦。當時我是怎樣處理說粗口的學生呢？他們說一個「屌」字，就要打五十下；說一個「媽」字，就要打一百下，但不是由我來打，而是叫他們自己打自己。學生打自己一下後，我就問：「應不應該打？」他們說：「應該！」我希望用這個方法教他們不要說粗口，後來真的沒那麼多人說粗口了。幾年前，有個學生探望我，我問是誰，他們就說是我的學生，就是不再說粗口的那個。他告訴我說戒了粗口，不再講了。由於我教好他們，所以雷主任後來又派我去教那班潮州兒童。那裏情況更糟，因為我雖然是潮州人，但不會說潮州話，只會聽。那些孩子的父母大都是當官的，但父母無法照顧他們，就把子女送來兒教院。他們從前吃慣了飽飯，但如今吃不飽，就坐在那裏哇哇地哭，哭得很淒慘！我花了很長時間才把他們安頓好。當時我跟他們說：「如果你們吃不飽，我就跟院長、院主任反映一下，讓院方多給你們一點吧。」

　　那時物資供應不足，幸好美國寄來斜布，我們把它做棉襖，送給孩子們。學生穿的多是草鞋，兒教院有生產部，會織草鞋或生產布鞋。於是學生上身穿藍襖，下

125　粗口為廣東俗語，指粗言穢語。

身穿長褲，腳穿草鞋，男女一樣。他們初進院時很頑皮，但經教導後，變得很乖，對我很好。我們老師很不容易得到一雙皮鞋。這樣想來，在幹訓班時還不錯，我們有錢買布鞋穿。

兒教院的生活是這樣的，早上七八時起床，我帶孩子們到河邊洗臉，洗完後回來吃早餐，平日多數吃粥。接着上課，上完課就吃午飯，多吃大芥菜和米飯。我們很少吃肉，兒教院很久才殺一兩頭豬，豬的內臟肯定是給學校主任吃的，我們沒份吃。有些學生會埋怨說為什麼豬沒有腸的。我雖為老師，但吃、用其實跟學生差不多。

吃完午飯，下午繼續上課，有些生產組的同學會去種東西，直到五點多才放學。六院離河頗遠，船送米來時，學生負責把米搬回院舍。因為米很重，通常由個子大的學生負責運米。那時學生既要做功課，又要運米，挺辛苦的。

住宿方面，學生全部住宿舍，男女分宿。老師住的是兩人房，床很矮，沒有床架子的。學生睡雙層床，有床架子的。我們住宿環境不太好，木蝨多得到處爬。兒教院沒有電，我們每天都吃「燭光晚餐」，晚上要點洋燭。此外，洗澡沒有熱水，所以我們經常帶學生去溫泉洗澡。那時叫同學下水，男的在一處，女的在另一處。

我的工資好像有一百零五塊，有些老師有一石米，我年紀最小，只有六斗米，全折成金圓券給我們。工資用光後，買東西便賒帳，但男士不時透支，結果買東西時不准賒帳；相反女士較有錢，吃東西時可以隨時記賬，待工資發放時再付。那時，我丈夫和同事去合作社吃東西，全是拿我的本子去記賬。發工資時，我才發現那些記錄，非常生氣。我丈夫也是六院的，他教軍訓，大家是同事，我跟他認識了幾年便結婚。雖然我很獨立，有時很主觀，但跟同事關係很好，人與人之間，你對我好，我就對你更好。

離開兒教院

在兒教院一段時間後，日本人打到南雄。後來兒教院須疏散，我和先生沒有跟兒教院走，而是和王泉夫夫婦一起跟一六〇師走。那時，王泉夫夫婦是我們最好的朋友。1944 年 12 月，我們一路由三南一路出發。[126] 經過三南大雪山時，由於下大雪，輪胎被吸住了，車不能動。我們在山上，沒有什麼衣服穿，大家非常寒冷。記得我們幾個人輪流穿一件棉袍，十分可憐！山上又沒有水，我們就靠吃雪解渴，沿途會生火煮飯，吃乾糧。幸好那時年輕，我們還能撐得住。一六〇師的馬營長是我大哥的結拜兄弟，我們四人一起上山下山，有時走路，有時坐車，到惠州後就坐船。那時離廣州已經不遠了。

1945 年和平後，我跟着一六〇師，回到廣州。

回到香港

我們到廣州時，日本人已經投降了。我馬上回家，那時因為屋子是我們的，所以家人沒有離開。嘩，見到父親後，發現他的鬍子長了很多。我也見到母親和其他人，但我最疼愛的侄女瑞珍卻不在了。大家劫後重逢，悲喜交集，又笑又哭。

回到廣州後，我曾去學校看看，見到兒教院的同事。後來他們也解散了。經同事介紹，我和丈夫在大登做教員，我做了一個學期。大登的人姓盧，我們在那裏的小學教書，平時則住在家裏。

我是在和平前一年，即二十五歲時結婚的，1950 年我三十多歲，來到香港。

---

126 三南指江西省贛州市的龍南、定南、全南三個縣。

初到香港時，沒有地方住，幸好遇到一個兒教院的學生。他嫂子做包租婆，[127] 在九龍海壇街承包了一棟樓，有四五個房間。那學生介紹我去，我以每月四十塊的租金租了一個房間。

初到香港，只有我丈夫工作。他在金鐘上班，每月有二百一十元。但香港開銷很大，光是女兒讀書也要用二百多元，所以我到工廠學縫衣，幫補家計。工廠的師傅問我會否用腳踏衣車？我說以前在家裏學過，他才留我在那裏縫衣。後來我還學會用摩打衣車。[128]

來香港後，我過着「手停口停」的生活。[129] 不過住在九龍海壇街時，很多香港入伍班的學生來探望我。那個戒了粗口的學生，便是其一，他現在好像是九龍一家雜貨舖的老闆。兒教院的師生關係很好，彼此照顧。當初在香港籌辦兒教院校友會，再聯絡廣州校友，那時我也有幫忙。那時我們想組織一個團體，大家一起去旅行和聚餐，後來又選了主席和管理帳目的會計。2009 年，就是兒教院 70 周年紀念的日子了。

---

127 包租婆為廣東俗語，即女房東。
128 摩打為廣東俗語，即馬達。
129 手停口停為廣東俗語，指不幹活就沒飯吃。

丁佩玉女士珍藏兒教院
紀念品

丁佩玉女士（2008）

兒教院教師
何巧生

> ❝ 李漢魂將軍的太太是吳菊芳，她關心
> 難童的教育問題，便籌辦兒教院的工作 ❞

生平簡介

1913 年生於廣州，原籍廣東新會。

戰前就讀聖希理達女子中學，畢業留校任教。後入讀上海暨南大學，1936 年轉讀燕京大學教育學系。畢業後，回廣州隨李漢魂伉儷工作。曾任戰區政治部政治大隊女生隊隊長，後任廣東兒童教養院第三院院主任。1941 年，加入幹部訓練班。1949 年，擔任香港《大公報》編輯，直至退休。

抗戰時期

1913 年，我在廣州出生，家鄉在新會。2003 年，我已經 90 歲了。1938 年，我加入兒教院，當時它處於籌備階段。那時候國內十九路軍[130] 的吳鐵城[131] 說自己「吾鐵身成」，主張撤退，蔣光鼐、蔡廷鍇等則在上海退下來。[132] 因為蔣介石不讓他們抗戰，所以就召蔡廷鍇回來，改由李漢魂接手軍務。一接手，氣氛就不同了。李漢魂將軍的太太是吳菊芳，她關心難童的教育問題，便籌辦兒教院的工作。那時候日軍攻打廣州，在廣州淪陷後就撤退。還記得前一晚去巡邏、巡遊，誓死保衛大廣東，第二天早上局勢就變了。李漢魂接任廣東省主席後，把省府遷到粵北。有一段時期，日本仔又來攻打粵北，不過他們曾經被三度打敗。

求學歲月

我在聖希理達中學（St. Hebrew）讀書。那是一所由英國人創辦的教會女子學校，近大東門處，即在廣州中山醫學院附近。我也參加過香港教育署的高級考試，在那裏念過 senior，即高中。畢業後，校長邀請我留在學校教書，那時我什麼都教。

那時我十幾歲，教書不到半年，受到新思想影響，決定報讀國立大學，不再讀那些英國學校。於是，我報考了上海暨南大學，結果考上了。那時鄭洪年任暨大校董，我在暨大讀了一年，學校裏開始掀起罷課運動。罷課期間，那位在英國劍橋大學畢業的老師說我英文很好，不必留在暨大讀書，又幫我在燕京大學取得轉學證

130　十九路軍即國民革命軍第十九路軍，前身為粵軍第一師第四團。1930 年中原大戰，協助蔣介石擊敗馮玉祥和閻錫山，改號為十九路軍，由蔣光鼐出任總指揮、蔡廷鍇任軍長。十九路軍被稱為「鐵軍」，乃國民政府戰鬥力強的軍隊之一。

131　吳鐵城，廣州香山人，生於江西省九江，為中華民國軍政人物。

132　蔣光鼐，名憬然，廣東東莞人，曾任國民革命軍師長、第十一軍副軍長及十九路軍軍長。蔡廷鍇，字賢初，廣東羅定人，為中國政治家和軍事家。

書。1936 年，我正式入讀燕京大學教育學系，當時它是全國招生的。

在燕大時，又有學生運動，由黃華、高彭、高普新等學生領袖帶領。[133] 我也參加了。1936 年，我大學畢業。畢業後，我曾隨團到日本考察，逗留數月。回北京後，盧溝橋事變就爆發了。

兒教院

燕大畢業後，我回去廣州。大概一星期後，日本便開始轟炸廣州。李漢魂將軍接掌廣州時，我們因為非常尊崇十九路軍，所以就跟隨李漢魂將軍和吳菊芳女士工作。兒教院早期叫兒童團，在日本轟炸廣州時，兒童團撤退到湖南等地，吳菊芳女士那時開始辦學。她先辦第一兒童團、第二兒童團，後來愈辦愈多。因為兒童團的人多了，所以就把兒童團更名為兒童教養院，強調「教」、「養」之意。這時兒教院在韶關設立了分院，有第一教養院、第二教養院、第三教養院等。吳菊芳出任院長，我則為第三院的院主任。開辦初期，院方已有同工協助，我可幫忙的事情不多。後來吳院長向宋美齡申請了一些救濟金，那時我們也參加了兒教院的工作。

那時院主任是受薪的。因為我是帶薪赴任的，所以兒教院給我的報酬頗多，每月有八十元。在擔任院主任前，我在戰區政治部擔任政治大隊女生隊隊長，負責在打仗時做些宣傳教育的工作。可能是這個緣故，吳院長看中了我，把我調到兒教院工作。

兒教院成立初期很混亂，要向中央領取補助金，後來才慢慢上軌道。學生的程度很參差，有些學生來自戰區，未曾受過教育；有些曾經讀書，但因戰事而中途輟學。難童多數從戰區來，很少來自香港或其他地方。課程方面，我們與其他院主任

133　黃華，河北磁縣人，畢業於燕京大學，中國外交家。曾任燕京大學學生會主席，亦為一二九運動的學生聯合會總交際。

一起討論，然後共同編製。

　　我是第三院的院主任，也住在第三院。那時第三院好像分為八個大隊，我離開後好像減至五個。1941 年，我離開兒教院，休息了一年。同時，我有幸參加了幹部訓練班，在南雄修仁訓練，即第六院的所在地。我對兒教院的記憶很零碎，不過仍記得那時的糧食足以果腹。此外，我也記得兒教院有個醫務所，有兩位醫生，一位從軍隊調來，另一位來自中山大學。當時學生基本上較少生病。除了兒教院，吳院長還創辦了很多機構，例如學校、工廠等，因此兒教院的老師會被調來調去。有些比較成熟的學生，也被調去工作、教書、當少年空軍或海軍等。那時兒教院因採用童軍的管理方式，所以學生會接受一點訓練。

　　將近解放時，有些同事被調到香港復辦《大公報》。那時候很需要人手，因此我就轉去《大公報》當編輯，自此便不再從事教育工作。後來兒教院同學約我出去聚餐，大家再次聯絡。

　　我和陳紹駒的關係有點淵源。紹駒在大東電報局工作時，他爸爸就是我大哥的老師。我們分別已久，見面時談起這淵源，覺得很親切。那個年代的物資相當匱乏，加上打仗，所以我沒有保留兒教院的資料和相片。

何巧生女士與李
松柏及陳紹駒訪
談時合照（2008）

後記

　　1949 年，李漢魂將軍和吳菊芳女士移居美國，兒教院校友亦因種種原因，四散各地。一闋搶救兒童的戰歌，逐漸淡出歷史。1973 年，在一群居港的熱心校友努力下，廣東兒童教養院香港同學會終於註冊成立。離散的校友，逐漸重聚。1984 年，國內的兒教院校友，亦成立了廣州同學會。多年來，作者見證了校友們和李湞教授對兒教院歷史的關注和重視，也是這份執着，鞭策和成就了本書。最後，除了感謝，更祈願經歷戰火的校友們和李湞教授，平安康泰、樂賞人生！

1973 年 6 月 10 日，廣東兒教院校香港同學會註冊成立。

同學會成立,各執委在會上宣誓就職。

1984年12月16日,廣東兒教院校友會在廣州市廣東科學館成立。

　　　　　　　　　　第三章　弦歌不輟　戰火人生:兒教院師生口述史

北江師範學校師生聚會合影

力行中學全體師生合影

原兒教三院師生聚會合影

兒教七院師生聚會合影

李湞教授和香港兒教院校
友茶聚（2015）

香港兒教院校友會贈李湞教
授的紀念品（2016）

李湞教授和香港兒教院校友茶聚（2016）

附錄

1.《吳菊芳自傳》[1] 節錄

首負重任為兒童

1939 年 1 月下旬中央任命我為廣東省新生活運動促進會婦女工作委員會主任。我首次接受公職，卻是在國難當頭、百姓深受戰火蹂躪之時，廣東是伯豪的故鄉，是革命的發源地，我的長女——阿湞、長子——李韶亦以韶關、湞江而命名。廣東於我有特別的親切之感，韶關與我，早於 1932 年初臨後已結下不解之緣。當我躑躅行於韶關的大街小巷，看見那些面有菜色的婦女，尤其是那些因戰火痛失家園的無依無靠的兒童臥於街邊，睜着一雙瘦弱的身軀而突現的流露企盼的大眼望着我時，我不禁悵然淚下，心中一陣陣湧起難以抑制的傷感。同是天涯淪落人，都是自幼失母愛。我一歲痛失母親，更深切地體會到孩子對母親的重要。如今我已身為人母，我的母愛要給子女，我的母愛更應給千百萬飽受戰爭摧殘的無辜難童們，幼吾幼，以及人之幼。在剛接到任命時我忐忑不安的心情，此時也平靜下來，決心報效祖國，竭盡己力。伯豪號召要持久抗戰，兒童是國家的未來，是民族的後繼，拯救難童，培養兒童是當務之急，是百年大計。婦女是民族的搖籃，也必須妥為安頓，發揮婦女的巨大作用。

我把自己的想法與省有關部門議定：搶救難區兒童，撫養軍人遺孤，籌組兒童

1 　本文整理自關爾強先生保存之《吳菊芳自傳》第四章，頁 45－71。分題和王杰、梁川：《枕上夢回——李漢魂吳菊芳自傳》（廣東人民出版社，2012，頁 249－291），稍有出入。本文主要參考吳菊芳的手稿。

教養院。萬事開頭難，戰亂中要為婦女、兒童辦事更難。在此時伯豪除任主席兼民政廳長外，中央又任命他兼保安司令、軍管區司令又任第三十五集團軍總司令。這一系列職務，猶如一副副重擔加在他瘦弱的身上，他廢寢忘食，公爾忘私。

我還與家人約法三章：少理瑣碎事，多用腦於全省大事；三餐盡量要準時。當時，新生活運動的正式機構尚未在省裏建立，眾人議定由我去重慶一次，面謁蔣夫人和財政部長孔祥熙等中央領導人，爭取支持。（下略）

在桂林逗留了一星期，於2月9日下午二時搭機飛往重慶，此次坐機最為精神爽適，可在機上看書讀報。到渝後住在都城旅店。第二天鄒魯夫人來訪，說此店既小又危險，次日遷至五福宮，有好幾個熟人均住該處，搬到五福宮不久，蔣夫人派人來請我去吃晤談。

這是我初見蔣夫人，她身材較高，衣着打扮很有點洋派，她請我吃西餐，餐間談及廣東婦女工作問題，她希望廣東方面能合力把婦女工作做好，談到下午3時始離開。（下略）

2月16日，孔祥熙部長約見，談及我們事先已曾反映謁請中央指撥救難童經費的問題，他答應幫忙，還叮囑我多注意農村的事，知我是農學院畢業的，說要約人與我見面商議，只因現在參政會太忙，請我多呆幾天，別在23日返粵。

此後的每一天除了會客就是為兒童救濟款的事積極活動，我還找了馬超俊先生，由他為我安排與居正、副委員長見面，也答應幫忙，並請何伯平等代為做報告給孔部長。

2月18日夜八時，委座夫婦召開新生活運動五周年紀念會，請我參加，委座向全國發表廣播講話，聚餐是每人一個瓦缽，內裝白飯及豬肉、青菜、魚，外加一

盅湯，抗戰時期也是美餐了。

在重慶期間，我還旁聽參政會兩次，會上，群英的雄論各據理指陳，令人大開眼界。

2月24日，又應蔣夫人請，她請來女教授在宴會上演講抗日，我頗受教益。會後，蔣夫人約我和伍智梅女士談廣東婦女工作問題，伍指東談西，不能合作其事，所談無結果而散。

25月（日）上午又去見孔部長，請他將開設兒教機構的賑濟款及失業工人之救濟款早日撥發。對於辦兒童教養院，孔祥熙問我：「按照你們的計劃，辦兒童教養院，打算先設多少名額？」我說：「廣東難童很多，先作一萬名打算。」他說：「打算要多少些錢？」我說：「打算要多少些錢呢？」我說：「要收一萬名兒童，錢要不少，我只向中央要求10萬，不足之數謀求各界支持。」孔笑笑說：「國家雖然參政困難，卻從不為有意義的事和有志氣的人擋路。但10萬，夠嗎？」我堅定地說：「這10萬主要用在開辦費，我們的見解在於構成一個自力更生，有教有養，有生產的遠景，將來達到自己養自己，省錢辦大事。」孔部長接着毫不猶豫地決定：撥給10萬，名額先定千名。籌辦兒教院的經費就這樣定了下來。我又謁見了委座和夫人，於是我設法買機票，重慶的機票非常緊張，緊張到什麼程度：連孔部長、蔣夫人、何應欽夫人，他們尚不能當場保證我有票，直到第二日才知分曉。3月2日離開重慶，上午10時半抵桂林，有鄭先生來接機，在機場遇見白崇禮（禧）送唐生智去渝開會，白託我轉告伯豪三件事：一、加強基層如鄉長的訓練，二、增加省府稅收，三、嚴防軍人、公務人員商業化。

3月4日經衡陽到達韶關，火車清早六時抵達到車站，接我的有新運會臨時工作隊，各界婦女代表及家中的衛士，計離韶的日子已有一月零二天。

也許由於過分緊張勞累，回到韶關就病了，但工作非幹不可，我休息一天就撐着起來投入工作。和我一起商談婦女工作，一起開展婦女工作，表現最積極的是陳明淑女士，她也是我最得力的助手，對工作富有熱心，也有幹勁，能力非常強，可獨當一面她長得並不漂亮，身材高大，但性格爽朗卻很令人喜愛，具有大丈夫的氣魄，我們一面組織婦女做些臨時性的活動，如三八節慰勞傷病之類，一面着手進行戰時長期性的婦女工作。收容起來的婦女則組織成為工農業生產合作社，專門從事婦兒工作的幹部則名之為工作隊，為了有一隻能幹的婦女幹部，則訓練工作遂作最重要的事了。10 萬元的賑濟款於 3 月 22 日匯到，拯救兒童的工作就全面、有步驟地正式開展起來。

深入敵後 搶救難童

我意識到要建立兒童教養院，收容成千上萬苦難的兒童，在和平時期已非易事，在這兵荒馬亂、生靈塗炭之時更是難上加難的事。孩子們要養，更要教，要讓他們在戰火中成長為民族的棟樑，國家的有用之材。百年樹人，從小着手，從長計議。第一步就是到敵佔區搶救難童和軍人遺孤。

我們首先廣泛地就廣東出征軍人進行孤兒登記，以保證軍人的遺孤不被遺漏。為了迎接搶救隊從各個戰地和敵後救出的孩子，使他們能順利過渡到兒童教養院的生活，我們開始建立廣東戰時兒童訓練團，先從連縣把一批共四十多個兒童接了過來，這批兒童，原來是跟陳明淑女士率領的婦女連一齊由廣州撤出來的，由於這批孩子年紀稍大比較成熟，有過自身的慘痛經歷和集體生活經驗，也初具組織觀念，他們的積極性易於調動起來，這樣，當第一批難童到來時，我們手中就有了四十多員能幫同接待工作的基幹。

1939 年，4 月 6 日，我們召開了新生活運動會第一次大會和振濟會，決議了有關救助難童事宜。並決定，十歲以下的難童由省保育院負責，十歲以上和軍人遺孤

由兒童教養院收容。這兩院尤似一隊孿生姐妹，在抗日中攜手並進，猶如一棵扎根於南粵大地的並蒂榕樹，互相支持，為拯救、培養祖國幼苗作出了貢獻！我當時既是新運會廣東省主任委員，又是戰時兒童保育院常務理事，一肩兩擔，我的心中牢記兒童兩字，我在重擔面前，只有告誡自己，要求自己，傾盡母親之心與職責，以職責的責任感充實於母親的心。

不幾日，搶救隊也當組織停當。搶救隊人員由振濟會，省新運婦委會及一些有關單位指派人組成，並告知第一線的部隊，敵後的游擊隊，戰地縣份的縣政機關，民眾團體，請他們予以配合，有的縣份主動擔負起收容難童的工作。搶救隊出發時，當我站在一列列意氣風發不怕犧牲的熱血隊員面前，我也是心潮起伏，難以平靜，我想到了敵後難童和家屬的期盼，我想到隊員到敵人的鐵蹄下搶救兒童所可能遭遇到的危險，這一對對搶救隊員亦如戰場上勇於犧牲的大無畏的敢死隊員，他們的這種精神使我肅然起敬。

我以一個領導人更以一個母親的身份向他們說道：必須做到為難童服務，要工作做得好，必須懷着真誠深厚無私的愛，一顆母親的新，一種兄弟姊妹的手足之情，一個隊員的光榮責任。我提請執行搶救任務的人做到：「尊重難童的意願，慎重處理兒童的家庭關機與社會關係，保證孩子的安全，負責途中的衣食衛生，做孩子的貼心人，同呼吸，共命運。」

搶救隊每批由三至五人一組，陸續由韶關出發。由 1939 年 4 月至 8 月底，他們歷經艱辛，共迎回九批難童，每批多者近二百人，少者八九人。還有六支搶救隊深入到敵人的眼皮下，從汕頭、台山等地搶救難童，前後約九千名帶着戰火的硝煙與滿身瘡痍輾轉到韶關。

可歌可泣搶救隊

　　滿懷民族正義的熱血青年組織的搶救隊，在敵後搶救兒童的可歌可泣的感人事蹟，雖然星移物轉，六十年過去了，但它仍被人所歌頌，我的腦際也時時浮現他們的英勇形象，事例無窮盡，且將現時仍在韶關的 85 歲的當年搶救隊員古茂蘭的會議，錄在下面，以表我對當年所有出生入死的搶救隊員們深深的敬意！

　　日寇侵略我國，殺人放火，姦淫擄掠，無惡不作。多少南通流離失所，無家可歸。這血淚斑斑的慘情，豈能忘卻！

　　1939 年，吳菊芳院長在韶關抗日救國婦女搶救隊，指揮我們到淪陷區搶救難童。我們奉命從曲江出發，沿途在馬壩、英德、清遠等地做抗日宣傳：貼標語，唱抗日歌，演街頭劇，一直深入到鄉、村，挨家挨戶向家長宣傳；教給孩子給我們，到安全地方，有飯吃，有衣穿，有書讀。開始，鄉親們怎麼捨得把自己的子女交給我們。後來目睹日機轟炸，家園盡毀，到處屍橫滿街。為了保存後代，含着淚把孩子交給我們，語重心長地說：你們就是孩子的再生父母。我也留着眼淚說：有我們就有他們，一定像父母一樣疼愛他們。這樣把一批一批難童送到韶關。

　　一次到花縣搶救難童時，正好碰上日本鬼子兵進村搶劫，鄉親們立刻把我藏入禾草堆內，至天黑鬼子走後我才出來。我左手牽着黃強，右手挽着羅卓，從赤坭到石角，遇上敵機轟炸，炸彈隆隆爆炸，才七歲的黃強嚇得哇哇大哭，雙腿發軟，我立即背起他，牽着羅卓，一口氣跑了二十多里路，到石角後乘木船護送他們到沙園教養院。

　　往事六十年，當年從日寇鐵蹄下搶救到兒教院的兒童萬餘名，每個孩童都有一部血淚的辛酸史。感觸最深的應是那些在戰亂中失父喪母或戰死沙場的軍人遺孤了。現在香港的王材全同學的父親王亮英，是當年隨伯豪北上抗日的一五五師取得羅王寨大捷時英勇作戰的團長，不幸於 1939 年在前線與日寇拼殺時身先士卒光榮壯烈殉國。王材全同學在憶及這段慘痛的經歷時，寫到當年情景：我那時剛記事，

當我和母親及年幼的弟妹聽到阿爸在前線犧牲的噩耗，真如五雷轟頂，母親抱着我和弟弟，不知所措，唯有痛苦，以後怎麼辦？以後靠何人？在這悲傷、失望的時刻，龐副官奉李漢魂主席和吳院長之命，帶着五百元，日夜兼行，四周探聽，終於找到我們木子四人。我們又冒着生命的危險，潛越敵佔區，終於到達了韶關。妥善安頓了我母親和幼弟妹，並徵求我母親的意見後，把我送到了兒教院。我幸福完整的家庭被日寇的炮火粉碎了，但進了兒教院，有了新的大家庭，在這個萬人大家庭中，有如父母般慈愛的院長、老師，有親如姊妹兄弟的同學。兒教院給予我新的生命，使我得以健康成長。

有這樣類似經歷的同學一定很多，六十年過去了，兒教院這個萬人大家庭也於五十年前結束了它的歷史使命，但在戰火中凝成的兒教院奮取團結的精神仍激勵着當年的教師、學生。情慢慢，誼綿綿。兒教院的情誼無絕期。已成著名詩人的同學梵楊寫道：

養我成人的兒教院，要忘掉，怎能夠？！
抗日時期要是師長不搶救，拿能鐵蹄地下脫虎口
教我雖是小小一塊鐵，也要鑄成刀槍除外寇；
誰不赤膽忠心為神州？

兒教院的萬千師生為神州，衛中華！兒教師生在戰火中凝聚的情意結緊緊連結着師生們。半世紀後，他們深情寫了無數的詩文，亦溫暖着我這顆飽受滄桑的心。（下略）

前線救難童 歸來韶兒亡

一對對搶救隊出發了，一個個從各地搶救回來的兒童們也隨之陸續從生死邊緣來到了韶關。這些兒童不但個個形骨消瘦，滿身疥瘡，而且經歷了家庭破碎、骨肉

失散，感情的心理創傷，更深深地在他們幼小的心靈上留下難以磨滅的陰影。要使他們恢復身心的健康，適應並愛上新的大家庭，過上集體生活，無疑是相當艱鉅細緻的。

5 月我又匆匆地輾轉，用了一個星期的時間到香港，參加香港和華僑的募捐和慰勞前方戰士的籌備活動。

6 月，由於到達韶關的兒童書目早已超過預定的千個名額，我只好於 6 月 26 日親自動身經衡陽，轉桂林，再到重慶拜見蔣夫人和孔部長，向他們彙報搶救兒童的情況和請救支援。蔣夫人對廣東幾個月短短的時間所取得婦女和兒童就難工作甚為滿意，孔部長也即時同意增加兩千個名額。

在重慶奔忙數日之後，與伯豪同機回桂，那時他已在重慶受訓完畢，由委座派專機送，但由於天氣不佳，桂林下雨無法降落又折回重慶，待桂林晴後再飛，折騰得人非常難受。

回到韶關已是七院，我急急趕到兒童收容的地方，難童越來越多，有病的兒童增加的越來越快，且已有不幸夭折。我非常悲痛，一面督令工作人員精心護理，一面也為缺醫少藥而思謀解決辦法。這是敵人已攻佔了汕頭、潮州，潮汕的百姓又要求我們派去搶救該地的難童。7 月下旬，我決定親自去營救這大批的難童，並順道香港為兒童們籌募購買藥品。我率領拯救隊，只能避開日寇佔領的交通線，走小道，饒山嶺，坐漁船，先到了香港。記得有廖夢醒等代表中華婦女慰勞會等團體協助我們募集了一批藥品，尤與香港保育院商定將他們收容在各地的兒童交我們帶往韶關。帶着這麼多孩子，繞行於粵東南，路途漫漫，艱辛異常，又時時要防日軍機的轟炸和日軍的屠殺。路過興寧時，只好把太小的孩子留給保育院，大部分孩童長途跋涉到梅縣，我才電告伯豪，請求支援，十二集團軍派出了 8 輛軍用大卡車，分批把這些兒童接到韶關。已是 8 月初了。

一大批難童從死亡線上搶救回來，我回到家，我的愛兒卻已奄奄一息。韶兒是 5 月 10 日開始生病，當初僅有發燒，到醫院就診後，吃了藥，我和伯豪又各上前線和忙於拯救大批難童，也無暇多加註意和照料，豈知我從重慶回來，孩子已住院，醫生說是肋膜炎，抽了積水，稍有好轉，而我又赴香港等地，回來趕到醫院，趙副官說：韶韶已死了！我驚聞之下，如墜冰窟，四肢麻木，心口痛裂，唯抱起屍體痛哭，趕到的伯豪也不禁淚下。我悔恨自己未照料看護我的韶兒。他從 5 月 10 日生病，至今整整 89 天，我未好好地陪他看病，未好好照料他。懂事的韶兒，才不足六歲的韶兒，病了，發燒了，胸部疼痛也不哭不鬧。韶兒從小聰慧可愛，不到四歲他在勞軍大會上，滔滔不絕地演講，博得一片讚賞，如今他永遠地閉上了他一雙明亮的大眼，永遠不會再張開他的小口，喊一聲爸爸！叫一聲媽媽！我怨天不公平！我怨病魔無情！何是天不公病無情？是滅絕人性的日寇發動的侵略戰爭奪去了韶兒的生命。如在和平時期，感冒肋膜炎又何致韶兒於死呢？

韶兒生於韶關，死於韶關，也葬於韶關南華寺傍，虛雲大師為韶兒超度亡魂。伯豪滿懷悲痛，在韶兒的墓碑上寫道：

> 禮佛好向南華，大夢醒後心不昧。
> 祝爾安居西土，眾生渡了我當來。
> 韶兒：安息！

韶兒去了。顯示不容我沉溺於悲痛之中。大批到來的難童在等待着我，有病的兒童在盼望我去為他們尋醫找藥。韶兒的死，愈發激起我「及人之幼」的深切感情，「痛疴在抱」，惠及赤子的中國傳統社會道德觀，更促使我立下務必把兒教事業辦好的宏願，我要抱着和同仁一致奮鬥不懈的共同觀念，救難童，育幼苗，為國家培養一批棟樑。

韶兒死後，最使我安慰的是三三兩兩、從早到晚到我家來安慰我的兒童們，他

們拾着採集的山花，他們交給一封封情意真切的慰問信：院長媽媽：您失去了一個兒子，我們成千上萬的學童都是您的孩子，您不孤單，您不要悲哀！孩童們的話溫暖着我破碎的心！

韶兒去逝星期後，我擦乾了眼淚，振作起精神，挺立在韶關中山公園和廣東兒童及各界人士一起隆重舉行了廣東兒童教養院的成立典禮。（「廣東兒教院成立」見本書李湞〈序〉，頁 8—9。）

學童生活苦也樂 親情溫暖難童心

拯救來的難童一個個蓬頭垢面，身上有蝨子，大部分還有疾病，他們到了之後，我們首先是徹底給以全面的清潔整理，更換乾淨的衣裳，醫護人員逐個予以身體檢查，檢查觀察結果，孩子的病普遍是由營養不良造成夜盲、腳氣、水腫及腸胃病等，我們的醫護人員一一對症下藥，另外由於孩子們長期受到屈辱、恐懼、飢餓等折磨，思念着受害或分離的父母兄弟，心理上有巨大創傷，對突然變換的環境不能馬上適應，我們採用循序漸進的護理方法，滿懷着工作的責任感，充滿着母親、兄長的愛去安慰他們，病孩先喝米湯，繼以稀粥，逐日增量過渡到全部乾飯，以便調整孩子的腸胃功能，再配合補充合理的營養，孩子們的健康得以穩步恢復，本來瘦骨嶙峋，狀若半殘的小孩，面孔漸漸圓潤，膚色漸漸光滑，出現了天真的笑容。

當時兒教五團（後歸六院）團長陳銳新深情地回憶到：1939 年 3 月 19 日，我把一群瘦且髒的孩子在肇慶從搶救隊中接回，帶到新興縣潘家祠。兒童們到團後，換上新裝（每人兩套軍服，兩套白布內衣褲），大家很開心，換成一個新人。那時沒有一個孩子思家哭媽。有個女孩肚痛，我就給她藥吃。孩子們有病由衛生室給醫治，有大病就送新興城醫院留醫。

那時，雖然粗茶淡飯，但大家都很開心，老師是家長，學童 150 人，一天里生

活融洽。大家開畦種菜，每晚輪值，替小同學蓋被，叫「賴尿蝦」起身。學生們還在街頭表演「松花江」、「五蝴蝶」、「七隻小羊」。生平之志不在溫飽，倭寇未滅何以為。是老師們激勵學童的對聯，也是當年的寫照。

當時最年輕的老師，今天激情地寫道：我——譚歡迎，當年六院五區的老師，學生是年紀最小的，當年的哥哥、姐姐們愛成為「小飯桶」，在六院最受優待。有位「阿姆」專門為他們分飯，洗衣服。我呢？除教書外，還教他們疊被、穿衣、擺鞋仔、履仔。「小飯桶」們！還記得嗎？每當你們領了飯菜的時候，站在桌旁有位「姐姐」，在你們的飯菜上滴上兩滴魚肝油。那兩滴魚肝油多麼可貴，它蘊含着多少人對你們的關懷啊！那位「姐姐」就是我。你們還記得嗎？

記得！記得！我相信所有兒教院的師生都記得。這段必勝中最艱辛的歲月，學童們怎能忘得了那些深情的姐姐呢？！就是我，年已九十的我，也深深地懷念着你們！在兒教院，師生們的情誼已融合為一體，幾十年來流淌在人們的心中。

正是：字含熱淚思義重，感人最是恤孤心，飄零舊恨隨風去，人間至愛是親情。

我們的工作贏得了兒童們的新，孩童們健康愉快地進入了兒教院的生活序列，嚴謹、活潑的生活、學習、訓練等待着他們。

兒教院在戰火中成長

兒童們離開父母來到兒教院，兒教院就是孩子們的家，是生活、學習、受訓的地方。兒教院確定了「家、校、場、營」的總規劃，把當時政府提出的「管、教、養、衛」的政策寓於其中，從內容、性質、任務、目的、方法等多方面將四者統一起來，從而訂出一套教育體系和教育目標相配合並與之相適應的教材、教法，使兒

童教養院成為一個家、校、場、營的綜合體。

依山傍水建校園

儿教院的院址選在韶關近郊的沙園。那時韶關郊區的簡易房屋都以松皮為頂，松板為牆，（有的是以竹篾織成的蓆子為牆），取材方便，營建簡單。兒教院採取依山傍水的環境來構築校園，其好處在於面對水上交通航道，使糧食運輸方便，生活用水取之容易，且活水比塘水乾淨衛生，孩子們在河邊洗臉、洗澡、漸漸都學會了游泳，而敵機不時檢空襲，防空疏散，有山林依託，可得到掩蔽。再者，山水可以陶冶性情，兼收教育效果，還可墾殖荒地生產，補助兒童給養，這是長遠計劃的一部分。

沙園這地方，經過我們熱心的兒教工作者的努力和日漸增多的孩子們共同努力經營，面貌迅速改觀，它成為兒教基地。孩子愈來愈多，沙園這個千人院便被稱為第一院，另外在連縣的龍嘴成立第二院。第一院的自然環境，人文佈局，辦理措施，都使我們有了一些經驗。

第一批孩童在教養院的過渡順利成功之後，以後來的就好辦了，他們在前面先來的兒童的影響下，能更快地有歸屬感。待孩子們心裏安定，健康恢復，熟習生活之後，我們便開市把他們走向學文化受教育的軌道上去，因此沙園除是第一院之外，還設立了一個接連站，負責對孩子們收容接待，基本教育及訓練，然後加以甄別考試，按孩子們年齡和文化水準編組，拔送第一院第二院，有少數兒童已達小學畢業程度，我們為他們在二院開辦了中學班。

當年兒教院的學生，現任台灣大學政治系教授的賀凌虛寫的「蓮塘」一詩中憶蓮塘當年情。

蓮塘，我們少時讀書

以及艱辛成長的地方。

一幢幢松皮竹筒的建築，

到處出現我們的短褲、赤足，

一座座高低起伏的丘陵，

灑遍、迴蕩我們的汗水、歌聲。

正當我們的工作在逐步開展，學童們開始走向健康發展的道路，日寇的魔掌又伸向粵北，進犯韶關。

戰火之中建七院

1939 年 11 月底，數萬日軍從廣州沿粵漢鐵路兩側向粵北進犯。12 月 25 日，日軍已進至英德，敵軍騎兵已出沒在官渡、翁源附近。余漢謀總司令的十二集團軍節節敗退，總部已後撤到韶關附近的大坑口。韶關形勢危急卻無守兵。伯豪急電中央請援，又不得要領，省政府已撤往連縣，伯豪仍保守土有責的決心僅帶隨從秘書及衛隊留在韶關。

兒教院自然也在緊急疏散之列，辛苦經營了大半年，一切都有了頭緒，建設也逐漸完善，可是突然又要拋下這一切，怎不使人難過！兒教院的工作人員，從上至下都不忍離開，可是為了孩子們的安全，又不得不迅速行動，我們疏散的目的地是鐵路線以西的連縣，幸而韶關到坪石之間還有一段鐵路可提供我們運輸上的方便，可把韶關一院的兒童送到坪石，再由坪石步行轉入連縣的星子鎮，大大小小，一千餘人的隊伍，步行三百餘里，還帶着生活必需品，簡單的鋪蓋等，肩背手捉，體弱有病的還需照顧，這一路的勞頓，使工作人員和孩子們都累壞了。兒教院的同學是這樣記述當年疏散行軍情況的：

日寇進犯韶關，兒教院東遷疏散行軍，歷時月餘。有效的同學早已腳皮磨破，草鞋磨穿了。我們的老師用籮筐肩挑兩個小學生，年紀大的同學用擔架兩人抬一個同學。互相愛護，互相照顧，終於到達目的地，我們又蹦蹦跳跳地復課了。

我們用勇氣和笑臉代替眼淚！

當年兒教院的同學梁銘樞，五十年後還相當清楚憶及這難忘的歲月，他作詩道：

> 武水情長留不住，才抵南雄又向東江去。難覓宿營新去處，倭兵不許人留駐。臘月寒天人閉戶，雪雨淒風，時值年關過。路石刺膚膿血注，頻頻急步因何故？

兒童們，東江河畔紮營，懸嶺山地設帳，民房地面作床，樹蔭底下作課堂。兒童們，在艱苦中成長，在戰火中學習。而在搬家過程中，兒教院的物資損失，在那戰時的困難環境中，更是難以補救。看到自己的心血白白耗費，着（這）對兒教院的工作不能不是個挫折。看到孩子們在長途行軍中的艱辛，更為之辛酸。

粵北大捷齊歡慶

正在韶關萬分危急之時，兒教師生在疏散轉移中，薛總司令應伯豪請求，急急從湖南增援的五十四軍，從正面痛擊來犯的日軍，伯豪指揮的鄧龍光六十四軍冒險深入敵後，截斷粵漢線，使日寇首尾受擊。1940 年 1 月 3 日我等光復翁源，10 日光復清遠，粵北之戰，我軍大捷。日寇在北江兩岸留下了一千多具屍體，數十輛軍車，五十多個戰俘之外，一無所獲。

粵北大捷，堅定了全省人民抗戰必勝的信心，鼓舞了全國人民的鬥志。中央慰

問團內到韶關慰問，因粵北大捷使江西免遭敵騎見他，故江西又派慰問團，前來慰問廣東軍民。1月24日在曲江舉行了祝捷大會，伯豪在會上報告了粵北戰役勝利的經過，當晚市民舉行燈火晚會，鞭炮聲、歡呼聲入夜不絕。

兒教院呢，由於這次大疏散，大遷移，兒童們背嘗長途行軍的艱苦，同時也受到了一次戰火的考驗，在轉移中，我們在連縣的星子也選擇了一個新的院址，大家認為既然可以在這個地方臨時卜居，當然也可以紮下根來在這個地方經營，於是一院就不再遷回韶關沙園，沙園的房舍及其他設備也就讓接待站暫時全部使用了。

連縣在粵北西北角的最頂點，也是小北江連江的源頭，論戰略地位，它在粵漢鐵路之西，是比較安全的後方，尤其是山川明媚，物產富饒，民風淳樸，我們認為只要能夠有相對安全，讓兒童可以休養生息，安心讀書，那就不失為在地點上的最佳選擇，基於這樣的考慮，就把一院扎根於連縣了。

戰爭環境下，事情特別多，正當戰事稍微緩和，不幸的事又來了，我接到報告：教養院二院的兒童有人染上腦膜炎死亡，腦膜炎的傳染性非常迅速可怕，不幾天就死了三人，當時醫藥奇缺，萬一不能及時撲滅，蔓延開來，那還得了。我着急萬分，向鄰省廣西等拍電報請求緊急提供藥品救援。而出外搶救工作的同志，因宣傳上對兒教院成績有所誇大，使得有些家庭情況較好的也把孩子送來。

有的孩子則是自己離了父母，隨請就對到兒教院，因此兒童集中過於迅速，準備工作來不及做，大有措手不及之感。兒教院有難，廣東的百姓又有難。

正在1940年春季時，粵北又發生糧荒。五華、揭陽還相繼發生搶米時間，皆因米不夠吃。廣東的糧食從來不夠自己，抗戰前全生產糧約7,600萬擔，而需要9,000萬擔，不足的部分以前是購洋米，購鄰省餘糧，現在海岸線被日軍封鎖，洋米進不來，內地的米也受交通受阻進不了廣東。伯豪是絞盡腦汁，四處籌糧，以廣

東的鹽換糧。災區的難童又大量到了兒教院，我也四處籌款募捐，就再去救難童，為給粵北災區難童捐款，我還請來了田漢劇團來粵演出，一連多天，為了捐款安排演出，並招待劇團演員們，此時，伯豪在前線各地賑災視察，不時有電來吩咐我去轉界或代辦各種事項，如難民救濟，災區種子、醫療器械、藥品等。該做的事未做完，其他事又來了。

2月5日，廣東省婦女會成立，開第一次會議。核查婦女會的工作任務。婦女會除了一項黨團作用外，其餘均同新生活運動會婦女工作委員相同，實無必要架床疊被，重設機構，既無人材又無經費，反而徒使原機構工作人員，耗散精力，然而中央要求必須成立，只好照辦，為使工作有效率，是年春節過後確定黨部婦女會及新運婦女會合在一起在黃崗辦公，由李志文兼任幹事。

兒教院三院的一千名名額很快就要滿員，又要着手準備第四院，院長之人物色到了，只是款項尚無着落，請求中央盡快撥款。

一、二、三院三千名兒童，年齡不一，程度不一，來源不一，如何很好地開展教養工作確非易事，特召請教育專家共同商議，討論的結果，不以升學為原則，課本酌量編配，因初小學生佔十分之六七，如能解決他們的教育問題，則主要任務完成了。

我正在辛辛苦苦工作，既為腦膜炎的事焦慮，又為新來兒童之安置操心，伯豪從桂林開會回來，欲帶來了關於我的冷言冷語，桂林那裏傳說頗多，說我「夫人派」、「學院派」等等，陳部長亦無可奈何，只好勸我以少做事為宜，聽了此話，使人非常氣餒，婦女出來做事實在困難，常常事未動手，而人已先受流言攻擊，使人精神受創。試想，當了夫人，不做事，養尊處優，反而無事，當了夫人，一做事就成了「夫人派」，試問我不做事，也不用做事的富人們，就不是夫人派，就對嗎？辦兒教院，要教育孩子，不用知識分子行嗎？誰來教我們的兒童？教養院在艱

辛中辦起來了，多少人為它付出了心血以致生命，現在廣東的婦女工作、兒童教育有了成績，也就有了是非。我遂決定辭去黨部婦女會主任委員，參議會的參議院也一併辭去，新運會的工作漸漸讓給陳明淑女士，以避物議，而我則專注於兒童教養院之工作。原來一怒之下連兒教院的工作也想放下，不做孩子頭了。然而兒教院與我已心心相連，兒教院的孩子們需要我，要我照料，要我為他們請款、請糧、請老師，何忍放下。伯豪也勸解我，開導我，談他也是為外患、內訌、糧荒中日不安，做事就必有事，做事就不怕了。的確伯豪是這樣：軍糧一粒不可少，百姓頓頓要吃飽，雨亦愁，不雨也愁，無雨求雨來，雨多祈雨止。天天有事啊！我毅然而定還要做事，要為婦女、兒童多做事！國家有難，兒童受苦，匹夫有責啊！

兒教院逐步擴大

3月初，兒童一下子到了三百餘人，無住處，無被服、無醫藥，工作十分棘手，我連續二天四處打電話求救，有的立即伸以援手，有的分明有條件可以幫助，卻一推了之，對兒童毫無同情之心，令人憤恨。這四五百兒童尚未完全安置妥當，哪邊又一下來了三百，即使有三頭六臂，恐怕也會感到困難之大，調集各方之力，安置妥當後，又為小學的課本，教室，校址等弄忙。

3月18日，振濟會開會又決定辦第四兒教院，婦女生產工作團再增加三百餘名額，由振濟會辦，負責生活費及開辦費，對託兒所也通過了一千元的開辦費和每月五百元的經費，兒教院的三千人的。

開辦費增至20萬元，搶救費歸振濟會出，經費問題現在總算有了着落，只是開辦第五院的人才又到何處去找？

四院建在仁化，因院址不夠用，如建築需欸二三萬元，在此抗戰時期頗感不經濟，決定減少至五百人一院，另成立第五院，原四院院主任黎英調任五院院長，四院院長改由李志文擔任。

又接從化書記長來電，說從化已收得兒童一千餘名，懇請收容，覆電從化，囑送來韶關。

至 3 月初，已建五個教養院，六個保育院，七個教養團，三個單位中保育院屬蔣夫人名下經費辦理，但幹部仍由我們派出，檢查督促的工作也屬婦委會，我們收容來的兒童，凡十歲以下者均送入保育院。

從去年 5 月至今年 4 月，一年餘，教養院共收容兒（童）6,557 名，其中領回，死亡，逃亡，已有工作或被學校或工作單位選用等累計 1,889 名，現有 4,668 名；教養團收容婦女 619 名，保育院共收容 2,153 名，現有 1,720 名，三者想家，一年中共收容 9,435 名，此數可謂不小。

為解決兒教院的師資，而舉辦師資培訓班，並組織人員編纂課本。經過大家的努力，各方支援，令人憂的腦膜炎病情終於平息。計共夭折了五名兒童。我擔憂的心，才稍平復下來。

至 1940 年底，兒教院已建立了七個分院。

分院	地點	院主任
第一院	連縣星子	梁昌熾
第二院	連縣龍咀	黎傑
第三院	韶關沙園	何巧生
第四院	連縣保安	黎英
第五院	從化董塘	李志文
第六院	南雄休仁	雷礦瓊
第七院	樂昌羅家渡	陳洪有

這起各教養院，一、二、三院為中央振濟會撥款辦理，故在財務關係上稱為中設院，至於四、五、六、七四所的開辦費和經費都由廣東省自籌，因此在財務關係上被稱為省設院了。

因自教養院辦我就被稱為院長，各分院負責人被稱為院主任，為協調和統籌各分院的工作，經廣泛徵求意見之後，就在這年三月成立了「廣東兒童教養院總辦事處」，這個機構後被人稱為總院。總院邀請學者專家，對兒教院的工作全面設計，指導各分院的工作。又以總院名義發動募捐，呼籲社會各界人士及團體予以協助。有了「總院」，這樣統籌也覺順理成章些。

是年 8、9 月間，原來由於廣州失陷而前去雲南澂江的中山大學，又從雲南遷回粵北坪石。這使我有了復學的機會。中大遷回，不僅於我個人有利，中大有七個學員和一個研究院，人材濟濟，我借助師生之誼，代表兒童教養院向中大請求幫助，許多教授都樂意為我們兒教機構出謀劃策：其時的中大校長許崇清先生，他正式剛卸任的廣東省教育廳長，對兒教事業的發起、創建和支持都一起領導作用，加上廣東果民大學、廣州大學也在這段時間裏先後遷到韶關，嶺南大學的一部分也遷到坪石，粵北地區洋溢濃厚的學術空氣，為社會帶來有利的影響；就兒教院而言，我們能夠從這幾所大學街區經驗，移植學問，並且給我們儲備和提供了大量人材，這些高等學府與兒教院的協作精神，令我深深感激。尤其是中大師範學院院長崔載陽先生願意出任兒教院顧問，給我們提出一套完整的民族中心教育的理論和時間計劃，貢獻甚大。

兒教院的新體制

崔載陽教授是法國里昂大學的博士，他所倡導的「中國民族教育中心理論」的主旨是：根據中華民族的歷史傳統、文化教育的趨向，民族的生活方式與習慣、信念和思想及目前民族的處境和需要等等，從而訂出一個教育目標，一個教育體系，

一套與之相適應的教材和教法。

當時院童規定年齡為 10 至 16 歲，較一般小學生年長很多，且他們常年以校為家，寒暑假也在兒教院這個家裏，他們有較一般兒童多的社會經歷和生活知識，這是其一。其二，教科書一向由上海幾家大書局及一些編輯局印行，現逢戰時，購買和運輸均極不易；再則也不合兒教院年齡偏高的實際狀況，故接收崔載陽先生建議將兒教院小學採用四年制。我們由總院教導主任戚煥堯領導，自行編寫《新中國兒童課本》作為兒教院教材。又訓練師資，成立了兒教院系統內的實驗小學。如是在兒教院工作的，身兼數職，既是一個集體中的家長，又是傳授知識的教師，我們還組織學生學勞結合，邊學習，邊進行一些生產勞動，因此，領隊者又還是培養勞動技能的師傅，因此帶隊老師又兼軍事教官，每個教師負責帶領 25 個學生，他（她）和學生吃住在一起，因此兒教院的老師不但要有教學的能力、工作的能力和組織的能力，更需要出自對兒童的熱忱和愛護，具有為下一代，為國家未來的自我犧牲精神，兒教院從一院辦到七院，就是靠許多同志的這種忘我的工作精神。

即以我自己來說，舊曆六月十二日分娩的前一天，還在工作，十二日凌晨生下兒子之後，白天來接洽公事的電話依然不斷，月子雖出門較少，但找上門的多，為公事依然操心不停，自己深感疲倦，休息不好。當時既找不到奶媽，奶粉也很難弄到，哺乳孩兒更增加了我的消耗，也許由於韶兒死的緣故，也許我年齡大了，對這新生的男兒特別疼愛，但更有數千名兒童需要我去照料，出月後，又整天忙個不停了。

兒教院的同志為了鼓勵兒童進步，想了新花樣：設兒童銀行作為獎勵投資、儲蓄，成立兒童服務隊，互相幫助，如替不會寫信的兒童寫信等；組織民眾服務隊，為民眾割禾等；另外外還有巡查隊，輪值巡查本院，以維護院部安全。

兒教院的課本，經過編寫組緊張的工作，終於在 9 月中旬付印。我又去各分院

巡視，至 9 月底方回韶關。回來後身體不適，病了很久。

這一年，辦齊了其所教養院，除了實驗小學之外，又辦了實驗中學，學制也加以縮短。1940 年年初，因敵寇威脅，教養院自韶關撤離，孩子們從坪石步行三百里到坪石，兒教院損失頗大，我也從中得到啟示，就是要從戰時的情況選擇更安全的地方為校址。因為，兒教院渡過了年初最苦難的時期之後，進入了一個穩步發展的時期，比起草創階段，計劃更為周全，「管、教、養、衛」一體化也更起落實。做到了理論與實踐相結合，理論上有崔載陽先生提供的設想，並以此設想編定課本。新課本的內容分為四大部分：一是管　教育孩子自治治事的能力，這屬於政治道德教育內容，培養孩子日後成為良好的社會公民。第二是教　自教教人，這屬於文化教育，內容是國語，美術、音樂。第三十養　自養養人，屬於經濟教育，培養兒童的生存能力，其內容為自然課，勞作課，算術。第四是衛　自衛衛國，內容有軍事教育，衛生教育，對兒童的歷史教育貫串於四學年之中。第一學年為我們的鄉土，第二學年為我國的現狀與前瞻；第三學年為我國家民族的過去；第四學年為我國與世界。貫穿兒教院的四大目標是：組訓中心，創造本位（即以培養兒童創造力為本位），學藝首位（即以通過學藝達到創造力的培養），保健第一（兒童的健康為一切之本）。

這四年制的教材，將每一年分為四個大單元，每三個月為醫學季，也就是春夏秋冬四季（無假期），每週為一小單元，從週累積為季，再由季累積到年，使兒童文化知能及技能日有所長。

有了這樣的教育設計和內容，我們就據此進行了師資的培訓，七個分院的教師共有五百來人，程度也參差不齊，新教材與老教材更是不同，故對師資之培訓十分必要，1940 年共辦了三期培訓班，頗有成效。

當時就全國而言，失學兒童有四分之三之多，這也是日寇侵略我過造成的滔天

罪行之一。所以四年制的教育設想如能成功，對全國的戰時兒童教育也開拓了一條新路，使教育經費短缺的問題，因學制縮短而有很大緩和。顯然四年制僅是適合年齡稍大學童，學童又註銷，不放寒暑假的戰時情況。

豐富多彩的生活

配合新的教育設計，我們還在兒童教育中舉辦了一系列活動，如：組織兒童回鄉服務隊，為着兒童父母減少掛心和宣傳兒教院的教育成果，組織了六個兒童四鄉服務隊，頗有成效；進行學藝比賽，比賽分個人團體兩種。個人有智力測驗比賽，作文比賽，繪畫比賽，體育比賽，團體比賽有戲劇比賽，歌詠比賽。

實驗小學還組織了兒童演藝隊，他們給前來參觀的人作了很多表演，甚獲好評。

寫到兒教院豐富多彩的生活，不得不使我想起傑出的音樂家，兒教院的音樂總指導黃友棣老師，他原籍高安，是中山大學學士，他在抗日烽火中，跋涉山川，深入民間採風，不停地演講、奏曲，他創作的《杜鵑花》、《月光曲》、《我家在廣州》、《歸不得故鄉》等抗日愛國名曲為廣大民眾傳唱，他創作的《募寒衣》、《送軍糧》動員鼓舞了民眾抗擊日寇。他為兒教院譜寫了無數的鼓舞人心、陶冶同心的樂章，至今仍在兒教同學中傳唱。他的歌豐富了兒教院的生活，他的歌鼓舞、教育了兒童，振奮了民心。每當我想起兒教院，往往就不由自主地自然哼唱起他傾心創作的歌曲。

婦女生產工作團

1941 年 7 月 26 日，我的最得力的助手，廣東婦女工作的難得人才陳明淑女士不幸因車禍喪生。是日他和丈夫陸宗騏（國民參政員廣東實業公司）先生共乘一輛

車，同在車上的還有她的堂妹妹陳香俠及其父親。車子開至馬壩附近長樂村前因天雨路滑翻掉，除司機及陸先生之外，其他三人當場殞命。噩耗傳來令人不勝悲痛，陳明淑與我不僅在工作上是非常契合的夥伴。我們的私人友誼也非常好，她的工作能力，組織領導能力都非常強，尤其可貴的是她有着理想主義的精神，品格高尚，而且很善於出主意。她的不幸去世，我個人失去一位好友，而廣東婦女界則失去一位領袖性的人材。尤其是婦女生產工作團，由她一手開創，一手經營，是該團的主心骨，她的去世，該團蒙受最大的損失。在婦女生產工作團的追悼會上，我剛說了一句：「以往我來這兒，明淑總是到門口來迎接我，如今她去哪兒了呢⋯⋯」話猶未了我就止不住失聲嗚咽，與會的全體成員也嚎咷大哭。尤其當她的靈柩下葬的時刻，慟哭聲震動原野，託兒所孩子們出自天真誠摯的熱淚，更令人心酸。離團部駐地不遠的蘇聯專家們也全體參加了葬禮，他們也在墳前閒話，致了悼詞（中、美、英、蘇四國在二戰時為同盟國，故有蘇聯專家派來中國工作）。

婦女生產工作團，是我任新運婦女會主任下面的一個組織，於 1939 年創辦。婦女生產工作團的團址設在韶關的馬壩。本要我見人生產工作團張，但當是兒童教養院已夠我忙，是在力不從心，就由陳明淑女士任團長，它本身也是省新建會婦女委員之一。生產工作團是婦委轄下的機構，但團的經費、生產資金及學生給養都是省振濟會下撥。1939 年搶救到生產工作團的難婦有三百多人，因戰時的困難條件，生產圖的生產項目很簡單，只設編織草蓆、草鞋，主要是支援前線抗日的戰士，後來也為兒教院的孩子縫製衣服。

學生每天上午軍事訓練，下午是生產時間，分別在工場編織草鞋或縫製軍服，另外則有自墾地種植雜糧、蔬菜、炊事工作也由學生擔任，晚間則分設業餘學習班學習文化，由教導組主持辦理，團內從團長至所有職員的薪俸都是當時的最低標準，全團從職員到學生都穿同樣的草鞋軍服。團長陳明淑始終以一個大病的姿態生活在員生中，她以身作則，吃苦耐勞，贏得了工作團成員的尊敬與欽佩，威信很好，工作開展得很順利，她的能力，大大減輕了我的壓力。

苦於當時婦女幹部實在太少，尤其文化水準與工作能力兼具的更是少見。在1939 年到韶關後，我們還舉辦了二期婦女幹部訓練班，以培養婦女幹部。婦女幹部訓練班的成員都是各縣保送來的。文化程度在高中，有些曾任職數年，有相當的社會和工作經驗。第一期婦幹訓練班，即訓練了一百八十餘人。第一期從 8 月 4 日開辦，訓練兩個月結業，第二期 12 月 2 日起開班，經訓練部培訓後分到各處工作，表現均是良好，很得社會好評。

在拯救難童的同時還辦起的婦女生產工作團，以拯救難婦，通過工組團，把他們組織起來，既救她們於苦難，又教其學得一技之長，發揮生產作用。生產工作團的婦女主要來自華人遺屬及淪陷區逃亡的難婦，有的難婦還帶有小孩，故我們在婦女生產團內還設立了託兒所。有的成員來自兒童教養院中已近成年的女青年，她們從兒教院畢業後送到生產工作團中，使她們有新的集體可依託，既有容身之地，又可學到生產的本領和文化知識，這種集體制組織下的婦女我們一仲律稱為「學生」。這些學生們也和兒教院的學童在抗戰之中成長經受了血與火的考驗。

陳明淑去世之後，婦女生產工作團一致要求我兼任團長，我感到力不從心，省的婦運工作和兒教院的工作已夠我忙的，又兼着振濟委員的職務，身兼多職會貽誤工作，因此不答應，原先有人攻擊我「婦女派」、「學院派」，雖是閒言，但我也要注意影響，不能兼了職，工作做不好，落人話柄。可是婦女生產圖的同志不肯罷休，她們多次說情，還委派生產團的總務主任陳惠珍為代表，上我家來力陳我是否兼任團長的利弊。這使我意識到我不兼團長，很多問題難以解決，該團確實恐怕難以為繼，我不能眼看着正在發展的婦女生產團事業就此萎謝，拯救、組織婦女的工作就此停頓，就如此「人亡政息」這也對不住我於陳明淑的情分，於是決定勉為其難，兼起生產工作團長的職務，接着我和陳明淑的原班人馬，組長以上的幹部，齊到陳明淑墓前宣誓：「大家同心協力，無論赴湯蹈火，都要堅持把生產團的工作堅持鞏固、發展、擴大下去」。

我兼任團長之後，在陳明淑創業的基礎上，大幅度擴大生產，發揮我任振濟委員，較易籌款的有利條件，組織了大量生產工具，使婦女生產工作團的固定資金和流動資金都相應增加，當時陳惠珍和若干幹部都為生產團竭盡了全力。我把實際工作全交陳惠珍負責，她非常可靠也十分努力，把生產部門擴充為：織染廠、縫製廠。織染廠設廠長一人，下轄漂染部、準備工程部、鐵機織布部、木機織布部、毛巾線衫線襪部。各部設主任一人，技師若干人，技術員若干人，生活指導員一人；織染廠的本部在廠長之下設總務和生產兩股，各股股長人人，幹事若干人，直接領導廠各部門的生產工作。縫製工廠也設廠長一人，下轄裁割部和半縫部，人員配備與織染廠相仿。

　　織染工廠的生產工具擁有織布鐵機 50 台，木機 100 台，織毛巾木機 100 台，衫襪織造機各 50 台；準備工程部則有打紗機 100 台，拉紗機 20 台；漂染部則主要設置爐灶、鍋缸，及蠟乾、曬晾、碾延等大小工具、縫製工廠也同樣根據發展的需要，增添設置了縫紉機約 150 台，裁割工具各若干。

　　我接任團長後不久，還決定把團的農業部擴大為墾區，墾區設一個主人，下轄農業和畜牧兩部，仿照以上所述的工廠體制，配備了多種專業技術人員，添配了若干大小農具各耕牛，並引進了不少良種的農作物，又繁殖了不少牲畜如豬、羊、雞、鴨、兔等。

　　陳明淑在世時發動團員在連縣山下開挖了一個大水庫，命名為「韶光湖」，我就要求大家發展塘魚繁殖、還種植荷、茨、麥、筍等植物，使農墾區的生產品種更多樣化，經濟價值也更高。

　　為使生產和小手配合起來，生產團在韶關市設立了廣東婦女生產工組團產品供銷處，積極闖開銷售道路，滿足民生日用品的需要，而且產品的銷售價格也只按照成本覈算加合理利潤，彌補了戰時後方物資供應上的一部分空白，調劑了市場的盈

缺，起到了平衡經濟和穩定市場物價的一定作用。

為了培養技術力量，生產團分別設立了技訓班和技工班，技訓班是培養技術幹部的，技工班則培養技術工人，前者主要在於培訓技術設計和技術業務，後者則旨在傳授一般操作技術，結業後的人員都管材分配到生產團去生產部門作為技師、技術員、輔導技術員成技工，有些則介紹到本省各縣作為婦女生產事業的技術員或技工。

除了生產團的工作之外，在文化方面，廣東婦女工作則做了以下的一些事：

1. 繼續出版 1939 年創刊的《廣東婦女》至二卷五期，還另出一特刊即到海外
2. 編輯高級和初戰時婦女讀本，民眾讀本，婦女信札，歌劇選集等
3. 紀念日和壁報及報紙副刊及其他宣傳

粵北大捷，婦女幹部訓練班一百八十餘位受訓人員，在敵情危機時，幹了幾件很了不起的事：其中當敵人北犯，敵騎已至大坑口，韶關黃（十）分危急，婦女會遂決定將所有經費用勞軍之用，煮糯米糖粥供過往軍隊食用，此舉振奮了我軍士氣，戰士們把粵北大捷說成是「糯米糖粥之捷」有愧了，危城風雨無不感激滴零中，我們能夠把一點心田中的甜蜜奉獻給衛國的英雄，能夠在殺敵的前線激勵士氣獲至戰國，我們又怎不覺得光榮呢？

另外，當軍隊到達粵省後，因部隊官賓（兵）不通粵語，均講國語，婦女干訓班，往每一軍中派十餘人任翻譯，並由她們發動民眾賚物給軍隊，因鄉民都藏匿山中，躲避敵人，由婦女遷往發動比較有利，使民眾可為放心。

敵人所到之處姦淫燒殺無惡不作，造成遍地屍橫，婦訓班的成員掩埋了八百餘具同胞的屍體，她們還深入淪陷區，搶救了三千餘婦孺。

香港淪陷難民潮

1941 年 11 月初，我帶着兩個女兒一個兒子去香港分娩，因三個兒女在韶關經常生病發燒，我想借去港分娩之機，給她們看看病。在港我生了第三個兒子李浩（把夭折的李韶也算在內是第三個兒子）。

快滿月時，12 月 8 日，日寇偷襲珍珠港，挑起了太平洋戰爭。伯豪擔憂我們母子安全，來電報催我們速速返回韶關。自廣州陷入戰爭之後，從香港回內地，稍為安全的只有水路和航空，水路甚為不便，因此決定坐飛機，飛南雄回韶關。廣東省駐港辦事處主任曾曉峰，為我們包訂了一架小飛機，不巧臨上機前夕，我發高燒達華氏百零四度。曾先生說，你病成這樣，取消包機，待好了再走吧。考慮到包機十分不易，我執意還是帶病動身。我和四個孩子，我的堂妹芹芳一同登機。

小飛機從香港飛抵南雄需一個小時，我們到達南雄轉返韶關一星期後，醫二院 24 日，香港即告淪陷。真是驚險，幸而我堅持拖病動身，否則後果不堪設想。

香港淪陷後，滯留在香港的許多達官貴人及社會名流一時成了釜底遊魚。各人不甘做奴隸，淪入敵手，改名換姓，巧裝打扮，冒險犯難，紛紛出逃。他們逃出香港的停留點多半是韶關。有見於此，廣東省府立即成立以伯豪為主任委員的緊急救濟委員會，覈定救濟費 7,800 萬元，但中央財政困難，只撥 1,000 萬元，不足只得由省府支補，余漢謀、伯豪各捐 1 萬元，以示支持。省府在韶關設立接待站，讓這些逃難的名人貴客修整後再送桂林、重慶等地。中央和廣東省政府還派出偵騎遣往香港，設法營救一切來歸的知名人物如如前粵軍總司令許崇智，第一集團總司令治粵八年卓有聲譽的陳濟棠將軍等人，最初來到韶關的有杜月笙、陶希聖等人。陳濟棠化裝成難民，混於人群之中，在西江輪上，被六十四軍陳公俠軍長認出，陳軍長對其執禮甚恭，派人送到韶關，伯豪親切慰問後遂送他赴重慶，被任命為農業部長。

日寇屠殺鄒魯長子

當日一些在港知名人士，因情況緊急，多半是隻身潛匿輾轉上道，無暇攜兒帶女，他們抵韶後，或等候家眷前來團聚，或一人先轉重慶。我則主要忙於接待家眷們，陳濟棠脫險後，他們的家被日寇佔領，一家大小均被趕出，陳夫人莫淑英女士，帶大大小小幾個孩子，裝成難民上船離港，土匪搜查，把僅有的一店財物全搶去，到達韶關時，真是一貧如洗。他這破財還算小事，最淒慘的是未及逃出而死在敵手的鄒魯先生之長子，被日本兵一刀一刀捅死，而敵人在殘殺他時，他的母親就在樓上聽自己兒子的痛苦慘叫，因此鄒魯夫人逃抵韶關時，受過巨大的刺激，仍然神情驚悸，令人不勝同情，也更激起我對日寇的仇恨。

有位立法委員林庚白先生，卜卦算命非常有名。原居重慶，終日為己算命，算得自己 11 月要死，為躲過這一劫難，就遷到香港，因重慶日日遭受轟炸，太危險，不料香港卻淪陷敵手，他未及逃出，被日寇殺害於港，命運如此奇妙，一時也傳為奇談。

1942 年初，我接待過並幫助安頓的知名人士家屬，除前面已提及的，還有杜月笙的夫人，孟曉冬、著名影后胡蝶夫婦、唐生智將軍的夫人、謝晉元將軍的夫人、廖仲愷夫人何香凝女士、俞大維先生之母、陳誠的妹妹，虎門要塞司令陳策的夫人，余漢謀手下大將李彥和夫人，中央振濟會特派員等。這些人，我多半認識，有些還是朋友，此番在韶關相逢，他（她）們都說恍如隔世。

陳策中彈英軍逃粵

最悲壯的要算陳策海軍上將的出逃，他曾任虎門要塞司令及海軍司令，協助英軍作戰，他負傷和六十餘英軍官兵，泅水而逃，到韶關之後，才開刀子將身內子彈取出來。伯豪感情招待他和英軍官兵。宴席上見這些僅剩的英軍駐港兵力，真令人

感歎，省裏各界也為他們舉行了歡迎大會。

逃離香港的，除了國民政府人士及家屬之外，更多的是粵籍居民，因香港與家鄉僅一水相隔，逃往老家避難的甚多。鄰近各縣都設立的歸國港人招待所，供給食宿，分發寒衣，還發給路費，使他們免於困頓路旁，受凍餒之苦。

粵省東區各小縣，良莠不一，治安情況有好有壞，有的縣份接待安置港難人士工作較好，有的很差，有的地方還出現土匪趁火打劫，也傳聞有鄉鎮幹部敲詐的事，或救濟款不如實發放而中飽私囊，為杜絕此等貪劣，伯豪於 1 月下旬巡視東區龍川，河源，惠陽，海豐，陸豐，普寧，揭陽，豐順，梅縣，五華，連平等十二縣，慰問港難歸人，凡該地有土匪的立即派對圍剿，凡有搶劫財物的，逮住即行嚴懲，凡有貪官吏的，堅決懲辦，凡救難不力，致使有人受凍餒之苦的，嚴責其立即改進。伯豪出巡至 2 月中旬方回，正值除夕之日。自出巡之後，就難工作大有好轉。

這一年，韶關的春節，不用說，特別熱鬧，小小韶關市，一下子集居了如此多有頭有臉熱人物，應酬來拜年的，一來一往，形如穿梭，不過能與劫後餘生的舊識老友，痛述日寇罪行，想往抗日勝利，也是快事。春節期間，還有一些團體和海外華僑個人參觀了兒童教養院，他們的觀感均甚好。

春節過後，海軍幼年學校在粵招生考試發榜，實驗中學錄取三名，兒教院一院錄取兩名，這是非常可喜的事，孩子們大了，能進專業學校，成為國家棟樑之材，正是辦兒教院的目的。

力行中學和志銳

1941 年底，奉教育部通知，中學學制不能縮短。兒教院也不宜辦中學，為使

兒教院畢業的學生，有繼續深造的機會，伯豪和我決定把實驗中學改稱私立中學。命名為力行中學，聘定崔載陽、鄭彥棻、鄭豐、陸宗騏、鄧植儀、何彤、卓振雄、李漢魂、吳菊芳共九人為校董。董事會推李漢魂為董事長，董事會之下設一室三組：總務室、校務組、輔導組、生產組，崔載陽負責校務組，吳菊芳負責輔導組；鄭豐負責生產組，卓振雄負責總務室。校長選定黃炯第，力行中學的經費，採取公家投資和私人捐款的方法解決，為辦此中學，伯豪捐了 3 萬元。

力行二字，取自《禮記‧中庸》中孔子曰：「好學近乎知，力行近乎仁，知恥近乎勇。」

伯豪還為力行中學訂了四公約和四信條。四公約是：今日的事今日做，大家的事合力做，已知的事決心做，未知的事找來做。四信條是：人能自助，天必相助；等到多助，失道寡助；人未助我，我先助人；人人助我，我助人人。這也是我和伯豪要樹立的力行校風。

伯豪主粵政期間，雖值國難當頭，他也未忽視文化教育。不論戰時財政如何困難教育經費欲是年年增加，公職人員屢屢裁剪，但決不能觸及教室。他到各地視察，學校則是必到之處，他與中大的學者、教授們也過從甚密，這也造成黨、軍界中少數政敵攻擊，他搞「學院派」組「智囊團」等話柄。但這也成了伯豪灰心政治，衷情教育的原因。

1943 年夏，力行中學第一批 105 名學生畢業。伯豪和我又決定不計代價繼辦高中，自籌四百餘萬元，建力中新校舍。伯豪和我都打算退休後專辦此校，欲使人文蔚起，強我中華，唯教育乃堅實之基礎。

我們還想辦力行學院，但抗戰勝利，伯豪離任，我們離鄉離國，力中遷至廣州，伯豪和我還在外地、外國常購圖書、儀器寄回學校。這是以後的事情了，在這

裏一併談及。

力行中學的事基本落實，兒教院學生升學問題可望基本無虞。這時，我收到志銳中學學生的一封信。志銳中學是張發奎先生主辦的，伯豪還被聘為副董事長，二年前張向我要人，希望我把兒教院的好學生給他，其時，我們也正在開辦實驗小學，我很不忍割捨，但一是礙於面子，一是為孩子們的前途着想，志銳中學的條件比我們好，孩子們到那裏讀書學習更有利些，孩子們多一種出路又有何不好呢？決定割愛選送學生到志銳中學區，張發奎要七八十名，伯豪也說要送就送好的去。就這樣，從兒教院各院挑選了七十幾名學生去志銳中學，不知不覺已過去二年，送去的孩子們還記住我，給我寫信來。五十多年了，我還保留着：

> 母親！我們的院長：
>
> 您的七十多個孩子離開你整整兩年了。傷心嗎？難過嗎？不不！一點也不！因為我們不斷長大了，生活和知識也增多了，而且在不斷的信息裏，我們的一切都和母親有着關聯，所以我們一點也不感覺難過與傷心，相反的鄂，我們的靈魂恍若常伴在母親的膝下，和弟妹們嬉戲一樣；我們簡直像沒有分離，因為同是骨肉，同時一家人呵……母親，我們永遠熱愛着的母親，我們的家，在您日夜辛苦下，一點一滴的汗水裏建築起來了。弟妹們豐富而充實的生活，都是母親血汗的結果。
>
> 母親，我們在您的博愛與殷殷督促之下成長，我們絕不會有負您的期望，放心吧，你的血汗絕不會白費，您的血汗莫下了新中國的基石，您多流一滴汗，廣東兒女就多得一分福。母親給我們的幸福是永遠不會泯滅的。我們永遠不忘記報母親之勞，頌母親之德？

孩子們的這封來信竟使我感動得痛哭，我感受到莫大的慰藉，兒教院的一切辛勞都從孩子們的幸福里得到了回報。

3 月份，應我的邀請，這 79 位學生回到總院，我在總院禮堂迎接這些孩子們，場面熱烈充滿着親情，他們考入志銳中學後赴柳州讀書，一別已兩年，今天重回韶關，被覺親熱。我在講話時，情不自禁又激動得掉淚，席間師生暢談，我和同寅們都熱忱勉勵孩子們好生努力，將來要肩負建設國家的重任，成為棟樑之材。

　　我們不但希望兒教院學生成材，也鼓勵兒教院的教職員工不斷上進，並訂出獎勵制度，凡本院升學的教職員工，其學費由兒教院負擔。

　　兒教院為了響應救濟港難人士運動，在韶市大規模演戲籌款，我特邀請香港來韶市的知名劇作者江楓先生，為兒教院演劇對編寫執導嶺南革命故事的明末掌教《陳子壯》五幕劇，演員則從總院和七院分院的教職員工分別選拔，排演數月。演出後在韶關造成轟動。觀眾情緒甚為熱烈。該劇連續演出了一個多月，所募得的款項全供救濟港難人士之用。

　　自兒教院開辦以來，教職員工因各種原因變動的也不少，有的是由於新的工作安排，被調走，有的是由於個人原因到其他部門工作去了，雖然，他們中途走了，但他們一樣對兒教院作出了貢獻，兒教院的成就自有他們的功勞在內，為示我們並沒忘記他們，我們借《陳子壯》演出之盛會，於 3 月 22 日，假座韶市互勵社，舉行離院教職員聯誼會，與會的有一百餘人，場面甚為熱鬧，還各自表演節目助慶，晚上又一起去劇院觀看《陳子壯》。

各方支援渡危難

　　自許世英委員長、屈映光副委員長年初抵韶之際參觀了兒教院，並評價甚好之後，最高法院院長居正先生也於 3 月攜夫人抵韶，視察了兒教院和婦女工作團，居夫人還贈送了 2,000 元給婦女生產工作團，美國紅十字會也捐贈布匹給兒教院與婦女生產工作團。

中央決定准許國家銀行貸款 3 千萬給僑眷，並免去省裏上交糧食一萬擔，此實解救了燃眉之急。

聽聞清江的尼姑斷了食，立即派出搶救隊去把她接回來，第一批到了三十餘人，但她們不願參加婦女生產工作團的訓練，經南新的解釋和勸導，她們才願在婦女生產工作團安住下來，不久，搶救團又送來一百四十餘名婦、兒，可是自春天起米價一天一天地上漲，使賑濟工作更感困難。

日寇侵犯又逃難

6 月 4 日起，敵人侵犯清遠一帶，使韶關大受威脅，軍部擅令省府遷至連縣，但考慮連縣交通不便，不利於省府開展工作，復請示中央，改為省府機關疏散而不搬遷，其餘機構搬至連縣。這一來，我們的工作計劃又被打亂，兒教院總部及一院、婦女生產工作團、託兒所、力行中學等開始忙於搬家，全部搬至連縣，前前後後勞頓忙碌了一個月，才將搬家的事勉強搞定。在人馬離韶之前，總院在原址蓮塘禮堂舉行離院完兒童「歸寧」大會，約請志銳中學、力行中學、省立北江師範及其他本院外升學生返院參加。在搬離之前，婦女生產工作團遂舉辦了產品展銷會，展銷會在韶關中山公園舉行。產品有各種花色的棉布、各式 毛巾、線衫、棉襪、各種服裝、抽紗、刺繡的上用品等等，在社會上產生很大影響，因為戰時各種物品都奇缺，這樣一個生產單位，更是惹人注意，全國各地到廣東韶關的人，參觀了展銷會，購買了物品之後，又去訪問婦女生產工作團。這就把廣東婦女生產工作團的影響帶到全國去了。

7 月 15 日，兒教院總院全體職員，在尹應樑秘書率領下，攜帶公司物品，乘粵漢線火車到坪石，自從坪石轉連縣，院址選定在北郊泥潭鄉，總院編輯寶因出版印刷之故，未隨總院遷移，實驗小學也留韶關蓮塘未遷。

我於 24 日乘火車去坪石，再轉連縣，同行的有旅美華人司徒美堂及卓振雄等數十人。司徒美堂已有 75 歲，但身體甚健壯，早在美國具有後（很）高聲譽和深厚群眾基礎，回國特為慰勞抗戰軍民而來，他抵省之後，伯豪曾陪同他參觀過許多地方，此番由我們陪他一起去連縣參觀那裏的兒教院及其他單位。（下略）

糧價上漲苦難當

1942 年下半年，兩家不斷上漲，兒教院及力行中學的經費，已是入不敷出，雖然 4 月間省振濟會開會時決定力行中學的經費由振濟會撥款，並把原兒教院的農藝部歸力行中學，使學生「工」「學」相結合。該農藝院有很大一片墾區，還有價值百萬元的農機，但是遠水不解近渴，糧食供應緊張，糧價一貴伙食費就不夠。省裏食油的供應也限定一人一月僅六兩，油一少及其他副食少，對糧食的需求就更大，惡性循環的形勢已經形成；那年天氣又不好，旱情嚴重，隨處可見龜裂的田地，我們從南嶽返回衡陽時，已見那裏的車站和街上乞丐成群，我們回來不久，搶救隊從台山一帶的路上搶救 120 名孩子，個個骨疲（瘦）如柴，營養不良。我是抱着就一個算一個，盡人力以補救天時，我也知道多收一個就多一分負擔，就多一層壓力，就多一種苦難，但國難當頭，何能考慮個人得失，盡一分力，盡一分心，可慰自己的良心。

據調查，台山那兒別說米，田裏的任何植物都被吃光了。張小廉老先生看到這孩子，也很為焦急，又捐出五千元給兒教院，這住（位）老先生已二次捐款給兒教院了。他是香港失陷後逃難過來的，年近六十，雖然並不富裕，但他卻熱心公益，愛護兒童，樂善好施，抵省之後就積極參與省裏的賑濟活動。（「再向中央求支援」見本書李湞〈序〉，頁 9 — 10。）

玲瑯滿目展碩果

1943 年元月 1 日，廣東省振濟業務第二次展覽會，在韶關中山公園開幕，我為本展覽會主任，兒教院所屬之一、二、三、四、五、六、七院、實驗小學、培德小學、力行中學、北江師範、工藝院、農藝院、竹木廠、磚瓦廠、造紙廠、肥皂廠、牙刷廠、新生火柴廠、力行中學所辦之工廠印刷部、蠟紙部、油墨部、造紙部共計二十餘單位在展覽場內陳列展覽。展覽以教養成績和生產產品為主，場內分「管」、「教」、「養」、「衛」四大部分，另外有一總圖表室，陳列統計數字及圖表，此外還設推銷部、食堂、雜耍部。各院派師生輪流到場服務，各院除將具體之成績及照片，手工藝品等品陳列外，更有大宗生產品，如一院的草鞋、織繡，六院的各種醬，七院的麥芽糖等都很著名。

婦女生產工作團也拿出許多產品展覽。主要是農產品和紡織品兩大類。全場除展覽部分外，並有各項遊藝部門，如電影、粵劇、話劇、武術、音樂、魔術、故事、清唱、燈謎、抽彩等類，可謂玲瑯滿目。大會組織分總務、票務、宣傳、糾察、遊藝、雜耍等十部。

大會開幕當天，兒教院集中數千名兒童，在中山公園舉行慶祝會，並作童軍大表演，我主持慶祝會並向兒童派送糖果，然後爆竹喧天，鑼鼓齊鳴，熱鬧非凡。

一日為展覽會預展，入場者達一萬餘人，除贈票入場者外，門票收入近 2 萬元，此後日日數萬人來中山公園觀展，大家評價，兒教院場面最大，其實也大，展品最多，但以婦女生產工作團佈置最佳，因有遊藝活動助興，即使在夜間，入場者也頗眾。

展覽會原定展出十天，不料日寇四日下午轟炸韶關郊外之後，五日竟對韶關市區狂轟濫炸，扔下許多燃燒彈，十里亭被炸，志銳中學被炸，財政廳被炸，市區風

度北路到風度南路被炸後全部燒光，黃田壩到三民主義青年團廣東支團部也全部被燒掉，死傷眾多，婦女生產工作團教導組組長陳仲冰女士在敵人的炸彈中不幸身亡。她是帶隊向市郊黃田壩疏散的途中被炸。我親自率領生產團同仁和學生為其治喪。日寇的濫殺無辜，在這一天又寫下一筆血賬。

幸而三千兒童無恙，炸彈未落到展覽會上，這三千兒童還為別人搶出不少財物，由於敵人的狂轟濫炸，韶關市遍地慘狀，為了收容無家可歸者，展覽會的大帳篷變成了臨時收容所，安置房屋毀於彈火的人們，故此，原定十天的展覽，只好臨時結束。

因總院部設在連縣辦公頗不方便，故總院部還是回到韶關辦公，已閱 25 日又一次到各分院，各部各廠巡視，解決一些困難問題，中央的接濟不能按時匯到，故向銀行貸款。公糧定每人二斗，伙食費定每人時期至 20 元，這樣根據糧價上漲情形調整。

今年春節正好為初一子時，據說要四百年方遇上一次。正值中美中英簽訂和平等協定，各單位舉行慶祝，韶市舉行提燈會，大事遊行，燃放鞭炮，甚為熱鬧。

年後，三民主義青年團召開廣東全省團員代表大會，伯豪和我均以高票當選廣東支團幹事。

贛州會見蔣經國

2 月 19 日，程思遠、陸宗騏、我，三人一起應邀去贛州參加江西三民主義青年團代表大會，在贛州會見蔣經國夫婦後同去兒童新村開代表大會。兒童新村的禮堂十分堂皇富麗，會議開得熱烈活潑，我的心默識着準備拮取別人所長作為廣東兒教院借鏡。

兒童新村，建築規模甚大，據介紹有七百多名學生，內設中學及天才兒童版，設備齊全，兒童的伙食費七十餘元一月，是我們兒教院的五倍，我們是人多，待遇低，中央給一千名額，我們總是找來難童二三千，我們是多久一個共患難，且這兒的糧價比韶關更便宜。我細想也難學贛州，要學，就只有少收難童，但難童們伸着手要我們拯救，我還要自討苦吃。這裏每個兒童都有挺講究的獨睡床，上鋪白洋布，比我省公務員的住處還要好許多，條件如此考究，為廣東兒教院所不及。總的來說，我們發現條件雖好，惜無教育專家主持其事，教學成績則一般。（下略）

贛州參觀後，蔣經國夫婦及繆秋傑、蕭鋒同來韶關，伯豪與蔣經國討論國民生活問題，蔣氏對事物頗有分析理解能力。第二天我陪繆秋傑參觀兒童教養院，他捐贈了 10 萬元給兒教院作經費，兒教院真是遇上大施主了。

農林部長沈鴻烈先生於 4 月間來韶。這是他第二次來韶，給婦女生產工作團 10 萬元，作為墾區繼續開展農墾畜牧的費用。

3 月 27 日，香港一批軍妓逃到韶關，在日寇的摧殘之下，她們的精神已非常變態了。日本政府至今還在掩蓋「慰安婦」的事實，令人髮指。

因原料價格飛漲，而產品價不漲，使一些工廠難以為繼，故決定關掉肥皂廠。糧價物價的不斷上漲，使兒教院、力行中學、婦女生產工作等的工作開展日益苦難，而申請入院的兒童太多，真不知何以對付着局面。

與同事們討論兒童「性」教育應否公開的問題，結論是不公開，但要對症下藥，作合理的預防。

萬千兒女最溫馨

1945 年 5 月下旬，日寇已如喪家之犬，驚弓之鳥，唯獨在廣東一省居然還在張牙舞爪。25 日，敵軍攻入河源，省府駐地龍川形勢危急。30 日軍方命令龍川機關學校除留守人員外徹底疏散。伯豪欲認為，敵勢已是強弩之末，我如堅守，敵人絕不敢深入。現在我方守軍聞風先逃，敵軍可乘虛而入。但伯豪手無兵權，只能聽命軍方。

6 月，重慶傳吳鐵城欲達幾年來之目的，回粵主政。但現在又徘徊不敢接受。伯豪六年多主粵嚐盡艱辛，備受外患——日寇，內訌——黨、軍排擠中傷，糧荒之苦，對主席一職，絕無戀棧之心。

此時軍方亮相，要伯豪自動改組，撤掉財政、建設廳長，將田糧處交軍方。如此軍方支持伯豪繼主省政，但伯豪已灰心政治，決定急流勇退，知道按軍方意圖，再主政與他們合作也難也。

8 月 6 日美軍以原子彈炸廣島，蘇俄相繼對日宣戰，勝利在即。伯豪對個人出處已不計較了。8 日上午陳誠聞伯豪：是願在中央？還是在戰區工作？伯豪答以「希望離粵」。

8 月 13 日，日本帝國主義終於宣佈無條件投降！抗戰勝利了！中國人勝利了！億萬民眾沉溺在歡慶之中。

飽受戰爭蹂躪的兒教院的學生，歡呼雀躍，孩子們想到要回家了，要離開這松皮、竹籬的簡陋校舍、課堂，也萌生依依不捨之情，有的想到兒教院往何處去？力中、北江師範、北職何以繼續完成學業呢？我呢？也在等待命運的安排。

8月17日，重慶國民黨中央政府頒佈廣東省改組的命令：伯豪調任第三戰區司令長官，羅卓英繼任廣東省政府主任。舊省府無一人留任，眼見在患難中跟隨伯豪，艱苦抗戰，艱難維持省府的人員，盡失所依，心中不無耿耿。困苦中，立下汗馬功勞的人，一下都被遺棄，天理不公啊！抗戰勝利了，戰爭已經結束，戰區年底就要撤銷，伯豪卻穿上軍裝，只能使人笑笑。副長官也是賦聞（閒）而已。

李漢魂交卸省府工作，我也自然辭掉廣東新運會婦女主任、婦女工作團長。兒教總院院長各職。我建議徐蕙儀提升接任兒教院長，她是很合適的人選。

兒教院和力行中學可以向廣州復員，北江師範和北江職校，依其名應回到韶關，當時創立也是和教育廳合辦，這兩所學校就由教育廳去安排。

兒教院的四、六、七院（五院已停辦）屬省設院和力中就從東江順流而下，於1945年9至10月先後抵達廣州。孩子們沿東江而行，大地重光，兩岸充滿着喜悅的氣氛，同行的船隊鳴笛向這些飽經苦難的民族新一代致敬，我看見這些代表我們民族的希望的一帶，我們知道七年的兒教事業沒有使國家失望，我們無愧於偉大的中華民族。

綜觀，兒教院及其各校、院培養出來的學生總數在二三萬之間。半個世紀過去了，當年的學生們大部已逾古稀，散處於海內外。他們幾十年奮鬥在各行各業，有著名的學者、教授，有翱翔天際的飛行員，有巡弋海疆的航海家，有作家、教師、植物學家、企業家、各行的專家，有默默工作的職員、工人，有居高位的法官、軍官、教授。

2. 廣東省兒童教養院大事記 (1939-49)

1939 年

1 月

1 日，李漢魂將軍主持粵省政就職典禮。定曲江為戰時廣東省省會。

2 月

16 日，李漢魂主席夫人吳菊芳飛赴重慶，與行政院副院長兼財政部長孔祥熙見面，請求撥款救濟廣東兒童。

20 日，吳菊芳女士被聘為中央振濟委員會委員，廣東獲準收容 1,000 名兒童。

3 月

22 日，中央振濟委員會撥款 1,010 萬元作兒教院開辦費。

27 日，確定韶關犁市沙園村為團址，開辦廣東戰時兒童訓練團。同日，少年連第一批 48 人從連縣來韶途中，於秤架山覆車，傷十餘人。

4 月

11 日，曲江難民收容所送來兒童 10 人。團長吳菊芳在韶關斌廬與葉順梅、楊瑾英、羊城彥、鄧錦輝等商議有關組織，並定名為廣東戰時兒童訓練團。

28 日，汕頭軍事緊張。吳菊芳趕赴該地，動員搶救婦孺，並轉至香港，動員當地難民婦孺返回國內。

30 日，少年連第二批 115 學生到達。

5 月

1 日，第一批搶救隊出發，兒童訓練團遷入沙園。

6 日，託香港婦女慰勞團代購藥品、軍毯及各應用物品。

29 日，搶救隊送來第一批兒童 48 人。

6 月

1 日，省主席李漢魂及省參議會全體參議員來團參觀訓話。

3 日，搶救隊送來第二批兒童 14 人。

5 日，粵漢鐵路抗敵後援會送來工人子弟 9 人。

9 日，戰區難童第三批 82 人到達。

14 日，孤兒院送來兒童 130 人。

16 日，搶救隊送來第四批兒童 72 人。

18 日，清遠縣政府送來兒童 283 人。

19 日，新生體格檢查。

20 日，送兒童 5 人到游擊訓練班受訓。

20 日，全團兒童重新登記，不足 10 歲的轉送保育院。

24 日，中央委員來團參觀。

24 日，吳菊芳再赴重慶向中央振濟委員請求增加名額。

27 日，汕頭搶救隊出發。

28 日，四會縣政府送來兒童 55 人入團。香港保育會送來兒童 164 人。在香港收容的兒童 76 人抵達。

30 日，中央振濟委員會覆電，增加學童名額 1,000 人，額滿續增。

30 日，清遠縣政府送來兒童 16 人。

7 月

11 日，保育院送來兒童 23 人。

17 日，四會縣政府送來兒童 98 人。

19 日，鶴山搶救隊送來兒童 23 人。

25 日，救濟總隊送來花縣兒童 8 人。

25 日，接中央振濟委員電將廣東戰時兒童訓練團易名為「振濟委員會廣東兒童教養院」。

8 月

1 日，開始舉行升旗儀式及朝會。

4 日，全體員生舉行大清潔運動。

13 日，學生參加用國貨宣傳活動。舉行野外演習。

14 日，在韶關中山公園舉行本院成立典禮，並訂此日為院慶日。

20 日，救濟隊送來花縣兒童 20 人。

23 日，花縣兒童 50 人。

9 月

因收容兒童漸眾，定沙園原院為第一分院，由代理團長郭順清任院主任；並擴建第二分院於連縣，由副團長黎傑任院主任。中學班附設於第二分院，以便畢業兒童升學。

10 月、11 月

在沙園設收容站，訓練新收兒童，由賴忠任大隊長。凡入院兒童經訓練後，分送第一、二分院教養。

12 月

24 日，聖誕節前夕，奉令緊急疏散。第一分院全體員生連夜乘車赴樂昌坪石，然後步行至連縣星子。

1940 年

1 月

粵北大捷後,從各縣戰地搶救來的一批批難童,抵達韶關沙園。吳菊芳院長決定就地開辦第三分院。緊急授命何巧生任第三分院院主任。三分院收容兒童最高額達 1,200 名,教職員工增至 70 至 80 名。

粵北大捷,廣東省動員委員會聯合各機關組織戰地服務隊,赴前線工作。吳菊芳院長命第一、二分院挑選優秀兒童參加戰地服務隊,並派翟鹿璋老師為領隊,前往清遠、三水一帶慰勞與協助民眾復員工作。

2 月

派何巴栖為主任,創辦《廣東兒童》月刊,向社會公開發行,宣傳戰時兒童教養事業之重要。該社吸收戰地服務隊隊兒童,教授戲劇、歌詠、出版壁報、街頭演講及各種宣傳技術。

3 月

各搶救隊陸續將戰地難童帶回韶關,並得廣東省批准擴大收容,乃召集第一分院郭順清、梁昌熾、莫少華、楊小風,第二分院黎傑、劉慶文、楊瑾英,第三分院何巧生,總院事務主任李志文,編輯室何巴栖、暨中振會嗰的輔導員許正綱、范嶸,李修業等三人舉行第一次院務聯席會議。會議內容:一為檢討成立以來業務進展與困難;二為討論擴院的問題與條件。

4 月

4 日,兒童節,由廣東兒童社主持,邀請各有關機關(省黨部、省婦委會、戰時兒童保育會、省教育廳等)及各學校,於韶關中山公園舉行擴大慶祝會。廣東兒童教養院第一、二分院各派兒童代表十餘人,到韶參加盛會,並協助廣東兒童社進行籌備與宣傳工作。兒教院代表向李漢魂主席夫婦獻旗,婦委會向市內各商店募集

果餅慰問難童。是晚舉行國語戲劇比賽。廣東兒童社演出《小英雄》獲冠軍。

15日，1）總院於黃崗成立，設總務、會計、教導3組，派劉慶文、馬曉榮、江煦棠分別任組主任。每組下設若干股辦理具體事務。2）成立編纂委員會，專司編輯教材與編印刊物。吳院長兼任編委會主任委員。3）成立直屬大隊，挑選本院優秀兒童入隊，內分文學、歌詠、美術、童軍、戲劇、演講六組。直屬大隊附設於總院，吳菊芳院長兼任大隊長，江煦棠任副大隊長，吳弼常為大隊附。4）因《廣東兒童》月刊與兒童幹部已劃入編委會與直屬大隊，廣東兒童社宣告結束。

5 月

陳明淑團長陪同愛國僑領陳嘉庚先生，參觀廣東省婦女生產工作團，陳嘉庚先生表示每月捐助3萬元給廣東兒童教養院和廣東省婦女生產工作團，並贈送一批布正和藥物給兩個單位。

積極籌備增設第四、五分院，派蔡英、李志文為四、五分院籌備主任。院址定於曲江轉水鄉和仁化江頭鄉。

出版《廣東兒童》第二期。

6 月

6日，於黃崗舉行第二次院務聯席會議。出席者有第一、二、三、四、五分院的院主任、總院各組主任，並邀約廣東戰時兒童保育院各院（一、二、三、四院）院長暨廣東省兒童教養團第一、二、三、四、五、六團的團長（教育廳主辦）等參加。

7日，吳菊芳院長在韶關斌廬邀請學者名流，舉行編輯座談會，商討本院民族中心教材編訂事宜，到會者有黃麟書、金曾澄、吳鼎新、黃枯桐、崔載陽、趙如琳、陳孝禪、鄭豐、陸宗騏、戚煥堯、江煦棠、袁晴暉等，座談會由吳院長主持，何巴栖記錄。

21日，舉行第一次學藝比賽，分作文、演講、歌咏、圖畫、戲劇、健康等項，第一、二、三、四、五分院派員率領兒童代表至黃崗參加比賽。比賽分個人與

團體賽。總錦標由一分院獲得，獲獎兒童被選入直屬大隊。

7月

「七·七」抗戰三周年紀念日，於 7 月 2、3、4 日在曲江醒群大戲院禮堂演出，上演的劇目有直屬大隊話劇組的兒童古裝劇《風波亭》，由晉楓導演院職員的話劇《人與傀儡》和三分院的兒童話劇《盧溝橋》。兒童粵劇隊演出粵劇《五郎救弟》、《燕抗暴秦》、《舉獅觀圖》及諧劇雜耍等。在黃崗演出的是《風波亭》與《五郎救弟》。

中旬，為配合新教材之運用及教師進修培養，各分院選擇優秀導師各 5 人，齊集黃崗，參加為期一月的第一期教師進修班學習。

8月

7 日，各分院派出兒童組織暑期回鄉宣傳工作隊，回鄉宣傳。

9月

21 日，吳菊芳院長第一次出巡各分院。首途連縣，視察第一分院（星子），第二分院（龍咀）、第四分院（保安），凡十餘天。返韶後，繼續視察第五分院（江頭），第三分院（沙園）。隨行人員有崔載陽博士、黃存養秘書，何巴栖主任，雷礪瓊主任，李能光先生，尹技士等。期間第一分院舉行運動大會和遊藝大會，第二分院舉行晚會，第四分院聯合鄉民舉行狂歡大會。攝影師李能光，隨行攝製錄像片及拍攝照片。

舉辦第二期教師進修班，班址設轉水鄉。

10月

1 日，頒行學制。小學修業時間為 4 年，將小學全部課程合併為政治、文化、經濟、軍事 4 科教授，自編課本。以教師進修班的結業學員，作為各分院推行新學制的先鋒。

解僱伙夫。實行全院兒童分區輪流值廚。

30 日，總院遷址犁市蓮塘鄉。舉辦第三期教師進修班，以童軍教育為中心。由梁一岳任班主任。

11 月

全院集中開發與建設蓮塘總院，建築禮堂、辦公廳、宿舍及佈置環境。實驗中學部同時建校舍。直屬大隊改名實驗小學部，同時建築新校舍。在直屬大隊與各分院應屆畢業生中，挑選優秀學生，集中蓮塘，準備升入實驗中學部初中一年級。

12 月

籌備參加元旦舉辦的「廣東省振濟業務展覽會」。

1941 年

1 月

1 日，各分院代表齊集總院新禮堂，舉行元旦慶祝會，然後赴韶關參加展覽會揭幕禮。

1－3 日，在韶關中山公園舉行第一屆全院運動會。

1－6 日，在中山公園舉辦展覽會。

2 月

出版《新生兒童大合唱》，何巴栖詞，黃友棣曲。這部作品描述了兒教院生活，並振奮師生員工愛國愛家、積極進取的精神。

3 月

四邑饑荒情況嚴重，實驗中學學生組成搶救隊，前赴三埠搶救並收容災區兒童數百人，分三批送韶關。該三批兒童為後來中設院第三分院學生。

舉行第四次院務聯席會議，以準備吳菊芳院長赴重慶向中央匯報。

4 月

巴金先生抵實驗中學探望朋友陳洪有主任。巴金先生逗留 42 天，參觀了學校環境，並作了訪問及演講，還為學生牆報題詞。

1 日，成立培德小學部，派沈以琬為部主任。

吳菊芳院長赴重慶，29 日飛香港，5 月 10 日返回韶關。

5 月

1 日，《民族教師》（半月刊，吳江霖主編）創刊號出版。

4 日，青年節，實驗中學舉行演講和論文比賽，並參加廣東省各界紀念青年節大會。

6 月

上半月側重教職員進修活動，並佈置環境，設置小公園、游泳場、運動場。

游泳場舉行開幕禮，李漢魂主席及夫人、關德興先生、崔載陽博士出席。實驗中學、實驗小學、第七分院聯合舉行游泳比賽。

美國紅十字會捐贈兒教院魚肝油精一批。

美國華僑領袖鄺炳舜先生參觀兒教院。

20 日，本院舉行第五次院務聯席會議。

7 月

1 日，派何蹇任第三分院主任（屬中設院）。原沙園之第三分院易名為第七分院，由徐蕙儀任院主任（原三分院主任何巧生因身體關係辭職）。

籌組婦兒產品推銷處。籌備成立工藝院、農藝院、北江簡易師範學校及接辦各工廠。

關德興先生來院小住，並指導實小粵劇組排演《戚繼光》。

2 日，由開平縣送來難童一批 256 人。

11 日，開平縣送來第二批難童 81 人。該批難童為 3 月初日軍侵犯四邑時，兒

教院搶救隊搶救回來的。

8月

吳菊芳院長赴香港，並帶同兒教院展覽品，參加中振會在香港舉辦的展覽會展出。

14日，兒教院成立二周年紀念日，集中實實驗中學、實驗小學、集訓班及全體職教員舉行紀念會和聚餐會，晚上演出戲劇。

在蓮塘總院舉辦本院第三屆畢業生升學就業集訓班。

成立1941年度畢業生升學就業指導委員會，何巴栖為文科導師，周堯樞為數學科導師，譚肇杰為史地科導師，陳琦時事，魏臻戲劇，毛秀娟，莫天真、雷德賢音樂，胡根天美術指導。集訓期一個月，期滿即舉行升學試。

為幫助學生投考陸軍軍校，總院在蓮塘舉辦投考軍校選修班，學習軍事知識，培養軍事技術。在實驗中學及各分院挑選20餘名學生入班訓練。先修班向廣東省幹訓團聘請軍事教官教授，訓練數月。8月中央軍校在韶關招生，最後陳國祥等被取錄。

航空委員會空軍幼年學校在桂林招生，各分院挑選了13名學生，由總務主任劉慶文帶領赴桂應考。

9月

1日，任命各附屬廠廠長：竹木工廠黎賀鼎，牙刷廠陳華勛、肥皂廠呂可權，磚瓦工廠林伯球，制紙工廠潘贊雄。此外，由於生產單位逐漸增加，總辦事處增設生產組；並為培養農業幹部，增設蹭設農藝院一所。

16日，總院成立工藝、農藝、師範新生訓練班進行預備教育。

9月下旬，日軍再犯粵北，兒教院疏散，先將物資運至坪石。第七分院即於29、30日，10月1日乘火車遷坪石。第五分院亦於1日下午由仁化步行至坪石候命。10月2日，湘北、粵北同時大捷，於是各返原址。

10 月

中旬，廣東省府在韶關舉行海軍學校全國招生考試，實驗中學學生莫如光和黃慧鴻考取，吳菊芳院長特頒發令莫、黃赴重慶參加復試。

11 月

兒教院與廣東省教育廳合辦省立北江簡易師範學校，專門招收兒教院畢業生。原來之師範部全部學生劃入該校，派鍾鉦聲為該校校長，校址設蓮塘。

11 月至 12 月間，廣東省振會聘請梁一岳先生到各分院暨實驗中學、實驗小學檢閱童軍訓練，一方面為迎接中央派員來粵視導童軍作準備，也為元旦童軍體育表演作準備。

因奉中央教育部指令，中學教育必須依照法令組織辦理，不得將修業年限縮短，兒教院乃恢復六年制，並改名為私立立力行中學，設董事會，由李漢魂主席、吳菊芳院長、何彤、鄭豐，鄭彥棻、崔載陽、鄧植儀、陸宗騏、卓振雄為董事，李漢魂主席任董士長，聘請黃炯第先生為校長。農藝院併入該校為農職部。

28 日，本院舉行第六次院務聯席會議，會議以發展生產為中心，並商討接收各工廠事宜。

12 月

除夕，在沙園第七分院舉行送舊迎新聯誼會，並招待美、英、蘇各國留韶國際友人。李漢魂主席檢閱童軍，檢閱後，學生表演歌詠，集體遊藝和童軍技術。到會中國盟友二十餘人，省級長官數十人以及本院員生數千人。是晚，在蓮塘總院禮堂公演話劇《孤島黃昏》與粵劇《西施》。

1942 年

1 月

元旦，總院全體職員和力行中學、北職、實小、第七分院全體教職員生凡二千

餘人，在蓮塘總院禮堂舉行團拜，由本院粵劇隊音樂員以鼓樂助慶，共賀新禧。

16 日，中央振濟委員會許世英委員長蒞粵視察，同行有杜嘯谷、胡邁。本院以最隆重禮節歡迎，兒童三百餘人列隊歡迎，樂聲與歡呼聲沖天。晚上，在總院禮堂上演粵劇，本省高級官員陪同觀看者數十人，其他來賓數百人。

本月來院參觀的先後有居正院長、狄膺委員、僑領司徒美堂先生，教育部督學及三民主義青年團視導——吳兆棠等。

2 月

由教師進修總會舉辦春節化裝聯歡晚會。第七分院、工藝院及實小等負責節目表演。

李漢魂主席、吳菊芳院長聯袂出巡在連縣的一、二、三、四分院和培小等院部。途經坪石時視察粵北鐵工廠及參觀了中山大學、省立文理學院等院校。

5 月

初旬，吳菊芳院長在總院禮堂接見第一批升入志銳中學之 76 位學生。學童年幼進入兒教院，後赴柳入學，闊別數載，回來時已成長不少。吳菊芳院長訓話時，有感淚下。

3 日，力中學生陳國和、李錦生、吳熾堂被廣東省保送投考海軍學校，陳國和被取錄。

香港淪陷，港僑紛紛來韶。19 日至 29 日，兒教院響應救橋運動，在韶關大規模演劇籌款。劇作家江楓先生應吳菊芳院長邀請，擔負導演之職，編寫嶺南明末掌故《陳子壯》五幕劇。演員由總院、實小、第七分院教職員擔任。此次演出，哄動韶關。

22 日，本院假韶關互勵社舉行離院教職員聯誼聚會，到會離院教職員凡百餘人，互相問好，熱烈交談。茶會後聚餐，晚上觀看話劇《陳子壯》。

7 月

13 日，第七分院在沙園招待本院考升志銳中學 76 位離院同學，並邀請總院各主任參加，吳菊芳院長亦到場訓話。

14 日，總院在蓮塘禮堂舉行離院兒童歸省大會，約請志銳中學離院學生、力行中學全體學生、省立北江簡易師範及其他本院外升學生返院參加。

15 日，因戰局動蕩，總院遷至連縣北郊泥潭村辦公。實驗小學留蓮塘照常上課。

8 月

各分院畢業生集中蓮塘，參加第四屆畢業生升學就業集訓班，由力行中學黃炯第校長兼任班主任。

初旬，在第七分院舉行第七次院務聯席會議。

14 日，兒教院三周年院慶。總院在連縣舉行紀念活動。

9 月

集訓班結業。吳菊芳院長主持分配學生升讀力行中學、北師、工藝院、農藝院及就業。

吳菊芳院長赴重慶向中央述職。

10 月

力行工廠 10 月於蓮塘成立，分印刷、蠟紙、製紙、油墨等四部，聘省府技術室技士黃秉書為廠長。

總院因偏居連縣，為便於與廣東省最高當局保持聯絡，在黃崗省振濟會原址設通訊處辦公。

1943 年

1 月

1-5 日，參加韶關中山公園舉辦的廣東省第二次振擠業務展覽會，第一、二、三、四、五、六、七分院，實驗小學，培德小學，力行中學，北江簡易師範學校，工藝院，農藝院，竹木廠，磚瓦廠，製紙廠，肥皂廠，牙刷廠，新生火柴廠，力行工廠之印刷部，蠟紙部，墨油部。製紙部等二十餘單位均有參加，主題為其教養成績及產品。展品中，七分院以麥芽糖著名，六分院以果醬食品著名，一分院以草鞋著名。原定展期 10 天，後因 5 日敵機大炸韶關，提前閉會。

1 日，本院集中數千兒童於韶關中山公園舉行慶祝會，並作童軍大表演，吳院長親自主持並分派糖果。

25 日，吳菊芳院長巡視在韶各工廠及北江簡易師範學校。

28 日。吳菊芳院長於黃崗合作社設宴，歡送志銳中學初中畢業並將赴柳州升入第四戰區長官部計政班的學生。

2 月

5、6、7 日三天為國定慶祝中美、中英平等新約簽訂。總院於韶關互勵社，舉行慶祝會並聚餐。

26 日起，一連 8 天在黃崗省民政廳禮堂舉行本院第八次院務聯席會議。

粵劇團為實驗小學部，赴樂昌演劇籌款，以購置圖書、儀器。

3 月

6 日，吳菊芳院長於韶關韶光公寓歡宴考升海軍學校的徐桂棠等二十餘名學生。

在韶公開招考教師，各地失業教師及省教育廳舉辦的教師服務團人員，紛紛來院報名，最後取錄三十多人。訓練期為兩個月。

4 月

3 日，總院召集在韶各院、部、校舉行聯歡會，預祝兒童節。分區搭營，各單位自行表演。吳菊芳院長親臨主持，兒童以馬隊迎接入場。吳菊芳院長即分贈糖果，其後並在力行中學大操場舉行慶祝會，參加兒童二千餘人，吳院長觀禮後訓話。

月底，美國名記者福曼參觀兒教院。

5 月

8 日，蓮塘的力行工廠發生火警。

省幹訓團舉辦的教師進修班結業，全體學員參觀總院、第七分院及省府各機關。

本年 1 至 5 月，參觀兒教院計有：中央振濟委員會、中央三民主義青年團、參政員、交通小學、黃崗小學、嶺南大學、執信中學、省立文理學院、韶州師範學校、廣州大學稅務班、湖南省新運婦委會、湖南省銀行、湖南《大剛報》報社、美國教士耿其光等。

1944 年

3 月

為加強對社會宣傳，兒教院將粵劇組升格為「廣東兒童教養院粵劇團」，何巴栖兼任團長，吳熾森任劇務組長。3 月 10 日開始訓練，重新整理以往上演之劇目，包括《西施》、《荊軻》、《岳飛》、《張巡》、《梁紅玉》、《戚繼光》、《文天祥》、《五郎救弟》等。

5 月

10 日，總院遷桂頭新址辦公。

劇團於 20 日前赴坪石、星子、連縣等地公演。

7 月

粵漢、湘桂線受日軍入侵，長沙、衡陽、桂林相繼淪陷，曲江各機關向連縣緊急疏散。總院遷往連縣泥潭村辦公。力行中學遷坪石，江村師範學校遷連縣，實驗小學步行疏散至連縣、第七分院疏散至坪石樂昌間，北江職校在羅家渡候命。為適應戰時需要，特組織戰時服務隊，招收有志青年學生參加，力中、江師、北職等各院校學生紛紛響應報名參加。

8 月

省保安司令部設幹部訓練班，招收力行中學、江師、北職各校參加戰時服務隊之有志青年，進行嚴格的軍事訓練。

14 日，在連縣元村第三分院禮堂舉行兒教院成立周年慶祝會，是晚由劇團演劇助慶，聚集各院校兒童數千人，盛況空前。

10 月

總院由連縣遷返韶關小黃崗。劇團再赴樂昌公演。

11 月

力行中學在鏡湖村的新建校舍落成並遷入上課。

12 月

劇團抵沙園第七分院候命。

1945 年

1 月

元旦。廣東省府大禮堂落成，舉行公宴。兒教院派代表參加，劇團亦參加表演。

22 日，日軍陷曲江，兒教院東遷東江。

2 月

總院由連平抵龍川縣，設址辦公。

力行中學抵龍川縣鶴市，江村師師範抵和平縣彭寨，北江職業學校抵龍川縣鶴市，第六分院抵和平彭寨，第七分院抵河源縣上莞，分別艱苦恢復上課。

4 月

總院遷平遠縣城辦公。

5 月

總院電在連縣之第一、二、三、四分院，實驗小學、培德小學、新生工廠等單位聯合成立院務協進會，派何蹇兼主任委員。

實驗小學部歸併第四分院。培德小學部歸併第二分院。

7 月

總院遷平遠縣大柘辦公。

吳菊芳院長月底辭去省設院院長職務，由第七分院院主任徐蕙儀升任。

8 月

15 日，日本天皇宣告無條件投降。八年抗日戰爭終於獲得勝利。

吳菊芳 8 月中旬由重慶返兒教院。

9 月

l 日李漢魂主席辭職，由羅卓英接任。月底，總院隨省府復員返廣州，在財廳前（即今北京路）設址辦公。

中設院的第一、二、三分院奉令由 9 月起改隸社會部，名稱分別改為社會部廣

東育幼院第一院、第二院、第三院。

　　省設院的第四、六、七分院，先後復員回穗，分別在東山、大沙頭、南岸覓址上課。

11 月
中設院的總院與省設院的總院分家。

12 月
合辦事處於 12 月 1 日成立。

1946 年

1 月
省設院徐蕙儀院長辭職，由新任廣東省政府主席羅卓英夫人陳輝青接任。

　　省設院的第四、六、七分院改隸廣東省政府社會處，名稱分別改為廣東省社會處廣東省育幼第四、六、七院。

　　北江農工職業學校，遷回曲江馬壩復課。

1947 年－1949 年

　　兒教院遷到廣州後，公開招生。來自韶關兒教院的學童生，亦陸續畢業離校，廣東兒教院完成歷史任務。

3. 與難童相關的賑濟辦法

（一）《難童救濟實施辦法大綱》（民國 27 年 6 月 27 日振濟委員會公佈施行，民國 28 年 3 月 8 日修正）

一、為救濟難童並施以適當之教養，以培植民族幼苗，增加抗戰力量，樹立建設基礎起見，特聯絡下列各團體實施救濟及教養工作：

> 1. 中華慈幼協會；
> 2. 中國婦女慰勞自衛抗戰將士總會、戰時兒童保育會；
> 3. 中國戰時兒童救濟協會；
> 4. 漢口市難民兒童教育委員會。

二、為難童救濟及教養分工合作、增進推動效能起見，振濟委員會得隨時召集以上各團體，開會商討進行工作及改進辦法，必要時並得請有關機構或團體及富有經驗人士參加討論。

三、以上各團體，應各派員隨同振濟委員會各救濟區特派委員，至各戰區附近接收難童。

四、淪陷區內難童，由中華慈幼協會設法救濟。

五、接收難童，以一歲半至十六歲為限，一歲半以下者，如有特殊情形，仍應設法救濟。

六、接收難童，沿途適當地點，各該團體，應分別派員照料。其難童臨時給養

費，在振濟委員會所屬救濟區內者，應由該區特派委員於救濟費項下支撥，如距救濟特派委員所在地較遠地點，得由當地運送配置難民總分站撥發。給養費以每童每日二角為標準。

七、接收之難童，應從速分別向後方遣送。

八、遣送難童時，各該團體派員至所經地點照料，並與賑濟委員會所設難童輸送網絡分站取得密切聯絡。為增進推動效能起見，得由當地難民運送配置總站或分站主任召集關係各機關團體，開會商討，以資聯絡。

九、各該團體於接收或遣送難童時，均應指派監護及衛生人員，以便沿途負責照料。

十、接收或遣送難童之交通工具，由各該團體自行設法，必要時得請賑濟委員會協助，但運輸費用，應由各該團體擔任。

十一、各該團體接收或遣送之難童，應分別填具調查表或報告表，呈報賑濟委員會。

十二、為教養設施便利起見，各該團體可依下列各項中心教育，注意推進實驗，務使達到一項或兩項之特別表現：

1. 保育研究	1 歲至 6 歲
2. 幼稚師範	12 歲至 16 歲（女童）
3. 鄉村教育	12 歲至 16 歲
4. 工藝傳習	7 歲至 12 歲
5. 短期小學（附設難民收容所附近）	7 歲至 12 歲

十三、救濟及教養難童之經費，除由各該團體自行設法籌措外，得請賑濟委員會酌量補助之。

十四、本大綱如有未盡事宜，由賑濟委員會隨時修改之。[2]

（二）《抗戰建國時期難童教養實施方案》（民國 27 年 10 月 20 日行政院批核施行）

抗戰以來，戰區日廣，難民日眾，流離失所之兒童，所在皆是，已由振濟委員會各救濟區運配難民總分站，暨各省、市、縣救濟機關設法救濟。地方慈善團體、各難童救濟團體及國際慈善機關等熱心人士，亦均共策進行。唯難童為數數百萬，陣亡將士亡遺孤之亟待救濟教養者，亦不在少數，自應有整個計劃，普遍實施，以使多數難童，得有適當之救濟教養。茲照國民參政會第一次大會建議：「請中央責令各省、市、縣救濟院實行增設孤兒所，加收陣亡軍人子女及各地難童實施教養」並「為抗戰建國期間，擬請中央政府設立全國難童救濟機關，以資統籌而固國本」兩案，謹擬實施辦法如下：

一、教養年齡及期限

　　1. 收養兒童暫以十二足歲以下孤苦無食者為限。
　　2. 兒童教養期限，依收養時年齡能力之大小分別酌定，至其能自謀生活或免費升學為止。

2　秦孝儀：《革命文獻》第九十六輯，頁 474－476。

二、教養目標

　　1. 培育健全體格
　　2. 培養善良德性
　　3. 培養國家民族意識
　　4. 授予基本知識
　　5. 訓練生活技能

三、教養方針

　1. 依兒童之年齡程度分別編製為嬰兒、幼兒、學齡兒童各階段，各施以適
　　　當之教育與養護。
　2. 訓練方面，應特別注重於清潔衛生習慣之養成及勞動精神之培養、團體
　　　生活之指導。
　3. 食衣住等日常生活，應特別注重於生活技能之授予，其要點如下：
　　　a. 利用農場為農事訓練中心，舉凡園藝、種植，如菜蔬瓜豆以及果品稻麥
　　　　等，均為主要作業，豬魚雞鴨牛羊等，亦應酌令畜養，俾可兼供社會需要。
　　　b. 利用工廠為小工藝訓練之中心，如簡易化學工藝、製豆腐、醬油、肥皂
　　　　及其他化學用品，暨簡易竹木工、機械、印刷等，均視為環境與社會需
　　　　要，分別酌定辦理。
　　　c. 設立商店合作社，注意簿記、會計及業務管理等訓練。
　　　d. 家事方面，如縫紉、烹飪等項，均應訓練兒童分別擔任。
　　　e. 各種設施均應含有「明恥教戰」意義，對於年長兒童，並應兼施特種教
　　　　育及童子軍訓練。

四、教育機關

1. 由中央設立兒童教養院（現已決定在重慶先行設立），並督飭各省、市政府參酌財力分別籌設。
2. 督促後方各縣迅速依照戰區兒童教養團暫行辦法（民國 27 年 3 月 21 日教育部第一二四一號訓令頒發），各自成立兒童教養團。
3. 督雋各縣孤兒院、孤兒所或育嬰所，分別整理，改進為兒童教養所或兒童保育所。各縣已設有孤兒院、孤兒所或育嬰所者，應利用原有設備，增收難童及陣亡將士遺孤等，並切實整頓，改變名稱，其未設立者應即趕快設立。統責成地方政府督飭辦理，並應約同教育界熱心分子及公正士紳參加。
4. 協助各難童救濟團體設置教養院或保育院（各難童救濟團體如中華慈幼協會、戰時兒童保育會、中國戰時兒童救濟協會），其由教會辦理之難童救濟教養工作，亦應予以贊助。

五、教養事業之整理與改進

1. 中央及地方政府對於公立及私立教養保育院所均應隨時分別派員視察指導。
2. 釐訂指導改進難童救濟教養團體辦法。各難童救濟團體，除應依照監督慈善團體法、監督慈善團體施行規則、慈善團體立案辦法、暨有關係之教育法令辦理外，並由振濟委員會擬定難童救濟教養團體指導改進辦法，俾辦理者有所遵循。
3. 各救濟教養難童團體之工作進行，應由中央及地方政府召集會商改進；各團體為求增加工作效能起見，亦應密切合作。
4. 教養團體除由振濟委員會、內政部及各該管省、市、縣政府隨時督察外，關於教育部分，應該由各級教育行政機關主管之。倘主持人不得其

人，由教育行政機關委派者，教育行政機關得隨時予以撤換；由其他機關委派者，教育行政機關得請由原委派機關予以撤換。[3]

（三）《振濟委員會難童救濟教養團體指導改進辦法》

第一條

振濟委員會（以下簡稱本會）依照抗戰建國時期難童救濟教養實施方案第五項第二款之規定制定本辦法。

第二條

各難童救濟教養團體承本會之指導，並應按照所負之任務依次推進。

第三條

各難童救濟教養團體所設教養或保育院所教養目標及方針，應依照抗戰建國時期難童救濟教養實施方案第二項第三頁各款之規定辦理之。

第四條

各難童救濟教養團體所設教養或保育院所一切行政設施，均應依照本會規定災難兒童教養或保育院所行政實施辦法分別辦理。

第五條

各難童救濟教養團體所設教養或保育院所對於兒童衣食住及衛生醫療，應依照本會保健兒童衣食住者行標準及衛生設備疾病醫療暨預防辦法，並參酌當地生活狀況辦理之。

3　秦孝儀：《革命文獻》第九十六輯，頁 476 – 479。

第六條

各難童救濟教養團體所設教養或保育院所教學編制，應依照本會規定之災難兒童教養或保育院所學級編制及課程分配辦理。

第七條

各難童救濟教養團體所設教養或保育院所訓育指導，應參照本會規定之《災難兒童訓育目標及方法暨災難兒童感化教育訓練實施綱要》辦理。

第八條

各難童救濟教養團體所設教養或保育院所推行生產教育時，應參照本會規定之難童生產教育實施辦法辦理。

第九條

本會為明瞭各難童救濟教養團體辦理兒童教養實際情形，並便於指導起見，得隨指派視察前往視導。

第十條

視察到達教養或保育院所經查覺辦理不善或與本會有違時，應即予糾正，並督同主管人員詳細檢討過去工作，擬具改進方法及步驟。

第十一條

各教養或保育院所經視察指導後不能改進者，應由本會派輔導員前往協助改進，如仍不能改善者，由本會通知主管團體撤換其主辦人員或依法解散之。

第十二條

各難童救濟教養團體經費如籌募不足時，得依照本會救濟難童團體申請補助經費辦法呈請補助，但辦理不善經本會派員指導後仍不見改進者，應停止其補助。

第十三條

各難童救濟教養團體每屆月終應將一月經費收支及辦理實況公開宣佈,並呈報本會查核。

第十四條

本辦法自公報日施行。[4]

(四)《遵照抗戰建國綱領增強戰地難童救濟工作以為國本案》(陸委員幼剛等十人提——民國 31 年 11 月 27 日第五屆中央執行委員會第十次全體會議通過)

理由:

　　戰地縣份秩序紊亂,農民又時須逃避敵鋒,不能安心耕作,糧食產額,日漸減少,益以敵人之強奪巧取,價格隨之暴漲,一般窮苦民眾,因無力購買,陷於飢餓而死者與時俱增,兒童既失所依,亦將相繼待斃,各地兒童死亡率日更增大,縱無確實統計,然綜合逃難內遷者之耳聞目見,已足驚人。任何縣份,動輒盈千累萬,若不從速搶救,妥為安置,則我國將來負有見過重大責任制中堅,在此抗戰時期之損失至為鉅大,動搖國本,妨礙抗建,莫甚於此。茲擬定辦法於下,當否?敬候公決。

辦法:

一. 貧苦兒童無父母撫養,年在十二歲以下者,由政府撥款收養;

4　秦孝儀:《革命文獻》第九十六輯,頁 479－481。

二 . 貧苦兒童無父母親屬撫養，年在 12 歲至 16 歲者，由政府設法授予相當技能，並待謀工作；

三 . 獎勵殷戶認養兒童 ;（認養──1、由殷戶出資認養，由公家集中管理 ;2、由殷戶領回家中自養。）

四 . 具體辦法，仍交振濟委員會、社會部、教育部妥擬執行。

> 提案人：陸幼剛、余漢謀、鄧青陽、陳耀垣
> 　　　　黃麟書、詹菊似、李綺庵、崔廣秀
> 　　　　胡文燦、羅翼羣
> 政治組審查意見：本案原則通過，常會交主管機關辦理
> 決議：照審查意見通過[5]

5　秦孝儀：《革命文獻》第九十六輯，頁 242－243。

鳴謝

李湞教授

廣東兒童教養院香港同學會

廣東兒童教養院廣州同學會

韶關檔案館

孔強生先生

中國近代口述史學會

口述史訪談者（按筆劃序）

丁佩玉女士	李松柏先生	李桐森先生
何巧生女士	刑鴻明先生	高伯球先生
莫如光先生	秦大我先生	陳紹駒先生
陳貽芳女士	張義祥先生	黃友棣先生
黃光漢先生	黃馥玲女士	楊建墉先生
黎培根先生	盧佩琼女士	譚志堅先生
關爾強先生		

研究助理

任韻竹女士　沈智威先生　羅家輝先生　黃志安先生　張伊彤女士

研究經費資助

衛奕信勳爵文物信託

參考書目

丁戎：〈國內抗戰時期難童救助研究綜述〉，《抗日戰爭研究》2011 年第 2 期，頁 151－160。

王杰、梁川：《枕上夢回——李漢魂吳菊芳伉儷自傳》，廣州：廣東人民出版社，2012年。

王行霞：〈論抗戰時期重慶的難童救助〉，《河南廣播電視大學學報》，2010 年第 23 卷第 1 期，頁 66－68。

中國國民黨中央委員會黨史委員會編：《中國國民黨黨務發展史料——婦女工作》，台北：編者自刊，1996。

巴栖：〈一年來點點滴滴〉，《廣東兒童》第一卷第五期，1940，頁 7－10。

巴栖：〈踴躍參加兒童節送禮運動〉，《廣東兒童》創刊號，1940，頁 29－30。

《民族之魂》編委會：《民族之魂——中國戰時兒童保育會搶救抗日戰爭三萬難童紀實》，珠海：珠海出版社，2004。

台灣總督府文教局學務課：《廣東省地圖》，1938。

全國婦聯：《抗日烽火中的搖籃——紀念中國戰時兒童保育會文選》，北京：中國婦女出版社，1991。

何巴栖：〈怎樣渡過三年〉，《廣東兒童》第四卷第 2、3 期合刊，頁 1－34。

何巴栖詞，黃友棣曲：《新生兒童大合唱》，廣東兒童教養院 70 周年紀念大會編印，2009。

李小松：〈廣東兒童教養院始末記〉，《廣東文史資料選輯》第 25 輯，頁 44－81。

李永雄：〈廣東兒童教養院暑期回鄉宣傳工作隊第四區隊工作報告〉，《廣東兒童》第 2 卷第 1 期，1940，頁 42。

李再強：《抗戰時期大後方的難童教養研究》，西南大學碩士學位論文，2009。

李湞：《幸餘生——抗日時期難童人生紀實》，廣州：中山大學出版社，2009。

李湞：《講述歷史——抗日難童的真實人生》，汕頭：汕頭大學出版社，2006。

李寧選輯：〈中國婦女慰勞自衛抗戰將士總會八年工作報告〉，《民國檔案》2007 年第 1 期，頁 41－49。

李燦燊：〈廣東兒童教養院暑期回鄉宣傳工作隊第二區對工作報告〉，《廣東兒童》第 2 卷第 1 期，1940，頁 39－41。

吳菊芳：《廣東兒童教養院院史稿》，香港：中報月刊，1984 年 3 月至 8 月號。

吳菊芳：〈三卷前言〉，《廣東兒童》，3 卷 1 期，1941，頁 2－3。

吳菊芳：〈發刊詞〉，《廣東兒童》創刊號，1940，頁 1。

吳菊芳：〈為本院成立周年紀念致全院兒童書〉，《廣東兒童》第 1 卷第 5 期，1940 年，頁 3。

林佳樺：〈戰時兒童保育會的建立與組織運作〉，《史匯》，2006 年第 10 期。

周天勝、陳應智，肖光榮：〈打日戰爭中的戰時兒童保育工作〉，《貴陽文史》2002 年第 1 期，頁 42－45。

周蘊蓉：〈抗戰時期廣東省政府的救濟行政體制〉，《廣東教育學院學報》，2006 年 12 月第 26 卷第 6 期，頁 99－104。

羌紹楨：〈保育院兒童訓導上的管見〉，《難童教養》，1939 年第 1 期。

屈映光：〈輔導員的責任〉，《難童教養》，1939 年第 1 卷第 1 期，頁 3。

香港里斯本丸協會：《烽火難童·中國戰時兒童保育會香港分會》，香港：画素社，2013。

馬曉榮：〈一年來本院的會計工作〉，《廣東兒童》第 2 卷第 2 期，1941，頁 14。

夏蓉：〈省新運婦委會與戰時廣東婦女界的抗日救亡工作〉，《廣東社會科學》2004 第 6 期，頁 114－120。

夏蓉：〈抗戰時期婦女指導委員會的組織與人事探析〉，《歷史教學問題》2010 年第 2 期，頁 80－86。

徐浩然：《蔣經國章若亞在贛南的日子》，頁 167－168。（欠出版社及年份）

秦孝儀：《革命文獻》第 96 輯，台北：中央文物供應社，1983。

秦孝儀：《革命文獻》第 100 輯，台北：中央文物供應社，1984。

孫艷魁：《苦難的人流──抗戰時期的難民》，桂林：廣西師範大學出版社，1994。

曾鏡成：〈我生活在廣東兒童教養院〉，《廣東兒童》，第 2 卷第 6 期，1941，頁 20－23。

趙家舜：〈入院以來〉，《廣東兒童》第 1 卷第 5 期，1940，頁 15－21。

許雪蓮：〈抗戰時期廣東兒童教養院難童保育工作評述〉，《廣東黨史》2005 年第 3 期，頁 43－47。

許雪蓮：〈抗戰時期國民政府難童教養工作述論〉，《中州學刊》2009 年 5 月第 3 期，頁 190－192。

梁惠錦：《抗戰時期的廣東兒童教養院》，台灣：國史館，1993。

梁惠錦：《戰時兒童保育會》，台灣：國史館，1992。

張麗：〈抗日戰爭時期香港的內地難民問題〉，《抗日戰爭研究》，1994 年第 4 期。

崔載陽講，梁烽筆記：〈關於編書〉，《廣東兒童》，1941 年第 3 期，頁 1－3。

崔載陽、戚煥堯：〈一個國民基本教育的試驗〉，《中華教育界》，1947 年復刊第 1 卷第 8 期，頁 73－75。

戚煥堯：〈新中國兒童課本之編纂〉，《教育研究》，1942 年第 103－104 期，頁 45－55。

黃伯度：〈難童教養工作的重要〉，《難童教養》，1939 年第 1 卷第 1 期。

馮敏：〈抗戰時期難童救濟工作概述〉，《民國檔案》1995 第 3 期，頁 114－120。

賀凌虛：〈抗戰期間的廣東兒童教養院〉，《近代中國》第 98 期，民國 28 年，頁 114－154。

綿嗣靜：〈孤兒難童事業在香港〉，《分享月刊》，1947 年第 11、12 期。

廣州市黃埔區政協編：《黃埔文史》，黃埔第 15 輯，2012。

廣東兒童教養院院史編輯組：《烽火歲月的豐碑：廣東兒童教養院院史回憶錄》，廣東：廣東兒童教養院校友會，1995。

廣東兒童教養院校友會：《慶祝廣東兒童教養院建院 50 周年紀念專刊》，廣東：廣東兒童教養院校友會，1989。

廣東兒童教養院校友會：《慶祝廣東兒童教養院建院 70 周年紀念專刊》，廣東：廣東兒童教養院校友會，2009。

廣東省新生活運動促進會婦女工作委員會：《廣東婦女特刊》，韶關：廣東省新生活運動促進會婦女工作委員會，1939。

廣東省婦女運動資料編纂委員會：《廣東婦女運動歷史資料彙編》，1988，頁 314－318。

《廣東兒童教養院課程大綱草案》，廣州市檔案館藏。

劉慶文：〈一年來本院的總務工作〉，《廣東兒童》第 2 卷第 2 期，1941，頁 3－9。

劉慶文：〈三十年度的本院總務工作報導〉，《廣東兒童》第 3 卷第 6 期，1942 年，頁 12－20。

董根明：〈抗戰時期國民政府的兒童福利政策述評〉，《抗日戰爭研究》2006 第 4 期，頁 30－44。

錢用和：《難童教育叢談》，台北：作者自刊，1951。

錢用和：《難童教育叢談》，台北：暢流半月刊承印發行，1956。

錢用和：《錢用和回憶錄》，北京：東方出版社，2011。

戴落花、林應麒：《李漢魂將軍日記下集第一、二冊》，香港：編者自刊，1977。

〈難童進修辦法〉，《廣東教育戰時通訊》，1939 年第 44 期。

〈難童習藝辦法〉，《廣東教育戰時通訊》，1939 年第 44 期。

〈難童課外服務規則〉，《廣東省政府公報》，1941 年第 768 期。

關爾強：《人生浮沉世事滄桑》，香港：編者自刊，2001。

關爾強：《難忘的歲月》，廣州：中山大學出版社，2009。

關爾強：《萬千兒童的母親——抗日戰爭時期的吳菊芳》，香港：編者自刊，2013。

闞玉香：〈抗戰時期大後方難童教濟教養的特點〉，《甘肅社會科學》2012 年第 2 期，頁 170－173。

闞玉香：〈抗戰時期教養保育院難童私逃原因探析〉，《東疆學刊》2012 年 1 月第 29 卷第 1 期。

〈籌設廣東省兒童教養團〉，《廣東教育》，1939 年第 2 期。

蘇新有：〈抗戰時期國民政府難童救濟述論〉，《貴州社會科學》2007 年 7 月總 211 期第 7 期，頁 159－163。

報章

《大公報》(1940－1985)

《華僑日報》(1948－1987)

《香港工商日報》(1939－1984)

《香港華字日報》(1940)

□ 責任編輯：謝慧莉
□ 裝幀設計：胡春輝、霍明志
□ 排　版：盤琳琳
□ 印　務：劉漢舉

弦歌不輟
烽火中的廣東兒童教養院

□
著者
張慧真

□
出版
中華書局（香港）有限公司
香港北角英皇道 499 號北角工業大廈一樓 B
電話：（852）2137 2338　傳真：（852）2713 8202
電子郵件：info@chunghwabook.com.hk
網址：http://www.chunghwabook.com.hk

□
發行
香港聯合書刊物流有限公司
香港新界大埔汀麗路 36 號
中華商務印刷大廈 3 字樓
電話：（852）2150 2100　傳真：（852）2407 3062
電子郵件：info@suplogistics.com.hk

□
印刷
美雅印刷製本有限公司
香港觀塘榮業街 6 號海濱工業大廈 4 樓 A 室

□
版次
2018 年 2 月初版
© 2018 中華書局（香港）有限公司

□
規格
特 16 開（230 mm×170 mm）

□
ISBN：978-988-8489-73-2